国际电气工程先进技术译丛

小波变换理论及其在制造业中的应用

[美] 高晓旸（Robert X Gao） 严如强（Ruqiang Yan）著

姚福来 等译

机械工业出版社

本书系统地介绍了从傅里叶变换到小波变换的历史背景及相关数学基础，深入浅出地讨论并演示了小波变换理论在制造业中涉及实际问题的应用及解决问题的具体步骤；讨论了如何将小波变换与模糊逻辑、神经网络等其他算法结合在一起，以提高机械系统的故障检测、分类的准确度。本书还介绍了其他几种在工程实践中常用的信号处理算法，并对这些算法与小波变换进行对比，以帮助读者对这一领域有更为全面的了解。此外，本书还讨论了如何选取基小波，如何根据被测系统的动态特性设计基小波，以进一步提高弱信号检测的成功率等相关内容。本书既可作为硕士生和博士生的教材，还可作为工程技术人员的参考用书。

Translation from English language edition:
Wavelets: Theory and Applications for Manufacturing
by Robert X Gao and Ruqiang Yan
Copyright © Springer Science + Business Media, LLC 2011
Springer is part of Springer Science + Business Media
All Rights Reserved

This title is published in China by China Machine Press with license form Springer. This edition is authorized for sale in China only, excluding Hong Kong SAR, Macao SAR and Taiwan. Unauthorized export of this edition is a violation of the Copyright Act. Violation of this Law is subject to Civil and Criminal Penalties.

本书由 Springer 出版社授权机械工业出版社在中华人民共和国境内地区（不包括香港、澳门特别行政区及台湾地区），出版与发行。未经许可之出口，视为违反著作权法，将受法律之制裁。

北京市版权局著作权合同登记　图字：01-2016-3793 号。

图书在版编目（CIP）数据

小波变换理论及其在制造业中的应用/（美）高晓旸（Robert X Gao），（美）严如强（Ruqiang Yan）著；姚福来等译. —北京：机械工业出版社，2018.11

（国际电气工程先进技术译丛）

书名原文：Wavelets: Theory and Applications for Manufacturing
ISBN 978-7-111-61407-4

Ⅰ.①小… Ⅱ.①高…②严…③姚… Ⅲ.①小波理论-应用-制造工业-研究 Ⅳ.①F407.4

中国版本图书馆 CIP 数据核字（2018）第 261193 号

机械工业出版社（北京市百万庄大街 22 号　邮政编码 100037）
策划编辑：林春泉　责任编辑：林春泉
责任校对：樊钟英　封面设计：马精明
责任印制：张　博
三河市国英印务有限公司印刷
2019 年 3 月第 1 版第 1 次印刷
169mm×239mm·12 印张·237 千字
0 001—3 000 册
标准书号：ISBN 978-7-111-61407-4
定价：68.00 元

凡购本书，如有缺页、倒页、脱页，由本社发行部调换
电话服务　　　　　　　　　　　　网络服务
服务咨询热线：010-88361066　　　机 工 官 网：www.cmpbook.com
读者购书热线：010-68326294　　　机 工 官 博：weibo.com/cmp1952
　　　　　　　010-88379203　　　金 书 网：www.golden-book.com
封面无防伪标均为盗版　　　　　　教育服务网：www.cmpedu.com

译者的话

译者在美国康涅狄格大学 AIM 实验室做访问学者和博士后工作时，有幸认识了在该校任教的高晓旸教授（Robert X Gao），并拜读了他和严如强（Ruqiang Yan）教授合著的《Wavelets: Theory and Applications for Manufacturing》一书。高教授是 IEEE、ASME、SME 和 CIRP 等专业学会的会士，他的团队在小波变换这一研究领域取得了丰硕的成果。随着大数据时代的来临，在数据处理方面有独特优势的小波变换有着广阔的应用空间，所以译者觉得有必要将这样一部优秀的作品推荐给国内的读者。经高教授同意，译者将本书推荐给了机械工业出版社的林春泉编辑。由于译者的英语水平有限，在翻译过程中，高教授和严教授给予了大力的支持，为了让译本做到既忠实英文原著又符合中文习惯，他们做了大量的工作。后来高教授受邀到美国凯斯西储大学机械与航空系担任系主任，在繁忙的工作中，他仍抽出时间，帮助译者完成了本书中译文的修改和校订。在此向高教授、严教授和在本书出版的过程中给予了大力支持的林春泉编辑一并表示感谢！

本书原书前言和中英文对照表中的部分内容由王慧工程师翻译，第 1 章的部分内容由姚雅明工程师翻译，其余部分由姚福来研究员完成。

译者
2018 年 10 月

原书前言

自从艾尔弗雷德·哈尔关于正交函数系统问世 100 年以来，世界见证了小波变换理论和实践的极大发展。此间虽然时有报道，但是直到 20 世纪 80 年代，有关这个学科领域的系统性研究及其工程应用的报道才渐渐出现。在过去的 30 年里，涌现出了一大批描述小波变换理论的发展及其在各个工程领域成功应用的文献，如生物医学工程的图像处理及气象学的信号处理和土木工程中的桥梁监测等。小波变换的自适应性及多分辨能力也使它成为制造中设备运行状况监测与诊断（例如刀具破损诊断）工作中强有力的数学工具。

基于小波变换理论和应用研究的大量论文对推动科学技术的发展起到了重大影响。这些论文，连同一系列经典的专业书籍，向一代又一代的科研工作者和工程技术人员传授了有关小波变换理论和应用知识。然而，迄今为止，专门适合于制造工程相关专业研究生和工程技术人员阅读，能帮助他们学习、掌握如何应用小波变换理论来解决机械设备和生产过程的监测、诊断与预测问题的专著仍显欠缺。

本书通过对小波变换理论系统、简洁的描述，说明了如何将小波变换理论作为一种数学工具应用到制造工程中，从而填补了这一空白。促进制造工程技术人员对小波变换理论的理解和应用是写作本书的主要目的，本书对这个蓬勃发展的科研领域中的最新成果作了全面的叙述。

本书的重点是信号处理。在这个基础上，本书的第 1 章首先从统计学的角度介绍了机械系统中常见信号广义的分类方法：确定性信号与非确定性信号。使用质子-弹簧-阻尼系统作为物理系统的实例，首先描述了确定性信号的解析表达式、相关波形和它的解，并与不确定性信号进行了对比。随后，本章引入了非平稳信号的概念及其讨论，这也是本书为什么要将小波变换引入制造工程研究的基本动机。通过对制造过程中两个有代表性的测量信号的分析，建立了制造工程和信号处理之间的联系，并提出了正确处理非平稳信号的要求，从而进一步阐明本书致力于此主题的理由。

第 2 章回顾了自 19 世纪傅里叶变换提出以来，在信号处理领域中发生的一些重大事件，从而加深对频谱分析的历史意义的理解。这些事件引发并伴随了小波变换理论的提出、发展和完善。基于信号变换（其目的是揭示信号的信息内容）从广义上来讲可以通过对信号与一个已知的模板函数之间的卷积运算来表示的思路，本章对傅里叶变换及改进后的短时傅里叶变换（分析窗口的长度固定）与小波变换（分析窗口的长度可变）之间的共性作了明确的阐述。

第 3～5 章主要介绍了有关小波变换的本质，以及如何应用它来处理制造过程中经常遇到的非平稳信号的一些数学基础知识。基于大量有关小波变换的优秀书籍虽已出版，但针对许多研究生和工程技术人员仍然对实现小波变换的数学过程详细解释有所需求这一现状，我们在编写本书时兼顾了理论和具体实施介绍的均衡。具体来说，在第3章介绍连续小波变换时，首先描述了连续的正弦波和从本质上来说是一种满足容许性条件的线性积分变换的时域本征小波之间的相似性。为帮助读者了解最常遇到的有关连续小波变换（CWT）的特性，对叠加、平移和伸缩条件下的协方差以及Moyal定理等概念进行了描述，同时给出了这些特性的数学证明。通过提供这些详细的证明，希望鼓励那些最初对与小波相关的数学知识尚存恐惧的读者们获取信心，帮助他们从既实用又能满足数学严谨性的角度去学习、理解小波变换，而不是仅仅套用现成的计算公式。随后，书中采用了两种不同的途径来展示如何逐步实现连续小波变换的具体步骤，从而展示给读者如何使用相关的背景信息，最终实现对一些典型信号进行连续小波变换的处理。

考虑到连续小波变换虽然可以对信号在时-频域进行高分辨率的二维分解，但由于冗余数据的产生和计算过程较为复杂，本书第4章介绍了离散小波变换（DWT）。与连续小波变换相比，离散小波变换具有更高的计算效率，因而更适合于图像压缩和实时计算的应用。以对数离散化为例，首先讨论了如何进行参数离散化，以保证离散小波变换过程结束后信息的正确提取。为具体说明这一思维过程，本书提供了一些推导上的细节。随后介绍了建立在多分辨率分析（MRA）理论基础上的二价离散化的方法，以构建正交基小波。为满足那些可能有兴趣了解更多关于"为什么"要进行多分辨率分析和"怎么做"的读者，本书补充了一些细节上的数学解释，说明为什么离散小波变换过程会导致细节信息和近似信息的产生，从而最终阐明离散小波变换的过程实质上是进行一系列的低通和高通滤波操作。这些操作可以通过Mallat的算法得以实现。相应于第3章的结构，给出了几种常用的离散小波变换的基小波，并说明如何通过设立软、硬阈值的方式用离散小波变换实现信号去噪。

虽然在信号分解时具有灵活的时-频分辨率，离散小波变换在分析高频区域的信号时分辨率相对较低。这一局限性导致了小波包变换（WPT）的产生，也是本书第5章的重点内容。在对小波包变换的定义和基本属性的描述之后，介绍了两种实现小波包变换的算法：Mallat提出的递归算法和基于傅里叶变换的谐波小波包变换。随后，阐述了如何使用小波包变换来揭示与加工机械的工况状态直接相关的振动信号的时-频成分，以及如何从一个线性调频（啁啾）信号中去除高斯噪声。这些应用实例说明小波包变换因其对高频区域的信号进行高分辨率分解的能力而为我们提供了一个可用来检测和区分具有高频特性的瞬态成分的有力工具。

在对小波变换的基本理论所做描述的基础上，本书的第6~8章介绍了几个小波变换的应用例证，用以说明这一方法的有效性。第一个例证涉及一种常用的无损探伤和结构故障识别方面的技术：信号包络。为了克服传统上需要先验知识去选择带通滤波器以提取信号包络的局限性，第6章给出了一种基于小波变换的自适应多尺度包络方法（MuSEnS）。利用希尔伯特变换可以提取解析信号包络的这一优点，以及复值小波变换可以产生一个解析信号的事实，演示了如何从相关小波系数的模量计算出信号的包络。为了说明这一技术在信号分解上的有效性，还进一步提供了两个与制造工程相关的应用，即成型注塑过程中无线压力测量时存在的时间重叠、频谱相邻的超声波脉冲分离以及旋转机械中的轴承故障诊断。利用实验测得和模拟合成的两种信号，我们展示了如何用小波变换对信号进行定量分析。

虽然小波变换的局部信号分解能力对瞬态事件辨识行之有效，小波分析的结果并不明确显示往往预示着机器故障的信号特征频率，例如当轴承内圈滚道存在局部点蚀时，轴承滚珠或滚柱经过该点时的通过频率（f_{BPFI}）。在这种情况下，可以通过傅里叶变换来增强小波变换在识别信号频率分量上的效果。这一理念导致了一项我们称之为统一时间–尺度–频率分析技术的形成。具体来说，该项技术通过对小波变换后的小波系数进行频谱后处理来提高故障诊断的有效性。在广义信号变换的框架下，我们在第7章证明了这样一个综合方法的可行性。首先给出了广义框架下傅里叶变换和小波变换的表达式，从而建立了跨接两种变换的基础。接下来对小波变换后的数据进行后频谱分析的可行性给出了分析证明，并对该技术在识别各种工况下轴承故障的有效性给出了实验验证。

检测到故障后，接下来的问题就是故障的严重程度如何，因为这会影响机械维修保养策略的合理制定。为回答这个问题，在第8章以滚动轴承的振动信号为例，论述了如何应用小波包变换对机械故障严重程度进行分类。从讨论小波包变换后的子频带信号的相关特征（例如能量或峭度值）开始，论述了小波包变换如何从分解信号的子频带灵活提取特征。第8章还包含了一旦获得这些特征后，如何处理这些特征以用于故障严重程度分类的进一步讨论，比如利用Fisher线性判别分析和主成分分析等方法，选择最合适的故障严重程度的量化分类。在本章的最后给出了两个关于滚珠轴承和滚柱轴承的案例分析，并借此确定了小波包变换用于故障严重程度分类的有效性。

第9章继续讨论信号分类，主要着眼于如何区分不同工况下机器的故障诊断。首先引入了判别特征的概念，并对一种称为局部判别基（LDB）的技术进行了详细描述。简言之，局部判别基算法确定了一组最优小波包节点集（每个节点对应于一个小波包基）来描述在机器不同状态（即不同的分类）下获取的信号。与第5章介绍的用于信号压缩的香农熵特征相类似，本章介绍了几个适合于旋转机械诊断的特征量，例如相对熵或关联指数。为帮助读者理解如何实现局部判别基算法，我们对算法进行了逐步描述。通过对添加了白噪声的三种合成信号，以及在不同磨损状态下测得的齿轮箱振动信号的分析，我们对使用局部判别基算法建立的小波包基比不使用该算法能更有效地鉴别和分类这些信号给出了定量的演示。

鉴于在已发表的文献中对于各类基小波已多有报道，如何选择一个最佳的基小波来分析特定类型的信号这一问题就自然而然地被提了出来。这个问题的提出来源于下述考虑：①基小波的最初选择直接影响信号分析的最终结果。②每一个基小波都是根据不同的目的或重点设计而来的，因此在解决特定类型的工程问题时，就应该有意识地去选用适当的基小波。在本书中，我们采用两种方法回答这一具有重要学术意义的问题。首先在第 10 章介绍了如何使用定性（如正交性和紧支集）和定量的方法（例如，香农熵和鉴别能力）选择基小波的总体策略。随后，我们提出了几个选择基小波的准则，包括能量-香农熵比和最大信息测度。利用实值和复值基小波阐述了如何应用这些准则从一组候选小波中选择一个最适合的基小波，并使用一个模拟的高斯调制正弦信号和实际测得的有故障球轴承的振动信号来对这些准则的有效性加以认证。

除了研究如何从已有的小波库中选择适当的基小波外，另一种思路是设计一个适应特定应用类型的、自行定义的"定制小波"，以最大限度地实现与被分析信号的匹配，从而提高特征提取的有效性。本书第 11 章重点介绍了这一技术。在回顾了小波设计过程中所涉及的基本问题和几个定制小波的例子之后，详细地描述了一种基于轴承机械结构的冲击响应所构建的冲击小波的设计过程，及其用于轴承振动分析的结果。设计中强调了满足扩展方程以避免在信号重构过程中信息损失的重要性，并描述了满足这一要求的具体设计步骤。接下来用设计出的冲击小波对从一个存在故障的轴承测得的振动信号进行了分析，并以故障特征频率的信噪比作为评价尺度，将分析结果与使用小波库中 5 个标准小波的结果进行了对比。冲击小波的良好性能证实了定制小波的理论设计方法对增强工程应用中信号分析的有效性。

本书的最后一章对近些年来继经典小波变换理论之后的一些最新进展进行了简要介绍。这些最新进展解决了使用小波变换分析有限长度以及/或者有限持续时间的信号或捕捉与定义图像边界时所面临的一些局限性。从介绍"提升方案"取代平移和扩张来构造小波的传统机制，从而实现第二代小波变换（SGWT）的思路入手，对实现二代小波变换的主要操作步骤，如分裂、预测和更新等进行了描述，并展示了用第二代小波对间歇性线性调频信号的分离和重建技术的有效性。为解决经典小波固有的局限性（例如各向同性）和图像处理中的特定挑战（例如图像边界的解析），随后介绍了脊波变换和曲波变换。前者被用于满足图像各向异性特征分析的需要，而后者则能够提高对图像曲线边界的表达。对于每一种变换，本书都给出了定义及其基本属性，并展示了其在制造工程中的代表性应用。

毋庸置疑，本书所表达的是作者对这一主题的理解和认识。我们虽然尽力呈现给读者一本既有严谨的数学处理又有适宜的例证支持的专著，错误的出现仍难以避免。对本书中任何有误的描述我们深表歉意并承担责任，且非常希望听到读者们的反馈，以帮助我们在今后的再版中纠正这些错误。

借此机会，我们向各位提供了洞察深刻、富有建设性意见的匿名审稿人深表感谢。这些意见使得我们的思维更为敏锐，从而更为清晰地展示本书的技术内容。我们特别感谢曾在机电一体化（EMS）实验室工作过的博士研究生们，是他们的贡献使得本书成为现实。尤其要感谢 Brian Holm-Hansen、王常庭和张黎等博士，他们研究工作的很大一部分内容涉及小波变换对制造机械和加工过程的故障诊断。另外，何清波博士花了一年时间在 EMS 实验室从事有关人体运动特征提取的博士后研究工作。他们对探索小波世界所表现出的奉献和热情为本书的撰写奠定了扎实的基础。我们也感谢美国国家科学基金会（NSF）为一系列相关的研究项目提供资助，从而使得我们能够系统地研究小波变换这个令人振奋的课题。

这本书的写作最初计划在一年内完成。但此间发生的诸多事宜延迟了计划的实施，以致最终花了大约两倍的时间才使本书得以完稿。借此机会我们向支持本书撰写的 Springer 出版社表示衷心感谢，特别要感谢工程类书籍高级编辑 Stephen Elliot 先生和编辑助理 Andrew Leigh 先生的诚挚合作以及在编辑过程中对我们给予的帮助。尤其感谢他们的理解和耐心，这为我们在处理诸多事宜的同时仍能完成本书的写作创造了一个宽松的环境。最后，真诚地感谢我们各自的家人对我们给予的理解。她们为我们承担了许多，从而让我们有尽可能多的时间投入到本书的写作中。我们衷心希望本书的出版是对她们为此所做的无私支持的回报，同时也希望读者们能够从书中发现对他们的研究有价值的内容。

作　者

作 者 简 介

高晓旸教授，于 1991 年获得德国柏林工业大学机械工程测试专业博士。自 1992 年起在美国多所大学任教，现任位于俄亥俄州克利夫兰市的凯斯西储大学（Case Western Reserve University）机械与航空系主任及 Cady Staley 讲座教授，创建并主持机电一体化研究室，从事微型嵌入式传感器与智能结构设计，节能型可重构传感器网络的设计，非平稳信号处理，大数据分析，机器学习等方面的研究。应用对象涉及机械加工过程与设备状态的智能检测、故障诊断和寿命周期预测，以及飞机发动机、楼宇采暖、通风、空调系统和人体运动等方面的监测。

严如强教授，于 2007 年获得美国马萨诸塞大学机械工程专业博士。自 2009 年 10 月起在东南大学仪器科学与工程学院任教，现任职西安交通大学机械工程学院教授及国际机械中心执行主任。从事机电系统状态监测、故障诊断与剩余寿命预测，生物医学信号检测与处理，数据分析及新一代人工智能等方面的研究。

目　　录

译者的话
原书前言
作者简介

第1章　制造工程中的信号与信号处理 … 1
1.1　信号分类 … 1
1.1.1　确定性信号 … 1
1.1.2　非确定性信号 … 3
1.2　制造工程中的信号 … 4
1.3　信号处理在制造工程中的作用 … 8
1.4　参考文献 … 10

第2章　历史回顾：从傅里叶变换到小波变换 … 13
2.1　傅里叶变换 … 14
2.2　短时傅里叶变换 … 16
2.3　小波变换 … 19
2.4　参考文献 … 24

第3章　连续小波变换 … 26
3.1　连续小波变换的性质 … 28
3.1.1　叠加性 … 28
3.1.2　平移性 … 28
3.1.3　伸缩性 … 29
3.1.4　Moyal 定理 … 29
3.2　逆连续小波变换 … 30
3.3　连续小波变换的实现 … 31
3.4　一些常用的小波 … 32
3.4.1　墨西哥帽小波 … 32
3.4.2　Morlet 小波 … 33
3.4.3　高斯小波 … 33
3.4.4　频率 B 样条小波 … 34
3.4.5　香农小波 … 34
3.4.6　谐波小波 … 35

3.5 典型信号的连续小波变换 ··· 36
　　3.5.1 正弦函数的连续小波变换 ··· 36
　　3.5.2 高斯脉冲函数的连续小波变换 ····································· 37
　　3.5.3 调频函数的连续小波变换 ··· 37
3.6 总结 ·· 38
3.7 参考文献 ·· 38

第4章 离散小波变换 ·············· 40

4.1 尺度和平移参数的离散化 ··· 40
4.2 多分辨率分析和正交小波变换 ··· 42
　　4.2.1 多分辨率分析 ··· 43
　　4.2.2 正交小波变换 ··· 44
4.3 双尺度方程和多分辨率滤波器组 ······································· 45
4.4 Mallat 算法 ··· 46
4.5 一些常用的基小波 ··· 48
　　4.5.1 Haar 小波 ·· 48
　　4.5.2 Daubechies 小波 ·· 49
　　4.5.3 Coiflet 小波 ··· 49
　　4.5.4 Symlet 小波 ·· 51
　　4.5.5 双正交和逆双正交小波 ··· 51
　　4.5.6 Meyer 小波 ··· 52
4.6 离散小波变换的应用 ··· 52
4.7 总结 ·· 54
4.8 参考文献 ·· 55

第5章 小波包变换 ·············· 56

5.1 小波包的理论基础 ··· 56
　　5.1.1 定义 ··· 56
　　5.1.2 小波包的性质 ··· 57
5.2 递归算法 ·· 59
5.3 基于傅里叶变换的谐波小波包变换 ····································· 60
　　5.3.1 谐波小波变换 ··· 60
　　5.3.2 谐波小波包算法 ··· 61
5.4 小波包变换的应用 ··· 63
　　5.4.1 时频分析 ··· 63
　　5.4.2 小波包去噪 ··· 63
5.5 总结 ·· 65
5.6 参考文献 ·· 65

第6章 基于小波变换的多尺度信号包络 ……………………………………… 66
6.1 希尔伯特变换与信号包络 …………………………………………… 66
6.2 基于复值小波的多尺度包络 ………………………………………… 68
6.3 多尺度包络的应用 …………………………………………………… 69
6.3.1 注塑成型中用于压力测量的超声脉冲分离 …………………… 69
6.3.2 旋转机械的轴承故障诊断 ……………………………………… 75
6.4 总结 …………………………………………………………………… 79
6.5 参考文献 ……………………………………………………………… 80

第7章 小波变换与傅里叶变换统一框架下的信号分析技术 ……………… 81
7.1 广义信号变换框架 …………………………………………………… 81
7.1.1 广义框架下的傅里叶变换 ……………………………………… 83
7.1.2 广义框架下的小波变换 ………………………………………… 84
7.2 小波变换后的频谱处理 ……………………………………………… 86
7.2.1 测度函数的傅里叶变换 ………………………………………… 87
7.2.2 小波提取数据的傅里叶变换 …………………………………… 88
7.3 在轴承故障诊断中的应用 …………………………………………… 89
7.3.1 故障特征提取的有效性 ………………………………………… 91
7.3.2 分解层数的选择 ………………………………………………… 93
7.3.3 轴承运行工况的影响 …………………………………………… 95
7.4 总结 …………………………………………………………………… 98
7.5 参考文献 ……………………………………………………………… 98

第8章 用于故障严重程度分类的小波包变换 ……………………………… 99
8.1 子带特征提取 ………………………………………………………… 99
8.1.1 能量特征 ………………………………………………………… 99
8.1.2 峭度 ……………………………………………………………… 100
8.2 关键特征选择 ………………………………………………………… 101
8.2.1 Fisher 线性判别式分析 ………………………………………… 101
8.2.2 主成分分析 ……………………………………………………… 103
8.3 神经网络分类器 ……………………………………………………… 105
8.4 构造基于小波包变换的故障严重程度分类 ………………………… 107
8.5 案例分析 ……………………………………………………………… 108
8.5.1 案例分析Ⅰ：滚柱轴承故障严重程度评估 …………………… 108
8.5.2 案例分析Ⅱ：滚珠轴承故障严重程度评估 …………………… 112
8.6 总结 …………………………………………………………………… 116
8.7 参考文献 ……………………………………………………………… 117

第 9 章 信号分类的局部判别基 118
9.1 相异性测度 118
9.1.1 相对熵 118
9.1.2 能量差 119
9.1.3 相关指数 120
9.1.4 非平稳性 120
9.2 局部判别基 121
9.3 案例分析 122
9.4 在齿轮箱故障分类中的应用 125
9.5 总结 128
9.6 参考文献 129

第 10 章 基小波的选择 130
10.1 基小波选择概述 131
10.1.1 定性测量 131
10.1.2 定量测量 132
10.2 基小波选择准则 133
10.2.1 能量和香农熵 133
10.2.2 信息论测度 135
10.3 基小波选择的数值研究 138
10.3.1 用实值小波评估 138
10.3.2 用复值小波评估 142
10.4 轴承振动信号的基小波选择 144
10.5 总结 146
10.6 参考文献 146

第 11 章 设计自己的定制小波 148
11.1 小波设计概述 148
11.2 构建一个冲击小波 149
11.3 冲击小波的应用 155
11.4 总结 159
11.5 参考文献 160

第 12 章 超小波 161
12.1 二代小波变换 161
12.1.1 二代小波变换的理论基础 161
12.1.2 二代小波变换的应用 163
12.2 脊波变换 165

12.2.1 脊波变换的理论基础 ……………………………………………… 165
12.2.2 脊波变换的应用 ………………………………………………… 166
12.3 曲波变换 …………………………………………………………… 168
12.3.1 曲波变换的理论基础 ……………………………………………… 168
12.3.2 曲波变换的应用 ………………………………………………… 170
12.4 总结 ……………………………………………………………… 171
12.5 参考文献 …………………………………………………………… 171

中英文对照表 ………………………………………………………… 173

第1章　制造工程中的信号与信号处理

"信号"一词是指能够携带某种类型的信息并可作为一种通信媒介的物理量。举例来说，一个安装在一定结构（如机床）上的加速度计所输出的随时间变化的电压就是一个信号，其携带了关于该结构的振动信息。这样的信号就可以作为一种媒介，用于机床工作状态与操作员之间的信息交互。

1.1　信号分类

通常情况下，任何信号都可以大致归类为确定性信号或不确定性信号（Bendat 和 Piersol 2000）。确定性信号可以用数学函数明确地定义，如当滚动轴承的重心与旋转中心不重合时造成的不平衡而引起的振动。相比之下，不确定性信号本质上是随机的，通常需要用统计术语描述，比如在加工过程中产生的声发射信号。在实际应用中，一个信号是否属于确定性或不确定性的，依赖于该信号是否在测量中可以重现。可以重复产生相同结果的信号被认为是确定性的，否则被认为是不确定性的。

1.1.1　确定性信号

确定性信号有2种类型：周期信号和瞬态信号。对它们的简要解释和说明如下。

1. 周期信号

周期信号可定义为在一定的周期或循环后不断重复自己的函数。这样的信号用数学表述为

$$x(t) = x(t+nT) \quad n \in \mathbb{Z} \tag{1-1}$$

式中，$\mathbb{Z}$ 表示整数集；n 是一个整数；$T>0$ 代表周期。周期信号最简单的例子是正弦信号。

在实际中，许多物理系统能够产生这种类型的信号，一个典型的例子是一个单自由度（SDOF）质量-弹簧-阻尼系统（Rao 2003）。如图1-1所示，质量块 m 通过弹簧 k 和阻尼器 c 连接在墙上，该质量块可以在水平方向移动。该系统在输入力 $F(t)$ 的作用下运动（或产生位移），运动可以表示为

$$m\ddot{x}(t) + c\dot{x}(t) + kx(t) = F(t) \tag{1-2}$$

式中　$x(t)$ 代表质量块的位移；$\dot{x}(t)$ 代表质量块的速度；$\ddot{x}(t)$ 代表质量块的加速度。

我们假设该系统处于自由振动，外部输入力 $F(t)$ 为零，并假设阻尼系数 $c = 0$。如果该系统最初被拉离平衡位置的距离为 A_0，释放时的初始速度等于零，即

$$x(t=0) = A_0 \quad \dot{x}(t=0) = 0 \quad (1-3)$$

那么，式（1-2）的解将产生一个周期 $T = 2\pi/\omega_n$ 的周期信号。这是一个见表 1-1a 的余弦函数。

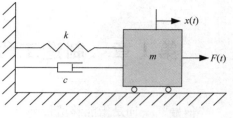

图 1-1　单自由度（SDOF）的质量 - 弹簧 - 阻尼系统

当系统受到简谐力输入时，$F(t) = F\cos\omega t$，一个复杂的周期信号也可以从相同的系统生成（见图 1-1），此时 $c = 0$。

见表 1-1b，质量 - 弹簧 - 阻尼系统完整的响应可以表示为两个不同频率的余弦波的总和。

2. 瞬态信号

一个瞬态信号被定义为一个持续时间很短的函数。这样的信号可以由图 1-1 所示的系统产生，系统的阻尼系数 $c \neq 0$ 且自由振动，见表 1-1c。

表 1-1　确定信号的例子

数学表达式	波形
（a）简单的周期信号 条件： $c = 0$ $F(t) = 0$ 结果： $x(t) = A_0\cos(\omega_n t)$	
（b）复杂的周期信号 条件： $c = 0$ $F(t) = F\cos(\omega t)$ 结果： $x(t) = A_1\cos(\omega_n t) + A_2\cos(\omega t)$	
（c）瞬态信号 条件： $c \neq 0$ $F(t) = 0$ 结果： $x(t) = A_0 e^{-\zeta\omega_n t}\cos(\omega_d t)$	

(续)

数学表达式	波形
(d) 混合确定性信号 条件： $c \neq 0$ $F(t) = F\cos(\omega t)$ 结果： $x(t) = A_0 \mathrm{e}^{-\zeta \omega_n t} \cos(\omega_d t) + A_3 \cos(\omega t)$	

其中，$\omega_n = \sqrt{\dfrac{k}{m}}$，$\omega_d = \sqrt{1-\zeta^2}\,\omega_n$，$\zeta = \dfrac{c}{2m\omega_n} < 1$，$A_1 = A_0 - \dfrac{F}{k-m\omega^2}$，$A_2 = \dfrac{F}{k-m\omega^2}$，$A_3 = \dfrac{F}{\sqrt{(k-m\omega^2)^2 + c^2\omega^2}}$

周期和瞬态信号在真实世界的应用中经常是混在一起的。例如，当系统的阻尼系数 $c \neq 0$ 并且在一个简谐力的作用下，这样的信号能被图 1-1 所示的系统产生，见表 1-1d。

1.1.2 非确定性信号

非确定性信号也被称为随机信号，不遵循明确的数学表达式。它们一般分为两类：平稳信号和非平稳信号。

1. 平稳信号

当一个信号的统计特性不随时间变化时，我们定义这个信号 $x(t)$ 是平稳信号。一般来说，广义平稳性常用（Bendat 和皮索尔 2000）来表征信号，其均值函数满足下列条件：

$$E\{x(t_1)\} = m_x(t_1) = m_x(t_1 + \tau) \quad \tau \in \mathbb{Z} \tag{1-4}$$

其自相关函数为

$$E\{x(t_1), x(t_1 + \tau)\} = R_{xx}(t_1, t_1 + \tau) = R_{xx}(0, \tau) \quad \tau \in \mathbb{R} \tag{1-5}$$

在式（1-5）中，τ 是实数；$\mathbb{R}$ 为实数集；R_{xx} 是信号 $x(t)$ 的自相关函数。式（1-4）表明，均值函数 $m_x(t)$ 必须满足不随时间变化这一条件。如式（1-5）所示的那样，信号的自相关函数仅依赖于时间差 τ，信号的均值函数和自相关函数可以通过在短间隔 T 内通过时间平均获得：

$$E\{x(t_1)\} = \frac{1}{T} \int_{t_1}^{t_1+T} x(t)\,\mathrm{d}t \tag{1-6}$$

和

$$E\{x(t_1), x(t_1 + \tau)\} = \frac{1}{T} \int_{t_1}^{t_1+T} x(t) x(t + \tau)\,\mathrm{d}t \tag{1-7}$$

表1-2a给出平稳信号的一个例子，它满足表达式（1-5）和式（1-6）这两个条件。

2. 非平稳信号

如果信号的统计特性随时间变化，则该信号称为非平稳信号。具体而言，非平稳信号不满足式（1-4）和式（1-5）规定的条件。表1-2b给出了非平稳信号的例子。

表1-2 非确定性信号

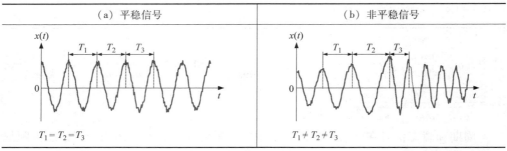

应该注意的是，上述信号分类方法不是严格的和独有的，且在现实世界中没有完全确定性的信号存在。此外，还有其他的手段来分类信号。例如，一个信号像叠加原理所定义的那样可以被视为是线性或非线性的。如果输入系统的力和相应的输出位移之间存在线性关系，一个单自由度弹簧质量系统被看作是线性的。在实际应用中，一个信号可能包含一些或几个上面描述的信号成分。

1.2 制造工程中的信号

信号广泛存在于制造业中的机械和制造系统中。例如，金属切削是许多制造过程中必不可少的，如车削、铣削、钻孔（Schey 1999）。该过程中，刀具和工件的切削刃之间的相互作用切去不同体积的金属，就会产生随时间变化的或瞬态的振动信号成分。图1-2所示的一台数控铣床中心在生产时产生的振动信号如图1-3所示。

另一个存在瞬态信号的制造过程是钣金冲压。一个金属片冲压操作所需的部件由3个主要部分组成，即模具、夹具和冲头（Suchy 2006），如图1-4所示。在冲压操作期间，将金属工件的外周夹在夹具和模具法兰之间。当冲头向下移动时，工件被压入模具，引起工件

图1-2 数控铣床中心
（Haas Automation，Inc.，
http://www.haascnc.com）

材料的塑性变形。工件材料滑入模具过程通过夹具力进行调节（Ahmetoglu 等 1992；Koyama 等 2004）。

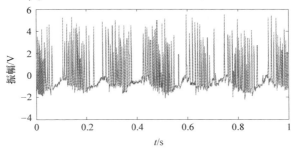

图 1-3　铣削过程中测量的振动信号

为描述冲压工艺的特点，将加速度计安装在冲压机的立柱上进行冲压力测量。图 1-5 中显示的加速度计的输出描述了成形操作的 4 个不同阶段：保压等待、压下、接触和自由振动。在保压等待时，冲头向下运动直到夹具接触工件 A 点，然后开始压下，随着冲压力增加信号幅度也增加，直到它到达 B 点电冲头接触工件。之后，冲头和工件之间开始接触，金属开始成形。由于冲头在 C 点将金属板推进模具中，所以信号会迅速增加到最大值。在 D 点，完成成形过程，振动信号的振幅很快下降到零。在 E 点之后，冲压机的振动随时间的推移而减小，直至下一次冲压操作开始。

对于非金属材料的加工，由于注塑成型具有很强的大规模生产塑料件的能

图 1-4　一个典型的冲床
（BowStar Biz Management Ltd）

力，因此它们得到了广泛应用。图 1-6 展示了一个典型的注塑机。注塑过程一般包括 4 个阶段（Potsch and Michaeli 1995；Bryce 1996；Johannaber 2008）：①塑化，原料在桶中进行融化；②注射，将融化的聚合物注入模具腔中；③填满，保温，冷却，额外的聚合物熔体在高压下注入模具腔中，以补偿体积收缩，直到工件充分固化；④脱模，模具打开，通过推杆将工件推出模具。

在每个注塑成型周期内，模具腔内的压力是变化的，如图 1-7 所示。这个过程中的时变性可以用作成型过程中不同阶段的识别和表征。在点①塑化的聚合物进入模腔，填充时压力从零开始以近似线性梯度增加。当熔体达到腔的末端点②时，材

料被压实以保证模具腔轮廓能完全再现。这个过程通过压力的快速升高显示出来，如图从②到③所示的曲线。从③到④保持阶段期间，恒定压力作用于熔体，通过注入额外的材料进入模腔以补偿聚合物的收缩。随着模压部件开始冷却固化，材料的黏度增加，流道收缩。最后，从传感器数据可以看到压力逐渐下降，如④到⑤部分所示。

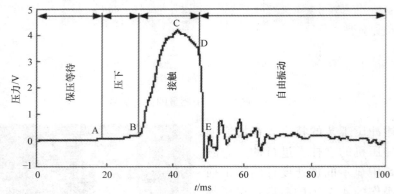

图 1-5　冲压过程中的典型压力信号

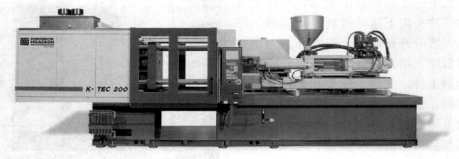

图 1-6　一个典型的注塑机（Ferromatik Milacron）

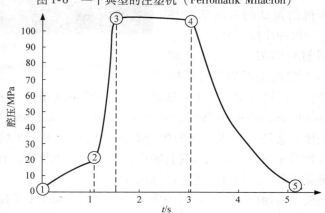

图 1-7　注塑成型过程中测量的压力信号

除了上述各种工艺外,信号与制造之间的紧密联系还存在于各种机器设备使用的部件中。例如滚动轴承广泛应用于制造、运输、航空航天和国防(例如机床、火车、直升机、发电机组等)领域,提供负载支持和自由旋转。在轴承的使用中,由于安装错误,不适当的润滑以及在其他不可预见的不利条件下,轴承可能会过早失效,例如,在轴承滚道中出现了表面剥落,因此当滚动元件与故障部位相互作用时,会产生脉冲信号。这些脉冲信号随后激发机器系统产生强迫振动。图 1-8 是一个定制的安装有轴承的主轴系统,在轴承的全寿命实验过程中测量的振动信号如图 1-9 所示。

图 1-8 一个定制的主轴轴承测试系统

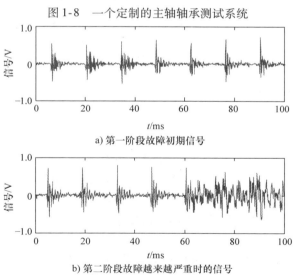

a) 第一阶段故障初期信号

b) 第二阶段故障越来越严重时的信号

图 1-9 轴承全寿命实验中的振动信号

图 1-10 所示的是广泛应用于机械和控制系统中的齿轮箱,它在传输功率和动力方面有很高的效率。当一个齿轮出现缺陷时,齿轮箱的振动信号将被幅度和相位调制,它们随着齿轮旋转呈周期性。图 1-11 给出了在不同运行条件下所测得的齿轮箱振动加速度信号。

图1-10 汽车变速器 (Topic Media PTY LTD)

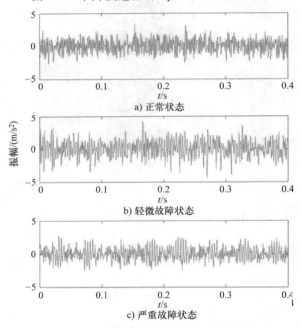

图1-11 齿轮箱上的振动加速度信号

1.3 信号处理在制造工程中的作用

对高质量和低成本生产的要求使得状态监测、健康诊断以及增强型控制在生产设备和工艺控制方面越来越重要 (Tönshoff 等 1988; Byrne 等 1996; Ganesan 等 2004; Liang 等 2004)。因此,基于传感器的信息采集与处理系统越来越受到全球研究界的重视 (Teti 1996; DimlaSnr 2000; Tseng 和 Chou 2002; Frankowiak 等 2005),其最终目标是获得机器实时操作状态的信息,并将这些信息应用于以下方面:

1) 对机器故障进行早期识别,以便在故障造成严重的结构破坏和代价较高的停机时间以前采取适当的补救措施,从而取代定时维修,实现自适应的维护和调度。

2）更精确地控制产品的质量,因为产品的质量与机器的工作条件有直接关系。

除了监测各个机器,从传感器收集到的数据还可以洞察制造过程本身,并用来协助完成生产优化的高级决策。

在制造机械中遇到的信号通常包括 3 个主要组成部分:

1）机械的接触部件之间的循环作用产生的周期成分,例如滚动体与滚道之间的相互作用引起的振动。

2）由"一次性"事件引起的瞬态成分,如由于钻头的突然断裂或工件内部的原始裂缝所引起的瞬态成分。

3）宽带背景噪声。

在制造过程中,实时检测这些信号并及时从信号中提取相关信息具有重要的意义。因为它们是潜在的机器故障和产品质量劣化的前兆,将对制造工艺产生负面影响。另一方面,这样的信号检测可能极具挑战性,因为这些信号通常持续时间短且幅度较弱,并被强烈的背景噪声所覆盖,使得检测十分困难(Gu 等 2002;Padovese 2004;Shi 等 2004)。此外,这些信号的单次特性使得基于平稳信号的假设无效,从而降低了传统信号处理技术的有效性。例如,虽然傅里叶变换与滤波技术相结合已被广泛使用,其有效性取决于信号含有明显的特征频率分量,并在一个有限的频带内含有足够的能量。尤其是当特征分量的幅值较弱时,如果特征分量遍布于宽的频谱上,很难用傅里叶变换从干扰或隐蔽成分中来区分它们。这个问题在对早期故障轴承的状态监测研究中已经指出(Mori 等 1996)。

在过去的 10 年中,时 - 频分析和时间 - 尺度技术已经广泛应用于非平稳信号分析中。典型代表包括短时傅里叶变换和小波变换(Li 和 Ma 1997;Satish 1998)。短时傅里叶变换的发展是为了解决傅里叶变换的局限性,其原理在于基函数能够延伸到无限的时间。傅里叶变换不适于短时间的非平稳瞬态信号。解决这个问题的办法是对一个带滑动窗口的"局部时间"进行傅里叶变换,像短时傅里叶变换那样(Chui 1992)。通常使用的窗函数包括 Hamming、Hann 和高斯函数。当选择高斯窗口时,短时傅里叶变换称被为 Gabor 变换(Gabor 1946)。使用单边高斯窗口对工件的瞬态信号进行检测,文献中已有报道((Friedlander 和 Porat 1989)。短时傅里叶变换也存在一定的缺点,根据不确定性原理(Cohen 1989),其时间分辨率(在两个信号分量可以区分的最小时间的分割)和带宽无法同时选择很小。短时傅里叶变换的时间和带宽的积必须大于或等于 4π 的倒数。只有当窗函数是高斯函数时等号才成立。这就意味着,一旦选择了窗口函数,在整个时 - 频平面上的时 - 频分辨率是固定的。因此,使用短时傅里叶变换做瞬态信号分析时,必须在时间分辨率和频率分辨率之间做一个权衡。

为了克服 Gabor 变换的分辨率限制,小波变换已经越来越多地用于对非平稳信号的分析和研究中(Mallat 1989;Daubechies 1990,1992;Rioul 和 Vetterli 1991)。与固定窗的 Gabor 变换相比,小波变换对高频率信号采用短窗,对较低频率的信号采用长窗(Rioul 和 Vetterli 1991)。这样的性质导致小波变换也被称为恒定相对带宽频率分析。与利用一系列单频正弦和余弦函数的总和来表示一个信号的傅里叶变换所不同的是，小波变换将信号分解成由多个基本函数构成的集。这些基本函数可以从一个单一的基小波函数通过两步操作的方式予以获得：①缩放（通过沿时间轴扩张和收缩基小波，这些将在第2章解释）；②时移（即沿时间轴平移）。从本质上讲，小波变换过程是通过测量被分析信号和基小波函数之间的"相似性"而实现的。通过改变基小波函数的尺度和时移，可以提取隐藏在信号中的故障特征，而不需要信号有一个主频带。

基于小波变换的制造和生产过程的监测与诊断研究已在世界范围受到广泛的关注。例如，自适应特点使得小波变换成为分析变速箱振动信号的一个很好的分析工具。研究已经证明了它检测早期故障以及区分不同类型故障的能力（Wang 和 McFadden 1993, 1995；Zheng 等 2002）。离散小波变换已经应用在端铣中，在切削条件变化时分析主轴电动机电流对刀具故障进行诊断（Lee 和 Tarng 1999）。类似地，用小波变换对机床监控的研究也有报道（Fu 等 1998；Li 等 2000）。在检测轴承的局部故障以及评估故障严重程度的研究领域，小波变换也已得到了广泛的研究（Wang 和 Gao 2003；Lou 和 Loparo 2004；Yan 和 Gao 2005；Chiementin 等 2007；Wang 等 2009），结果表明其优越的性能超过传统的基于傅里叶变换的方法。小波变换的其他应用，包括奇点检测（Sun 和 Tang 2002）、去噪和微弱信号提取（Altmann 和 Mathew 2001；Lin 2001）、振动信号压缩（Tanaka 等 1997；Staszewski 1998）、系统和参数辨识（Robertson 等 1998；Kim 等 2001）等。

综上所述，对于制造工程中常见的非平稳信号处理，小波变换提供了一个可用于分析、表征和分类研究的强大的数学工具。小波变换的自适应性和多分辨率能力使得它非常适合于分析时间和频率变化的信号，而这些信号与机器、动态机械结构或制造过程所相关的内在故障机理常常是紧密联系的。这种信号分析的能力使得小波变换为推动制造工程中信号处理的科学基础发展提供了一个有利的工具。小波变换的重大意义和潜在影响，激发了我们写作本书的创意，为那些在制造工程这个充满活力的科研领域里学习、工作的研究生和工程技术人员提供一部系统、全面且又深入浅出的有关小波变换基本理论和代表性应用的专著。

1.4 参考文献

Ahmetoglu MA, Altan T, Kinzel GL (1992) Improvement of part quality in stamping by controlling workpiece-holder force and contact pressure. J Mater Process Technol 33:195–214

Altmann J, Mathew J (2001) Multiple band-pass autoregressive demodulation for rolling-element bearing fault diagnostics. Mech Syst Signal Process 15:963–977

Bendat JS, Piersol AG (2000) Random data analysis and measurement procedures, 3rd edn. Wiley, New York

BowStar Biz Management Ltd, http://www.bowstar-hk.com/images/stamping_machine_1.jpg

Bryce DM (1996) Plastic injection molding: mold design and construction fundamentals. Society of Manufacturing Engineers, Dearborn, MI

Byrne G, Dornfeld D, Inasaki I, Ketteler G, König W, Teti R (1996) Tool condition monitoring (TCM) – the status of research and industrial application. Ann CIRP 44(2):541–567

Chiementin X, Bolaers F, Dron J (2007) Early detection of fatigue damage on rolling element bearings using adapted wavelet. J Vib Acoust 129(4):495–506

Chui CK (1992) An introduction to wavelets. Academic, New York
Cohen L (1989) Time-frequency distributions – a review. Proc IEEE 77(7):941–981
Daubechies I (1990) The wavelet transform, time-frequency localization and signal analysis. IEEE Trans Inf Theory 36(5):960–1005
Daubechies I (1992) Ten lectures on wavelets. SIAM, Philadelphia, PA
DimlaSnr DE (2000) Sensor signals for tool-wear monitoring in metal cutting operations – a review of methods. Int J Mach Tools Manuf 40(8):1073–1098
Ferromatik Milacron, http://www.ferromatik.com/de/information/presse/img/K-TEC_200_S_auf_weiss.jpg
Frankowiak M, Grosvenor R, Prickett P (2005) A review of the evolution of microcontroller-based machine and process monitoring. Int J Mach Tools Manuf 45(4–5):573–582
Friedlander B, Porat B (1989) Detection of transient signals by the Gabor representation. IEEE Trans Acoust Speech Signal Process 37(2):169–180
Fu J, Troy C, Phillips P (1998) Matching pursuit approach to small drill bit breakage prediction. Int J Prod Res 37(14):3247–3261
Gabor D (1946) Theory of communication. J Inst Electr Eng 93:429–457
Ganesan R, Das TK, Venkataraman V (2004) Wavelet-based multiscale statistical process monitoring: a literature review. IEEE Trans 36:787–806
Gu S, Ni J, Yuan J (2002) Non-stationary signal analysis and transient machining process condition monitoring. Int J Mach Tools Manuf 42:41–51
Johannaber F (2008) Injection molding machines: a user's guide. 4th edn. Hanser Gardner Publications, Cincinnati, OH
Kim YY, Hong YC, Lee NY (2001) Frequency response function estimation via a robust wavelet de-noising method. J Sound Vib 244:635–649
Koyama H, Wagoner RH, Manabe K (2004) Workpiece holding force in panel stamping process using a database and FEM-assisted intelligent press control system. J Mater Process Technol 152:190–196
Lee BY, Tarng YS (1999) Application of the discrete wavelet transform to the monitoring of tool failure in end milling using the spindle motor current. Int J Adv Manuf Technol 15(4):238–243
Li M, Ma J (1997) Wavelet decomposition of vibrations for detection of bearing localized defects. NDTE Int 30(3):143–149
Li X, Tso S, Wang J (2000) Real-time tool condition monitoring using wavelet transforms and fuzzy techniques. IEEE Trans Syst Man Cybern C Appl Rev 30(3):352–357
Liang S, Hecker R, Landers R (2004) Machining process monitoring and control: the state-of-the-art. ASME J Manuf Sci Eng 126(2):297–310
Lin J (2001) Feature extraction of machine sound using wavelet and its application in fault diagnostics. NDTE Int 34:25–30
Lou X, Loparo KA (2004) Bearing fault diagnosis based on wavelet transform and fuzzy inference. Mech Syst Signal Process 18(5):1077–1095
Mallat S (1989) A theory for multiresolution signal decomposition: the wavelet representation. IEEE Trans Pattern Anal Mach Intell 2(7):674–693
Mori K, Kasashima N, Yoshioka T, Ueno Y (1996) Prediction of spalling on a ball bearing by applying the discrete wavelet transform to vibration signals. Wear 195(1–2):162–168
Padovese LR (2004) Hybrid time-frequency methods for non-stationary mechanical signal analysis. Mech Syst Signal Process 18(5):1047–1064
Potsch G, Michaeli W (1995) Injection molding: an introduction. Hanser Gardner Publications, Cincinnati, OH
Rao SS (2003) Mechanical vibration. 4th edn. Prentice Hall, Old Tappan, NJ
Rioul O, Vetterli M (1991) Wavelets and signal processing. IEEE Signal Process Mag. 8(4):14–38
Robertson AN, Park KC, Alvin KF (1998) Extraction of impulse response data via wavelet transform for structural system identification. ASME J Vib Acoust 120:252–260

Satish L (1998) Short-time Fourier and wavelet transform for fault detection in power transformers during impulse tests. IEEE Proc Sci Meas Tech 145(2):77–84

Schey JA (1999) Introduction to manufacturing processes. 3rd edn, McGraw-Hill Science/Engineering/Math, New York

Shi DF, Tsung F, Unsworth PJ (2004) Adaptive time-frequency decomposition for transient vibration monitoring of rotating machinery. Mech Syst Signal Process 18(1):127–141

Staszewski WJ (1998) Wavelet based compression and feature selection for vibration analysis. J Sound Vib 211:735–760

Suchy I (2006) Handbook of die design. 2nd edn, McGraw Hill, New York

Sun Q, Tang Y (2002) Singularity analysis using continuous wavelet transform for bearing fault diagnosis. Mech Syst Signal Process 16:1025–1041

Tanaka M, Sakawa M, Kato K, Abe M (1997) Application of wavelet transform to compression of mechanical vibration data. Cybern Syst 28(3):225–244

Teti R (1996) A review of tool condition monitoring literature data base. Ann CIRP 44(2):659–666

Tönshoff H, Wulfsberg J, Kals H, König W (1988) Developments and trends in monitoring and control of machining processes. Ann CIRP 37(2):611–622

Topic Media PTY PTD, http://www.zcars.com.au/images/ford-powershift-gearbox12.jpg

Tseng PC, Chou A (2002) The intelligent on-line monitoring of end milling. Int J Mach Tools Manuf 42(1):89–97

Wang C, Gao R (2003) Wavelet transform with spectral post-processing for enhanced feature extraction. IEEE Trans Instrum Meas 52:1296–1301

Wang WJ, McFadden PD (1993) Application of the wavelet transform to gearbox vibration analysis. ASME Pet Div 52:13–20

Wang WJ, McFadden PD (1995) Application of orthogonal wavelets to early gear damage detection. Mech Syst Signal Process 9(5):497–507

Wang C, Gao RX, Yan R (2009) Unified time-scale-frequency analysis for machine defect signature extraction: theoretical framework. Mech Syst Signal Process 23(1):226–235

Yan R, Gao R (2005) An efficient approach to machine health diagnosis based on harmonic wavelet packet transform. Robot Comput Integr Manuf 21:291–301

Zheng H, Li Z, Chen X (2002) Gear fault diagnosis based on continuous wavelet transform. Mech Syst Signal Process 16(2–3):447–457

第 2 章　历史回顾：从傅里叶变换到小波变换

为了确保产品质量及设备的安全、经济运行，通常基于传感器收集的信号，对机械设备和加工过程的工作状态进行连续的监测和评估。这些信号一般以时间序列的形式给出（例如，随时间变化的振动、压力和温度等），要从这些信号中提取信息，并揭示该信号所对应的系统潜在的动力学特征，就需要合适的信号处理技术。通常情况下，信号处理的过程是将信号从时域转换到另一个域中，以便把嵌入在时间序列中的那些在其原始形式下不容易被观察到的特征信息提取出来。在数学上，这个过程可以通过对需要被处理的信号 $x(t)$ 和一组已知的模板函数 $\{\psi_n(t)\}_{n\in z}$ 进行比较来实现，比较的结果是获得如下的一系列时域信号的系数（Chui 1992；Qian 2002）：

$$c_n = \int_{-\infty}^{\infty} x(t)\psi_n^*(t)\mathrm{d}t \qquad (2\text{-}1)$$

式中，$(\cdot)^*$ 代表函数 $(\cdot)$ 的复共轭。如果将式中的两个函数 $x(t)$ 和 $\psi_n(t)$ 之间的内积定义为

$$\langle x,\psi_n \rangle = \int x(t)\psi_n^*(t)\mathrm{d}t \qquad (2\text{-}2)$$

则式 (2-1) 可以用通用形式表示为

$$c_n = \langle x,\psi_n \rangle \qquad (2\text{-}3)$$

式 (2-3) 中的内积，从本质上来讲是比较信号 $x(t)$ 和模板函数 $\{\psi_n(t)\}_{n\in z}$ 之间的"相似性"，也就是这两个函数之间的接近程度。$x(t)$ 和 $\psi_n(t)$ 越相似，它们的内积 c_n 就越大。基于这样的想法，本章从历史发展的角度，通过观察小波变换和其他常用技术之间对模板函数 $\{\psi_n(t)\}_{n\in z}$ 的选择的异同来回顾小波变换的演变。为了说明这一点，以图 2-1 所示非平稳信号作为例子。该信号由 4 组脉冲信号列组成，每组含有 2 个不同中心频率（1500Hz 和 650Hz）的瞬态成分，这 4 组信号由一个 12ms 的时间间隔互相分开。在每组信号中，两个瞬态成分在时间上是重叠的。信号的采样频率为 10kHz。

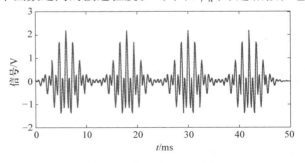

图 2-1　非平稳信号 $x(t)$

2.1 傅里叶变换

傅里叶变换可以说是科学与工程领域中应用最广泛的信号处理工具，它通过将信号从时域变换到频域的方法来揭示时间序列 $x(t)$ 的频率成分。1807年，法国数学家傅里叶（见图2-2）发现：任何周期信号都可以表示为一系列的正弦和余弦函数的加权和。然而，由于同时代的一些知名学者如拉格朗日（Herivel 1975）等的坚决反对，他关于这一发现的论文未能得到发表，这种情况持续了15年，直到傅里叶发表了自己的著作：热分析理论（Fourier 1822）。在这本书中，傅里叶将发现扩展到非周期信号，证明非周期信号可以表示为一系列正弦和余弦函数的加权积分，这样的积分被称为傅里叶变换。

"在有限的时间间隔上、可由任意一条曲线所定义的一个连续或离散的函数，均可表示为一组正弦信号的加和"

傅里叶

图2-2 傅里叶（1768—1830）

利用内积符号，信号 $x(t)$ 的傅里叶变换可以表示为

$$X(f) = \langle x, e^{j2\pi ft} \rangle = \int_{-\infty}^{\infty} x(t) e^{-j2\pi ft} dt \qquad (2\text{-}4)$$

假设该信号具有有限的能量

$$\int_{-\infty}^{\infty} |x(t)|^2 dt < \infty$$

则该信号 $x(t)$ 的傅里叶逆变换可以表示为

$$x(t) = \int_{-\infty}^{\infty} X(f) e^{j2\pi ft} df \qquad (2\text{-}5)$$

通常来说，数据采集系统采得的试验信号是在离散的时间间隔 ΔT 内而非通过连续采样获得的。这样一个定义为 $x(k)$ 的信号，可以通过如下的离散傅里叶变换（DFT）转化到频域：

$$DFT(f_n) = \frac{1}{N} \sum_{k=0}^{N-1} x(k) e^{-j2\pi f_n k \Delta T} \qquad (2\text{-}6)$$

式中，$N = T/\Delta T$ 表示采样点的个数，$f_n = n/T$，$n = 0, 1, 2, \cdots, N-1$ 是离散频率分量。相应的离散傅里叶逆变换可以表示为

$$x(k) = \frac{1}{\Delta T} \sum_{f_n=0}^{(N-1)/T} DFT(f_n) \, \mathrm{e}^{\mathrm{j}2\pi f_n k \Delta T} \tag{2-7}$$

式（2-4）和式（2-6）表明，傅里叶变换本质上是时间序列 $x(t)$ 或 $x(k)$ 和一系列可以被视为模板函数的正弦和余弦之间的卷积。该操作描述了 $x(t)$ 或 $x(k)$ 与模板函数之间的相似性，并表示整个被测信号在信号分析期间内的平均频率信息。图 2-3 以图形方式展示了该操作是如何实现的。

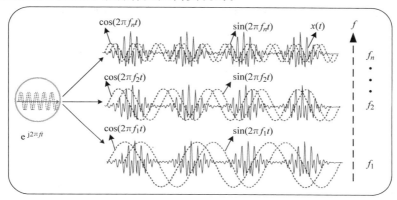

图 2-3　连续信号的傅里叶变换图解

为了计算具有 N 个采样点信号的离散傅里叶变换，需要执行信号和一个 $N \times N$ 阶的、含有 $\mathrm{e}^{-\mathrm{j}2\pi/N}$ 的第 n 次原根的矩阵做乘法操作，此操作大约需要 N^2 次运算来完成。随着采样点数的增加，运算时间会迅速增加。例如，计算一个有 $N = 256$（即 2^8）个采样点的时间序列的离散傅里叶变换时，需进行 65536 步运算，而当 $N = 4096$ 时（即 2^{12}），需进行 16777216 步运算。超高的计算成本限制了离散傅里叶变换在早期阶段的广泛应用，直到 1965 年，由 Cooley 和 Tukey 提出了更有效的 Cooley – Tukey 算法，也称作快速傅里叶变换（FFT）之后，这个问题才得以解决。快速傅里叶变换是一种递归算法，它通过在每步的操作中，将尺度为 N 的样本变换分解成两个尺度为 $N/2$ 的样本的变换，把含有 N 个样本点的大数样本的离散傅里叶变换转化为一系列小样本点的离散傅里叶变换，从而将运算量从 N^2 减少到 $N\log N$。这样做的结果是，当样本长度为 $N = 256$ 时，快速傅里叶变换的运算时间和离散傅里叶变换的运算时间相比，缩减的比例可高达 96%。

在具体实践中，计算离散傅里叶变换时可能会发生能量泄漏和混叠现象（Körner 1988）。能量泄漏是在对不连续信号做周期性延拓以进行离散傅里叶变换操作时而引发的。通过对信号施加一个窗函数以截取一个整周期信号，可以避免此问题。然而，窗口的引入会给被分析信号带来附加的频率信息。当不满足香农采样定理时，会发生频率混叠，导致某一实际的频率分量会出现在频谱不同的位置上。为了避免此问题，应保证采样频率至少为信号中最大频率成分的 2 倍（Bracewell

1999),这就要求最大的频率成分是已知的先验信息。

对图 2-1 所示的信号进行傅里叶变换后的谱图如图 2-4 所示。图中显示 2 个主要的频率峰值分别为 650Hz 和 1500Hz。然而,它并没有揭示出信号的频率成分是如何随时间变化的;也就是说,傅里叶变换的谱图并没有揭示出时域信号的两个频率分量到底是存在于整个观测时间内,还是像时频图隐含显示的那样,仅存在于一定的时间区间内。由于无法揭示信号的瞬时结构,傅里叶变换的应用有一定的局限性,尤其不适合于非平稳信号的分析。考虑到制造过程中遇到的信号通常是非平稳信号(例如,在旋转机械的振动信号中,结构缺陷常常引起信号出现微小、瞬时的变化),显然需要一种新的、能够处理非平稳信号的方法。

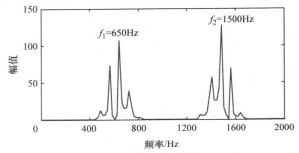

图 2-4 信号 $x(t)$ 的傅里叶变换结果

2.2 短时傅里叶变换

为了克服傅里叶变换的局限性,一个直观的解决方案是引入一个可以沿着信号的时间轴平滑移动的窗函数,依次对窗内的信号进行局部时间的傅里叶变换操作。此想法即为 Dennis Gabor(见图 2-5)在其论文"Theory of communication"(发表于 1946 年)中提出的短时傅里叶变换(STFT)(Gabor 1946)。

图 2-6 展示了短时傅里叶变换的实现过程。如图 2-6 所示,短时傅里叶变换采用以时间 τ 为中心的滑动窗口函数 $g(t)$,在每一个指定的 τ,都对其窗口内的信号 $x(t)$ 执行一次局部的傅里叶变换。随后,沿时间轴移动窗口函数进行下一个傅里叶变换。如此连续操作,可以依次实现对整个信号的傅里叶变换。在此操作过程中,假定窗口函数内的信号段近似是平稳的。如图 2-6 所示,短时傅里叶变换可将一维的时域信号转化为二维的时频信号表示,从而揭示了窗内信号的频率成分随时间的变化情况。

图 2-5 Dennis Gabor
(1900—1979)

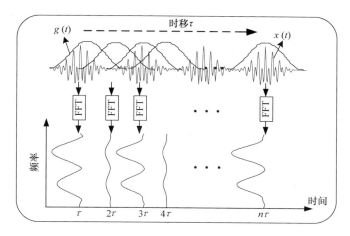

图 2-6 测试信号 $x(t)$ 的短时傅里叶变换图解

利用前面讲过的内积符号，短时傅里叶变换可以表示为

$$STFT(\tau,f) = \langle x, g_{\tau,f} \rangle = \int x(t) g_{\tau,f}^*(t) \mathrm{d}t = \int x(t) g(t-\tau) \mathrm{e}^{-\mathrm{j}2\pi ft} \mathrm{d}t \quad (2\text{-}8)$$

式（2-8）也可以看作是衡量信号 $x(t)$ 和时移及频率调制的窗口函数 $g(t)$ 之间的"相似性"。在过去的几十年里，各种针对不同应用类型的窗口函数（Oppenheim 等 1999）已被开发出来。例如，高斯窗可用于分析瞬态信号，Hamming 和 Hann 窗适用于分析窄带随机信号，Kaiser – Bessel 窗更适用于频率分量相近但幅值差异较大的信号成分分离。需要注意的是，窗口函数的选择会直接影响分析结果的时频分辨率。一般而言，越高的分辨率可以提供越好的信号分离效果，但短时傅里叶变换不能实现时间及频率分辨率的兼得。根据测不准原理（Cohen 1989），时间和频率分辨率的乘积满足如下关系：

$$\Delta\tau \cdot \Delta f \geq \frac{1}{4\pi} \quad (2\text{-}9)$$

式中，$\Delta\tau$ 和 Δf 分别表示时间和频率的分辨率。从数学来说，时间分辨率 $\Delta\tau$ 可用窗函数时间宽度的方均根来度量，定义为

$$\Delta\tau^2 = \frac{\int \tau^2 |g(\tau)|^2 \mathrm{d}\tau}{\int |g(\tau)|^2 \mathrm{d}\tau} \quad (2\text{-}10)$$

同样，频率分辨率 Δf 可用窗函数频率宽度的方均根来度量，并定义为（Rioul 和 Vetterli 1991）

$$\Delta f^2 = \frac{\int f^2 |G(f)|^2 \mathrm{d}f}{\int |G(f)|^2 \mathrm{d}f} \quad (2\text{-}11)$$

在式（2-11）中，$G(f)$ 是窗口函数 $g(t)$ 的傅里叶变换。以高斯窗函数

$g(t) = e^{-\alpha t^2 \tau^2}$（$\alpha$ 是常数，τ 控制窗口宽度）为例，其时间和频率分辨率分别是 $\Delta\tau = \tau/(2\sqrt{\alpha})$ 和 $\Delta f = \sqrt{\alpha}/(\tau \cdot 2\pi)$。当采用高斯窗分析信号 $x(t)$ 时，其时频分辨率是 $\Delta\tau \cdot \Delta f = 1/(4\pi)$。由于窗函数的时间和频率分辨率仅取决于参数 τ，一旦窗函数选定，时间和频率分辨率在整个时频平面上就固定了。如图 2-7 的两个例子所示，不管所使用的实际窗口的大小如何（τ 或 $\tau/2$），窗函数的时间和频率分辨率的积（也就是由 $\Delta\tau \cdot \Delta f$ 的积定义的面积）都是相同的。

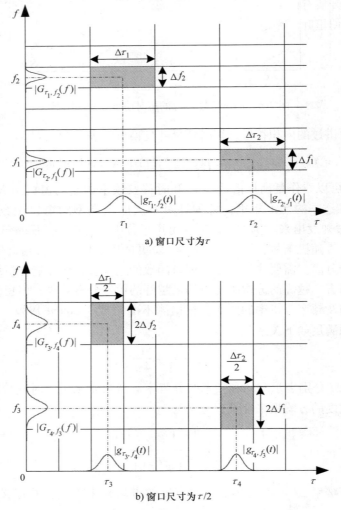

图 2-7　与短时傅里叶变换技术相关的时频分辨率

对图 2-1 所示的信号用带有高斯窗函数的短时傅里叶变换进行分析，在图 2-8 中展示了窗口尺寸 τ 对时间和频率分辨率的影响。分析时一共选取了 3 个不同的窗口尺寸，即 1.6ms、25.6ms 和 6.4ms。如图 2-8a 所示，1.6ms 的最小窗口宽度在分离包含在信号中的 4 脉冲串时,能提供高的时间分辨率,但它对每组中的两个重叠的瞬态成分,则因频率分辨率过低而无法区分,使得频率为 1500Hz 和 650Hz 的两个瞬态成分时频平面上被显示成汇聚在一起。与之相反,如图 2-8b 所示,当窗口函数为最大尺寸 25.6ms 时,其具有很好的频率分辨率用于描述两种不同的频率成分,但其时间分辨率太低,因而无法区分 4 个脉冲序列(脉冲序列以 12ms 间隔互相分开)。整体性能最佳的窗口宽度是 6.4ms,如图 2-8c 所示,在其时频平面上可以完全区分开所有的瞬态成分。一般情况下,试验信号所包含的频率成分事先未知,当用短时傅里叶变换对信号进行处理时,合适的窗函数选取是一大难题。短时傅里叶变换的这一固有缺点促使研究人员寻找其他更好的非平稳信号处理方法,其中,小波变换就是这样的一种重要技术,也是本书的核心内容。

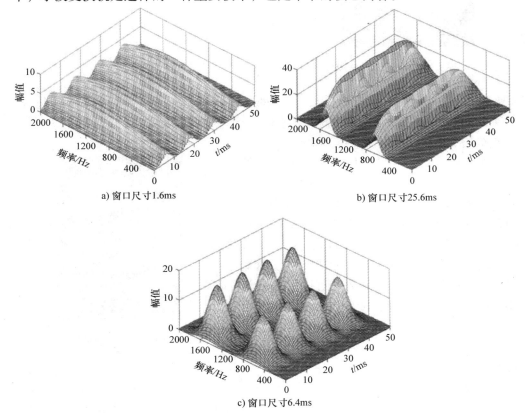

图 2-8 三种不同窗口尺寸下 STFT 的信号处理结果

2.3 小波变换

从历史的角度来看,有关小波的第一个参考文献可追溯到 20 世纪初 Alfred

Haar（见图2-9）于1909年在德国哥廷根大学撰写的题为"正交函数系统理论"的博士学位论文。他对函数正交系统的研究促成了一系列如图2-10所示的矩形基函数的开发（Haar1910）。后来，基于这类函数命名了一个小波族——Haar小波，这也是迄今为止开发出的最简单的小波族。

图2-9　Alfred Haar（1885—1933）

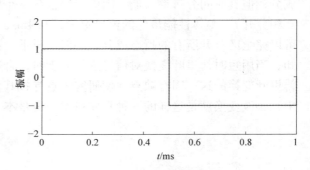

图2-10　矩形基函数

从本质上讲，Haar基函数由一个短的正脉冲及跟随的一个短的负脉冲组成。这个基函数可以用来阐明实平方可积空间中的一个可数正交系统。后来，Haar基函数被用于图像压缩（Devore等1992）。

继Haar研究后很长的一段时间里，小波领域研究进展的报道甚微。这个局面一直持续到物理学家Paul Levy（见图2-11）对布朗运动进行深入研究的20世纪30年代。他发现在对布朗运动的微妙细节进行分析时，变尺度函数（也就是Haar基函数）的性能明显优于傅里叶基函数。此外，Haar基函数还可以缩放到长短不同的区间，比如区间[0，1]或区间[0，1/2]和[1/2，1]，从而在函数建模上提供比傅里叶基函数更高的精度，因为傅里叶基函数只能有一个区间[$-\infty$，∞]。

图2-11　Paul Levy（1886—1971）

从20世纪30年代到70年代，尽管包括John Littlewood，Richard Paley（Littlewood和Paley 1931），Elias M. Stein（Jaffard等2001），Norman H. Ricker（Ricker 1953）等在内的一些学者们对于如今称之为小波的研究进展作出了各自的贡献，但该领域的主要进展要归功于Jean Morlet（见图2-12）。70年代中期，Morlet在一家石油公司供职期间（Mackenzie 2001），开发并实现了分析窗函数的缩放和平移技术，并将其用于分析声音回波信号。通过将声波脉冲发送到地下，并分析得到的回波信号，可以识别出地壳下是否存在石油以及油层的厚度。当Morlet最初用短时傅里叶变换分析这些回波信号时，他发现如果保持窗函数的宽度不变，短时傅里叶变换的效果不好。为了解决此问题，他试着保持窗函数的频率不变，而通过拉伸或压缩窗函数来改变窗口的宽度（Mackenzie 2001），由此产生的变宽度的波形，被 Morlet 称为"小波"。这一研究标志着小波时代的开始。其实 Morlet 使用的方法与之前 Haar 的做法类似，但是小波变换的理论构想是由 Jean Morlet 和 Alex Grossmann 合作后首次提出的：他们认为任何一个信号都可以转化为小波的形式，然后在没有任何信息丢失的条件下再转换回其原始形式（Grossmann 和 Morlet 1984）。

图 2-12　Jean Morlet（1931—2007）

与窗口大小固定的短时傅里叶变换技术不同，小波变换在分析信号的不同频率成分时可以使用变化的窗口尺寸（Mallat 1998）。具体做法是将信号与一组通过对小波基 $\Psi(t)$ 的缩放（即扩张和收缩）和移位（即沿时间轴的平移）而获得的模板函数进行对比，找到其间的相似性实现的，图 2-13 是上述过程的图解示意。

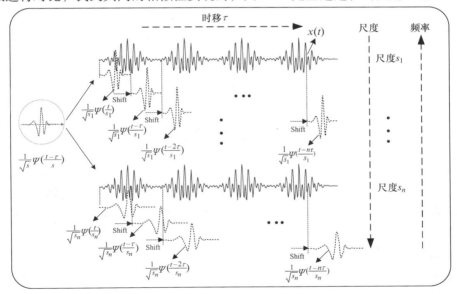

图 2-13　小波变换图解

再次使用内积符号，信号 $x(t)$ 的小波变换可以表示为

$$wt(s,\tau) = \langle x, \psi_{s,\tau} \rangle = \frac{1}{\sqrt{s}} \int x(t) \psi^*\left(\frac{t-\tau}{s}\right) dt \tag{2-12}$$

式中，符号 $s > 0$ 表示尺度参数。尺度参数决定了尺度基小波 $\psi\left(\frac{t-\tau}{s}\right)$ 的时间和频

率分辨率，其中 s 的值与频率成反比，τ 是移位参数，标明尺度小波沿时间轴的平移量。符号 $\Psi^*(\cdot)$ 表示基小波 $\psi(t)$ 的复共轭。举例来说，如果选择 Morlet 小波 $\Psi(t) = \mathrm{e}^{\mathrm{j}2\pi f_0 t}\mathrm{e}^{-(\frac{\alpha t^2}{\beta^2})}$ 作为基小波，其尺度函数可以表示为

$$\psi\left(\frac{t-\tau}{s}\right) = \mathrm{e}^{\mathrm{j}2\pi f_0 \frac{t-\tau}{s}}\mathrm{e}^{-\alpha\frac{(t-\tau)^2}{s^2\beta^2}} \tag{2-13}$$

式中，参数 f_0、α 和 β 均为常数。Morlet 小波相应的时间和频率分辨率可分别计算为 $\Delta t = s\beta/(2\sqrt{\alpha})$ 和 $\Delta f = \sqrt{\alpha}/(s\cdot 2\pi\beta)$。这两个表达式说明，小波的时间和频率分辨率分别正比和反比于尺度参数 s。图 2-14 描述了 Morlet 小波的时间和频率分辨率在时频 (t-f) 平面上两个位置 (τ_1, η/s_1) 和 (τ_2, η/s_2) 的变化情况。

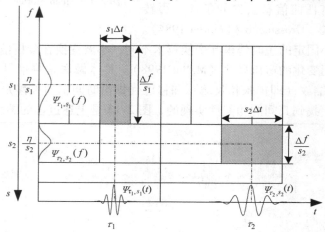

图 2-14　小波变换的时间和频率分辨率（$s_2 = 2s_1$）

从图 2-14 可以看出，当尺度 s 从 (τ_1, η/s_1) 位置变化到 (τ_2, η/s_2) 的位置时（取 $s_2 = 2s_1$）：时间分辨率降低了一半（因为时间窗的宽度了增加一倍），而频率分辨率增加了一倍（由于频率窗口的宽度减小了一半）。通过改变小波基函数的尺度参数 s 和时移参数 τ，小波变换能够在一个时间序列信号的整个频谱上使用小尺度参数（对应于更高的频率）分析高频信号分量，使用大尺度参数（对应于较低的频率）分析低频信号分量，从而提取出信号的各个组成成分。举例来说，图 2-15 展示了使用 Morlet 小波基函数对图 2-1 所示信号进行小波变换得到的结果。显而易见，所有的瞬态成分在时间尺度域均被很好地区分开来。

继 Morlet 和 Grossmann 开创性的工作后，许多学者都投身于对小波变换理论进一步开发的研究中。这包括 Strömberg 在 1983 年对离散小波开展的早期探索（Strömberg 1983），Grossmann、Morlet 和 Paul 从尺度和平移的角度研究使用单一小波基函数对任意信号进行的分析（Grossmann 等 1985，1986），Newman 于 1993 年对谐波小波变换的研究（Newland 1993）等。可以说对推动小波研究的繁荣发展作

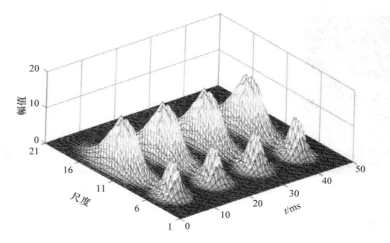

图 2-15　信号的小波变换

出了最为重要贡献的当属 Stephane Mallat（见图 2-16）（Mallat 1989a，b，1999）和 Yves Meyer（见图 2-17）（Meyer 1989，1993）提出的多分辨率分析。这一发明在 Meyer 题为"正交小波"的论文"Orthonormal wavelets"（Meyer 1989）中有相关介绍。

图 2-16　Stephane Mallat

图 2-17　Yves Meyer

多分辨率分析的关键是设计小波变换的缩放函数，以使得其他研究人员能够在严谨的数学基础上构建自己的小波基函数。举例来说，基于多分辨率概念，Ingrid Daubechies（见图 2-18）在 1988 年左右（Daubechies 1988，1992）创建了她自己的小波族——Daubechies 小波。图 2-19 给出了 Daubechies 小波族中的一员：Daubechies 2 基小波。这种类型的小波是正交的，且可用简单的数字滤波技术实现。

从那时起，包括图像处理、语音处理，以及制造工程信号分析等有关小波变换在各个领域中应用的大量报道相继出现，而制造工程中的信号分析正是本书的重点。

图 2-18　Ingrid Daubechies

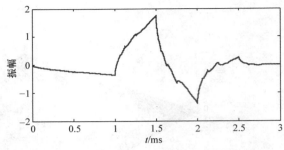

图 2-19　Daubechies2 基小波

2.4　参考文献

Bracewell, R (1999) The Fourier transform and its applications. 3rd edn. McGraw-Hill, New York
Chui CK (1992) An introduction to wavelets. Academic, New York
Cohen L (1989) Time-frequency distributions – a review. Proc IEEE 77(7):941–981
Cooley JW, Tukey JW (1965) An algorithm for the machine calculation of complex Fourier series. Math Comput 19:297–301
Daubechies I (1988) Orthonormal bases of compactly supported wavelets. Comm Pure Appl Math 4:909–996
Daubechies I (1992) Ten lectures on wavelets. SIAM, Philadelphia, PA
DeVore RA, Jawerth B, Lucier BJ (1992) Image compression through wavelet transform coding. IEEE Trans Inf Theory 38(2):719–746
Fourier J (1822) The analytical theory of heat. (trans: Freeman A). Cambridge University Press, London, p 1878
Gabor D (1946) Theory of communication. J IEEE 93(3):429–457
Grossmann A, Morlet J (1984) Decomposition of hardy functions into square integrable wavelets of constant shape. SIAM J Math Anal 15(4):723–736
Grossmann A, Morlet J, Paul T (1985) Transforms associated to square integrable group representations. I. General results. J Math Phys 26:2473–2479
Grossmann A, Morlet J, Paul T (1986) Transforms associated to square integrable group representations. II: examples. Ann Inst Henri Poincaré 45(3):293–309
Haar A (1910) Zur theorie der orthogonalen funktionen systeme. Math Ann 69:331–371
Herivel J (1975) Joseph Fourier. The man and the physicist. Clarendon Press, Oxford
Jaffard S, Yves Meyer Y, Ryan RD (2001) Wavelets: tools for science & technology. Society for Industrial Mathematics, Philadelphia, PA
Körner TW (1988) Fourier analysis. Cambridge University Press, London
Littlewood JE, Paley REAC (1931) Theorems on Fourier series and power series. J Lond Math Soc 6:230–233
Mackenzie D (2001) Wavelets: seeing the forest and the trees. National Academy of Sciences, Washington, DC
Mallat SG (1989a) A theory of multiresolution signal decomposition: the wavelet representation. IEEE Trans Pattern Anal Mach Intell 11(7):674–693
Mallat SG (1989b) Multiresolution approximations and wavelet orthonormal bases of $L^2(R)$. Trans Am Math Soc 315:69–87
Mallat SG (1998) A wavelet tour of signal processing. Academic, San Diego, CA
Meyer Y (1989) Orthonormal wavelets. In: Combers JM, Grossmann A, Tachamitchian P (eds) Wavelets, time-frequency methods and phase space, Springer-Verlag, Berlin
Meyer Y (1993) Wavelets, algorithms and applications. SIAM, Philadelphia, PA
Newland DE (1993) Harmonic wavelet analysis. Proc R Soc Lond A Math Phys Sci 443(1917)

203–225

Oppenheim AV, Schafer RW, Buck JR (1999) Discrete time signal processing. Prentice Hall PTR, Englewood Cliffs, NJ

Qian S (2002) Time-frequency and wavelet transforms. Prentice Hall PTR, Upper Saddle River, NJ

Ricker N (1953) The form and laws of propagation of seismic wavelets. Geophysics 18:10–40

Rioul O, Vetterli M (1991) Wavelets and signal processing. IEEE Signal Process Mag 8(4):14–38

Strömberg JO (1983) A modified Franklin system and higher-order spline systems on R^n as unconditional bases for Hardy space. Proceedings of Conference on Harmonic Analysis in Honor of Antoni Zygmund, vol 2, pp 475–494

Jean B. Joseph Fourier, http://mathdl.maa.org/images/upload_library/1/Portraits/Fourier.bmp

Dennis Gabor, http://nobelprize.org/nobel_prizes/physics/laureates/1971/gabor-autobio.html

Alfred Haar, http://www2.isye.gatech.edu/~brani/images/haar.html

Paul Levy, http://www.todayinsci.com/L/Levy_Paul/LevyPaulThm.jpg

Jean Morlet, http://www.industrie-technologies.com/GlobalVisuels/Local/SL_Produit/Morlet.jpg

Stephane Mallat, http://www.cmap.polytechnique.fr/~mallat/Stephane.jpg

Yves Meyer, http://www.academie-sciences.fr/membres/M/Meyer_Yves.htm

Ingrid Daubechies, http://commons.princeton.edu/ciee/images/people/DaubechiesIngrid.jpg

第3章 连续小波变换

小波变换是一种将信号转换成不同形式的数学工具。这种转换的目标揭示了隐藏在原始信号中的特征或特性，并且更加简洁地表达原始信号。为了实现小波变换，需要一个基小波，也就是一个具有振荡特性的波，其能量集中在很短的时间内。图3-1展示了一个波（正弦波）和小波（Daubechies4 小波）（Daubechies 1992）。

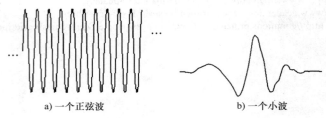

a) 一个正弦波　　　　　　　b) 一个小波

图 3-1　波和小波的表示

波和小波的区别在于波的形状通常是光滑有规则的，可以是连续的，与此相反，小波的形状可能是不规则的，通常只持续一段时间。波（例如，正弦和余弦）通常被用作一个确定性的模板，在傅里叶变换里面表达一个时间不变的或稳态的信号。相比较而言，小波既可以作为一个确定性的模板，也可以作为一个不确定性的模板，通过把信号分解到一个二维时频域进而分析时变的或非平稳的信号。

在数学上，小波是平方可积函数 $\psi(t)$，满足容许性条件（Chui 1992、Meyer 1993、Mallat 1998）：

$$\int_{-\infty}^{\infty} \frac{|\Psi(\omega)|^2}{\omega} d\omega < \infty \qquad (3\text{-}1)$$

在这个等式中，$\Psi(\omega)$ 是小波函数 $\Psi(t)$（在时间域）的傅里叶变换（即频率域表达）。容许性条件意味着函数 $\Psi(t)$ 的傅里叶变换在零频率消失；即

$$|\Psi(\omega)|^2 \big|_{\omega=0} = 0 \qquad (3\text{-}2)$$

这意味着，小波必须具有带通频谱。零频率时的零意味着在时域中的小波 $\Psi(t)$ 的平均值也为零：

$$\int_{-\infty}^{\infty} \psi(t) dt = 0 \qquad (3\text{-}3)$$

式（3-3）表明，小波必须具有振荡的性质。通过扩张（即拉伸或压缩小波函数 $1/s$）和平移（即沿时间轴平移 τ）过程，可以得到一个缩放和平移的小波家族

如下：

$$\psi_{s,\tau}(t) = \frac{1}{\sqrt{s}}\psi(\frac{t-\tau}{s}), \quad s > 0, \tau \in R \tag{3-4}$$

式（3-4）中的因子 $\frac{1}{\sqrt{s}}$，其目的是保证小波家族的能量在不同尺度下保持不变。例如，假设小波函数 $\psi(t)$ 的能量是由下式给出：

$$\varepsilon = \int_{-\infty}^{\infty} |\psi(t)|^2 dt \tag{3-5}$$

缩放和平移的小波 $\psi_{s,\tau}(t)$ 的能量可由下式计算出：

$$\varepsilon' = \int_{-\infty}^{\infty} \left|\frac{1}{\sqrt{s}}\psi(\frac{t-\tau}{s})\right|^2 dt = \frac{1}{s}\int_{-\infty}^{\infty} \left|\psi(\frac{t}{s})\right|^2 dt = \varepsilon \tag{3-6}$$

因而，原始的基小波 $\psi(t)$ 及缩放和平移小波的能量保持不变。$\psi(t)$ 和 $\psi_{s,\tau}(t)$ 之间的关系如图 3-2 所示，一个信号被一个系列缩放平移小波如 $\psi_{s,\tau}(t)$ 来分解的这一过程称为小波变换。

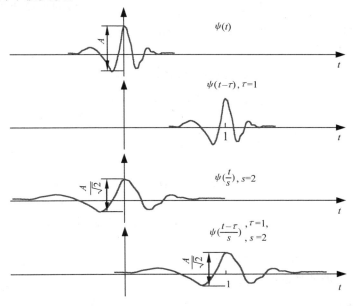

图 3-2 平移（通过时间常数 τ）和伸缩（按比例因子 s）图示

一般来说，小波变换可以表示成连续的（即连续小波变换（CWT））以及离散的形式（即离散小波变换）。一个信号 $x(t)$ 的连续小波变换定义为（Rioul and Vetterli 1991）

$$wt(s,\tau) = \frac{1}{\sqrt{s}}\int_{-\infty}^{\infty} x(t)\psi^*(\frac{t-\tau}{s}) dt \tag{3-7}$$

式中，$\psi^*(\cdot)$ 是缩放平移小波函数 $\psi(\cdot)$ 的复共轭。

如这个定义所示，连续小波变换是一个积分变换。在这个意义上，它类似于傅里叶变换，因为积分运算将都应用于这两种变换。另一方面，由于小波包含两个参数（尺度参数 s 和平移参数 τ），将信号与小波做内积匹配时，意味着这样的信号将被投影到一个二维时间尺度平面，而不是像傅里叶变换那样被投影到一维频域。此外，由于小波变换的局部化性质，变换将从信号中提取时间尺度平面上的特征，这些特征在原始信号中并没有被揭示，例如，与特定的轴承故障相关的频谱分量在什么时候存在。

3.1 连续小波变换的性质

式（3-7）表明，连续小波变换是一种线性变换，具有以下特性。

3.1.1 叠加性

假设 $x(t)$、$y(t) \in L^2(R)$，k_1 和 k_2 是常数，如果 $x(t)$ 的连续小波变换是 $wt_x(s,\tau)$，$y(t)$ 的连续小波变换是 $wt_y(s,\tau)$，那么，$z(t) = k_1 x(t) + k_2 y(t)$ 的连续小波变换由下式给出：

$$wt_z(s,\tau) = k_1 wt_x(s,\tau) + k_2 wt_y(s,\tau) \tag{3-8}$$

证明：令 $wt_x(s,\tau) = \dfrac{1}{\sqrt{s}} \int x(t) \psi^* \left(\dfrac{t-\tau}{s}\right) \mathrm{d}t$，$wt_y(s,\tau) = \dfrac{1}{\sqrt{s}} \int y(t) \psi^* \left(\dfrac{t-\tau}{s}\right) \mathrm{d}t$，那么

$$\begin{aligned}
wt_z(s,\tau) &= \frac{1}{\sqrt{s}} \int z(t) \psi^* \left(\frac{t-\tau}{s}\right) \mathrm{d}t \\
&= \frac{1}{\sqrt{s}} \int [k_1 x(t) + k_2 y(t)] \psi^* \left(\frac{t-\tau}{s}\right) \mathrm{d}t \\
&= k_1 \frac{1}{\sqrt{s}} \int x(t) \psi^* \left(\frac{t-\tau}{s}\right) \mathrm{d}t + k_2 \frac{1}{\sqrt{s}} \int y(t) \psi^* \left(\frac{t-\tau}{s}\right) \mathrm{d}t \\
&= k_1 wt_x(s,\tau) + k_2 wt_y(s,\tau)
\end{aligned} \tag{3-9}$$

这证明了连续小波变换的叠加性。

3.1.2 平移性

假设 $x(t)$ 的连续小波变换是 $wt_x(s,\tau)$，那么 $x(t-t_0)$ 的连续小波变换是 $wt_x(s,\tau-t_0)$。此性质的证明如下：

证明：令 $x'(t) = x(t-t_0)$，那么

$$wt_{x'}(s,\tau) = \frac{1}{\sqrt{s}} \int x(t-t_0) \psi^* \left(\frac{t-\tau}{s}\right) \mathrm{d}t \tag{3-10}$$

让 $t' = t - t_0$，那么

$$wt_{x'}(s,\tau) = \frac{1}{\sqrt{s}}\int x(t')\psi^*\left(\frac{t'+t_0-\tau}{s}\right)dt' = wt_x(s,\tau-t_0) \tag{3-11}$$

这意味着 $x(t-t_0)$ 的小波系数可以通过 $x(t)$ 的小波系数沿时间轴平移 t_0 得到。

3.1.3 伸缩性

假设 $x(t)$ 的连续小波变换是 $wt_x(s,\tau)$；那么 $x\left(\dfrac{t}{a}\right)$ 的连续小波变换是 $\sqrt{a}\,wt_x\left(\dfrac{s}{a},\dfrac{\tau}{a}\right)$。

证明：令 $x'(t) = x\left(\dfrac{t}{a}\right)$；那么

$$wt_{x'}(s,\tau) = \frac{1}{\sqrt{s}}\int x'(t)\psi^*\left(\frac{t-\tau}{s}\right)dt = \frac{1}{\sqrt{s}}\int x\left(\frac{t}{a}\right)\psi^*\left(\frac{t-\tau}{s}\right)dt \tag{3-12}$$

令 $t' = \dfrac{t}{a}$，则式（3-12）可进一步表示成

$$wt_{x'}(s,\tau) = \frac{1}{\sqrt{s}}\int x(t')\psi^*\left(\frac{at'-\tau}{s}\right)d(at')$$

$$= \frac{\sqrt{a}}{\sqrt{\dfrac{s}{a}}}\int x(t')\psi^*\left(\frac{t'-\dfrac{\tau}{a}}{\dfrac{s}{a}}\right)dt' = \sqrt{a}\,wt_x\left(\frac{s}{a},\frac{\tau}{a}\right) \tag{3-13}$$

式（3-13）表明，当一个信号被伸缩 a 倍时，其相应的小波系数也沿尺度和时间轴被伸缩 a 倍。

3.1.4 Moyal 定理

假设 $x(t)$，$y(t) \in L^2(R)$。如果 $x(t)$ 的连续小波变换是 $wt_x(s,\tau)$，$y(t)$ 的连续小波变换是 $wt_y(s,\tau)$，即

$$\begin{aligned}wt_x(s,\tau) &= \langle x(t),\psi_{s,\tau}(t)\rangle \\ wt_y(s,\tau) &= \langle y(t),\psi_{s,\tau}(t)\rangle\end{aligned} \tag{3-14}$$

那么

$$\langle wt_x(s,\tau), wt_y(s,\tau)\rangle = C_\psi \langle x(t), y(t)\rangle \tag{3-15}$$

式中，$C_\psi = \displaystyle\int_0^\infty \frac{|\Psi(\omega)|^2}{\omega}d\omega$。此性质的证明如下。

证明：根据 Parseval 定理，在时间域两个函数的内积可以等价地在频率域给出，如下：

$$\langle x(t), y(t)\rangle = \frac{1}{2\pi}\int X(\omega)Y^*(\omega)d\omega \tag{3-16}$$

因此，我们有

$$wt_x(s, \tau) = \langle x(t), \psi_{s,\tau}(t) \rangle = \frac{1}{2\pi}\int X(\omega)\Psi^*_{s,\tau}(\omega)d\omega \qquad (3\text{-}17a)$$

$$wt_y(s, \tau) = \langle y(t), \psi_{s,\tau}(t) \rangle = \frac{1}{2\pi}\int Y(\omega)\Psi^*_{s,\tau}(\omega)d\omega \qquad (3\text{-}17b)$$

由式（3-4），我们知道 $\psi_{s,\tau}(t) = \frac{1}{\sqrt{s}}\psi(\frac{t-\tau}{s})$。因此

$$\Psi_{s,\tau}(\omega) = \sqrt{s}\Psi(s\omega)e^{-j\omega\tau} \qquad (3\text{-}18a)$$

$$\Psi^*_{s,\tau}(\omega) = \sqrt{s}\Psi^*(s\omega)e^{j\omega\tau} \qquad (3\text{-}18b)$$

通过将式（3-18b）合并到式（3-17）并利用下列积分关系：

$$\int e^{-j(\omega-\omega')\tau}d\tau = 2\pi\delta(\omega-\omega') \qquad (3\text{-}19)$$

式（3-15）的左侧可以扩展为

$$\langle wt_x(s,\tau), wt_y(s,\tau) \rangle = \frac{s}{2\pi}\iint \frac{ds}{s^2}X(\omega)Y^*(\omega)\Psi(s\omega)\Psi^*(s\omega)d\omega$$

$$= \frac{1}{2\pi}\int\left[\int \frac{|\Psi(s\omega)|^2}{s}ds\right]X(\omega)Y^*(\omega)d\omega \qquad (3\text{-}20)$$

因为 $\int \frac{|\Psi(s\omega)|^2}{s}ds = \int \frac{|\Psi(s\omega)|^2}{s\omega}d(s\omega) = \int \frac{|\Psi(\omega')|^2}{\omega'}d(\omega') = C_\psi$，所以式（3-20）可以表示为

$$\langle wt_x(s,\tau), wt_y(s,\tau) \rangle = C_\psi \frac{1}{2\pi}\int X(\omega)Y^*(\omega)d\omega = C_\psi\langle x(t), y(t) \rangle \qquad (3\text{-}21)$$

这证明了连续小波变换的 Moyal 定理存在。值得注意的是 C_ψ 实际上是小波的可容许性条件。只有当这个条件满足时，Moyal 定理才成立。此外，如果 $x(t) = y(t)$，那么式（3-15）变成

$$\int_0^\infty \frac{ds}{s^2}\int_{-\infty}^\infty |wt_x(s,\tau)^2|d\tau = C_\psi \int_{-\infty}^\infty |x(t)|^2 dt \qquad (3\text{-}22)$$

这意味着，小波系数平方的积分正比于信号的能量。

3.2 逆连续小波变换

只有当其相应的逆变换存在时，变换才被认为是有实际意义的。同样的原则也适用于连续小波变换。可以证明，只要小波满足式（3-1）定义的容许性条件，逆连续小波变换就会存在。这意味着，一个信号可以用其相应的小波系数完美重构，它可以被写成

$$x(t) = \frac{1}{C_\psi} \int_0^\infty \frac{\mathrm{d}s}{s^2} \int_{-\infty}^\infty wt_x(s,\tau) \psi_{s,\tau}(t) \mathrm{d}\tau$$

$$= \frac{1}{C_\psi} \int_0^\infty \frac{\mathrm{d}s}{s^2} \int_{-\infty}^\infty wt_x(s,\tau) \frac{1}{\sqrt{s}} \psi\left(\frac{t-\tau}{s}\right) \mathrm{d}\tau \quad (3\text{-}23)$$

式中，$C_\psi = \int_0^\infty \frac{|\Psi(\omega)|^2}{\omega} \mathrm{d}\omega < \infty$ 是小波 $\psi(t)$ 的容许性条件。

式（3-23）证明如下：

证明：假设 $x_1(t) = x(t)$，并且 $x_2(t) = \delta(t-t')$。因为 $\langle x(t), \delta(t-t') \rangle = x(t')$，所以

$$C_\psi x(t') = C_\psi \langle x(t), \delta(t-t') \rangle \quad (3\text{-}24)$$

根据式（3-15）所示的 Mayol 定理，式（3-24）可进一步写为

$$C_\psi x(t') = \langle wt_x(s,\tau), wt_{\delta(t-t')}(s,\tau) \rangle$$

$$= \int_0^\infty \frac{\mathrm{d}s}{s^2} \int wt_x(s,\tau) wt^*_{\delta(t-t')}(s,\tau) \mathrm{d}\tau$$

$$= \int_0^\infty \frac{\mathrm{d}s}{s^2} \int wt_x(s,\tau) \langle \psi_{s,\tau}(t), \delta(t-t') \rangle^* \mathrm{d}\tau$$

$$= \int_0^\infty \frac{\mathrm{d}s}{s^2} \int wt_x(s,\tau) \langle \psi_{s,\tau}(t), \delta(t-t') \rangle \mathrm{d}\tau \quad (3\text{-}25)$$

$$= \int_0^\infty \frac{\mathrm{d}s}{s^2} \int wt_x(s,\tau) \psi_{s,\tau}(t') \mathrm{d}\tau$$

$$= \frac{1}{\sqrt{s}} \int_0^\infty \frac{\mathrm{d}s}{s^2} \int wt_x(s,\tau) \psi\left(\frac{t'-\tau}{s}\right) \mathrm{d}\tau$$

这表明逆连续小波变换的存在。

3.3 连续小波变换的实现

为了实现连续小波变换，可采取两种办法。第一种方法是直接从式（3-7）得到小波系数。计算程序如下：

1）小波被放置在信号的开始，并设置 $s=1$（原始的基小波）。
2）用信号与第一尺度的小波函数相乘，沿整个时间轴积分，然后乘以 $1/\sqrt{s}$。
3）平移小波变换到 $t=\tau$，得到在 $t=\tau$ 且 $s=1$ 点的变换值。
4）重复这个步骤，直到小波到达信号的最后。
5）尺度 s 按给定值增加，在所有的 s 上重复上述过程。
6）对于给定 s 的每一次计算填充时间-尺度平面的一行。
7）计算完所有的 s 得到小波变换。

实现连续小波变换的第二种方法基于卷积定理，它指出了在时域上两个函数卷

积运算的傅里叶变换等于这两个函数在频域上各自傅里叶变换的乘积（Bracewell 1999）。式（3-7）的傅里叶变换表示为

$$WT(s,f) = F\{wt(s,\tau)\} = \frac{1}{2\pi\sqrt{s}}\int_{-\infty}^{\infty}[\int_{-\infty}^{\infty}x(t)\psi^*(\frac{t-\tau}{s})dt]e^{-j2\pi f\tau}d\tau \quad (3\text{-}26)$$

将卷积定理应用到式（3-26）得到

$$WT(s,f) = \sqrt{s}X(f)\Psi^*(sf) \quad (3\text{-}27)$$

式中，$X(f)$ 表示 $x(t)$ 的傅里叶变换；$\Psi^*(\cdot)$ 表示 $\psi^*(\cdot)$ 的傅里叶变换。通过逆傅里叶变换，式（3-27）被转换回时域如下：

$$wt(s,t) = F^{-1}\{WT(s,f)\} = \sqrt{s}F^{-1}\{X(f)\Psi^*(sf)\} \quad (3\text{-}28)$$

式中，符号 $F^{-1}[\cdot]$ 表示逆傅里叶变换算子。因此，连续小波变换可以通过一对傅里叶变换和逆傅里叶变换操作来实现。

图 3-3 说明了实现连续小波变换的过程。在对信号 $x(t)$ 和尺度伸缩后的小波 $\psi(s,t)$ 进行傅里叶变换后；分别得到它们的频域信息 $X(f)$ 和 $\Psi(sf)$，计算 $X(f)$ 和复共轭 $\Psi(sf)$ 之间的内积。接着，信号 $x(t)$ 的连续小波变换，定义为 $cwt(s,t)$，通过取 $WT(s,f)$ 内积的逆傅里叶变换得到。

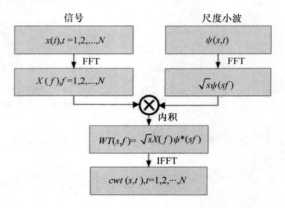

图 3-3　连续小波变换的实现过程

3.4　一些常用的小波

本节介绍了进行连续小波变换时常用的几种小波函数。

3.4.1　墨西哥帽小波

墨西哥帽小波是高斯函数的标准二阶导数，这在数学上定义为（Mallat 1998）

$$\psi(t) = \frac{1}{\sqrt{2\pi\sigma^3}}(1-\frac{\sigma^2}{t^2})e^{\frac{-t^2}{2\sigma^2}} \quad (3\text{-}29)$$

图 3-4 展示了墨西哥帽小波及它的幅值谱。墨西哥帽小波在地球物理学上常被称为 Ricker 小波，在该领域它经常被用于地震数据建模（Zhou 和 Adeli 2003；Erlebacher 和 Yuen 2004）。

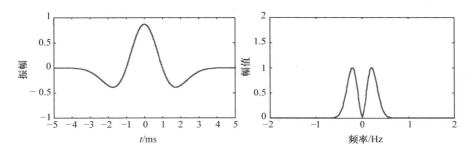

图 3-4 墨西哥帽小波（左）和它的幅值谱图（右）

3.4.2 Morlet 小波

Morlet 小波定义为（Grossmann 和 Morlet 1984；Teolis 1998）

$$\psi_M(t) = \frac{1}{\sqrt{\pi f_b}} e^{j2\pi f_c t} e^{-\frac{t^2}{f_b}} \tag{3-30}$$

式中，f_b 是带宽参数；f_c 表示小波的中心频率。作为一个例子，图 3-5 展示了当 $f_b = 1\text{Hz}$ 且 $f_c = 1\text{Hz}$ 时，Morlet 小波复函数及它的幅值谱。Morlet 小波已被广泛用于识别信号中的瞬态分量，例如，轴承故障引起的振动（Lin 和 Qu 2000；Nikolaou 和 Antoniadis 2002；Yan 和 Gao 2009）。

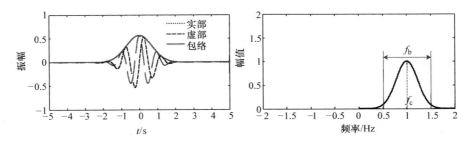

图 3-5 Morlet 小波（左）和它的幅值谱（右）：$f_b = 1\text{Hz}$ 且 $f_c = 1\text{Hz}$

3.4.3 高斯小波

高斯函数数学上表示为（Teolis 1998）

$$f(t) = e^{-jt} e^{-t^2} \tag{3-31}$$

取这个函数的 n 阶导数生成高斯小波

$$\psi_G(t) = c_N \frac{d^{(N)} f(t)}{dt^N} \tag{3-32}$$

式中，n 是一个整数参数（≥1），它表示小波的阶，c_N 是一个引入的恒定值以保证 $\|f^{(N)}(t)\|^2 = 1$。图 3-6 给出了 $N = 2$ 时高斯函数的幅值谱。高斯小波常被用于

表征信号中存在的奇异性（Mallat 和 Hwang 1992；Sun 和 Tang 2002）。

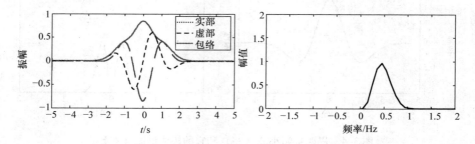

图 3-6　高斯小波（左）和它的幅值谱（右）：$N=2$

3.4.4　频率 B 样条小波

频率 B 样条小波定义为（Teolis 1998）

$$\psi_B(t) = \sqrt{f_b}\left[\operatorname{sinc}\left(\frac{f_b t}{p}\right)\right]^p e^{j2\pi f_c t} \tag{3-33}$$

式中，f_b 是带宽参数；f_c 表示小波中心频率；p 是一个整数参数（≥ 2）。符号 sinc（·）表示一个 sinc 函数，其定义为

$$\operatorname{sinc}(x) = \begin{cases} 1 & x=0 \\ \dfrac{\sin x}{x} & \text{其他} \end{cases} \tag{3-34}$$

作为一个例子，图 3-7 给出了 $f_b=1\text{Hz}$，$f_c=1\text{Hz}$，$p=2$ 的一个 B 样条小波和它相应的幅值谱。频率 B 样条小波已经应用到生物医学信号分析（Moga 等 2005；Fard 等 2007）。

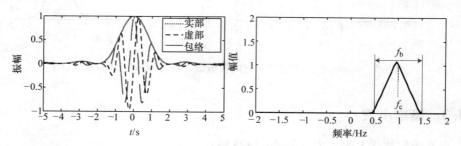

图 3-7　频率 B 样条小波（左）和它的幅值谱（右）：$p=2$，$f_b=1\text{Hz}$ 且 $f_c=1\text{Hz}$

3.4.5　香农小波

香农小波是 $p=1$ 时一种特殊的频率 B 样条小波：

$$\psi_s(t) = \sqrt{f_b}\operatorname{sinc}(f_b t)e^{j2\pi f_c t} \tag{3-35}$$

式中，f_b 是带宽参数；f_c 表示小波中心频率。符号 sinc（·）表示是一个 sinc 函数，且由式（3-34）定义。图 3-8 给出了 $f_b=1\text{Hz}$，$f_c=1\text{Hz}$ 时香农小波及其相应的幅值谱。香农小波已被用于 $1/f$ 过程的综合分析中（Shusterman 和 Feder 1998）。

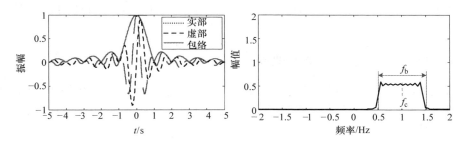

图 3-8　香农小波（左）和它的幅值谱（右）：$f_b=1\text{Hz}$ 且 $f_c=1\text{Hz}$

3.4.6　谐波小波

谐波小波在频域中定义为（Newland 1994a，b；Yan 和 Gao 2005）

$$\Psi_{m,n}(f) = \begin{cases} 1/(n-m) & m \leq f \leq n \\ 0 & 其他 \end{cases} \quad (3\text{-}36)$$

式中，符号 m 和 n 是尺度参数，这些参数是实数，但不一定是整数。此外，带宽 f_b 和中心频率 f_c 由如下尺度参数决定：

$$f_b = n - m;\ f_c = \frac{n+m}{2} \quad (3\text{-}37)$$

作为一个例子，图 3-9 描述了当 $m=0.5\text{Hz}$ 且 $n=1.5\text{Hz}$ 时谐波小波函数及其相应的幅值谱。谐波小波最初由 Newland 设计并用于分析振动信号（Newland 1993）。后来，谐波小波的应用扩展到心率变异性分析（Bates 等 1997）和图像去噪（Iftekharuddin 2002）。

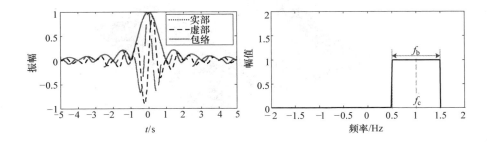

图 3-9　谐波小波（左）和它的幅值谱（右）：$m=0.5\text{Hz}$ 且 $n=1.5\text{Hz}$

3.5 典型信号的连续小波变换

基于 3.4 节介绍的小波，这里将连续小波变换应用于如下所述的几个典型的信号。

3.5.1 正弦函数的连续小波变换

第一个被分析的信号是一个纯正弦函数。图 3-10a 展示了一个 50Hz 的正弦信号，图 3-10b 给出了对该信号的连续小波变换结果。可以看到 50Hz 的成分呈现在整个分析时间内。

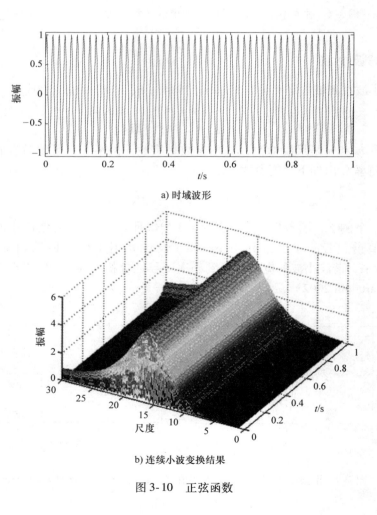

a) 时域波形

b) 连续小波变换结果

图 3-10　正弦函数

3.5.2 高斯脉冲函数的连续小波变换

第二个信号是高斯脉冲函数。图 3-11a 呈现的是中心频率为 10kHz 的高斯脉冲信号。图 3-11b 给出了高斯脉冲信号的连续小波变换结果,该信号被标识在 0s 附近的时间 – 尺度域上。

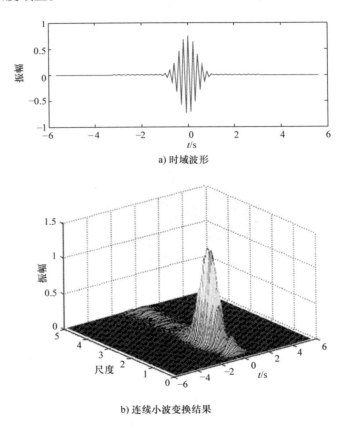

a) 时域波形

b) 连续小波变换结果

图 3-11　高斯脉冲函数

3.5.3 调频函数的连续小波变换

最后一个信号是一个调频函数。图 3-12a 显示了一个典型的调频信号,它是一个在 0s 瞬时频率为 50Hz 的线性扫频信号。1s 后瞬时频率变为 10Hz。图 3-12b 给出了调频信号的连续小波变换结果,其频率随着时间的变化可以清楚地被观测到。

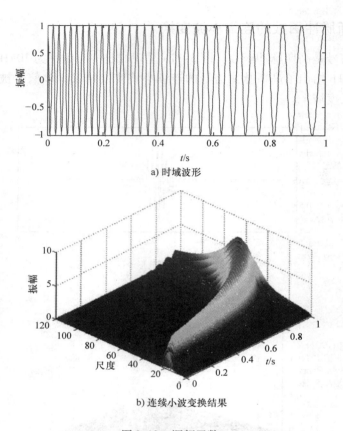

图 3-12 调频函数

3.6 总结

本章首先介绍了小波的定义,并强调了小波应满足的可容许性条件。然后介绍了连续小波变换及其性质,并在 3.3 节讨论了实现连续小波变换的两种方法,其次在 3.4 节介绍了一些常用的小波。3.5 节展示了一些典型信号以及相应的连续小波变换的分析结果。

3.7 参考文献

Bates RA, Hilton MF, Godfrey KR, Chappell MJ (1997) Autonomic function assessment using analysis of heart rate variability. Control Eng Pract 5(12):1731–1737
Bracewell R (1999) The Fourier transform and its applications. 3rd edn. McGraw-Hill, New York
Chui CK (1992) An introduction to wavelets. Academic, New York

Daubechies I (1992) Ten lectures on wavelets. SIAM, Philadelphia, PA

Erlebacher G, Yuen DA (2004) A wavelet toolkit for visualization and analysis of large data sets in earthquake research. Pure Appl Geophys 161(11–12):2215–2229

Fard PJ, Moradi MH, Divide MR (2007) A novel approach in R peak detection using hybrid complex wavelet (HCW). Int J Cardiol 124(2):250–253

Grossmann A, Morlet J (1984) Decomposition of hardy functions into square integrable wavelets of constant shape. SIAM J Math Anal 15(4):723–736

Iftekharuddin KM (2002) Harmonic wavelet joint transform correlator: analysis, algorithm, and application to image denoising. Opt Eng 41(12):3307–3315

Lin J, Qu L (2000) Feature extraction based on Morlet wavelet and its application for mechanical fault diagnosis. J Sound Vib 234(1):135–148

Mallat SG (1998) A wavelet tour of signal processing. Academic, San Diego, CA

Mallat SG, Hwang WL (1992) Singularity detection and processing with wavelets. IEEE Trans Inf Theory 38:617–643

Meyer Y (1993) Wavelets, algorithms and applications. SIAM, Philadelphia, PA

Moga M, Moga VD, Mihalas GhI (2005) Continuous wavelet transform in ECG analysis: a concept or clinical uses. Connecting medical informatics and bio-informatics, pp 1143–1148, IOS Press

Newland DE (1993) Random vibrations, spectral and wavelet analysis. Wiley, New York

Newland DE (1994a) Wavelet analysis of vibration part I: theory, ASME J Vib Acoust 116(4):409–416

Newland DE (1994b) Wavelet analysis of vibration part II: wavelet maps, ASME J Vib Acoust 116(4): 417–425

Nikolaou NG, Antoniadis IA (2002) Demodulation of vibration signals generated by defects in rolling element bearings using complex shifted Morlet wavelets. Mech Syst Signal Process 16(4):677–694

Rioul O, Vetterli M (1991) Wavelets and signal processing. IEEE Signal Process Mag 8(4):14–38

Shusterman E, Feder M. (1998) *Analysis and synthesis of 1/f processes via Shannon wavelets. IEEE Trans Signal Process* 46(6):1698–1702

Sun Q, Tang Y (2002) Singularity analysis using continuous wavelet transform for bearing fault diagnosis. Mech Syst Signal Process 16:1025–1041

Teolis A. (1998) Computational signal processing with wavelets. Birkhäuser Boston, MA

Yan R, Gao RX (2005) An efficient approach to machine health diagnosis based on harmonic wavelet packet transform. Robot Comput Integr Manuf 21:291–301

Yan R, Gao R (2009) Multi-scale enveloping spectrogram for vibration analysis in bearing defect diagnosis. Tribol Int 42(2): 293–302

Zhou Z, Adeli H, (2003) Time-frequency signal analysis of earthquake records using Mexican hat wavelets. Comput Aided Civ Infrastruct Eng 18(5):379–389

第 4 章 离散小波变换

根据第 3 章中式 (3-7) 给出的连续小波变换 (CWT) 定义，尺度参数 s 和平移参数 τ 是连续可调的。这也意味着对信号进行小波变换时会有冗余信息的生成。虽然冗余在信号去噪和特征提取等应用中是有用的，但其性能是以增加计算时间和内存大小为代价来实现的。另一方面，在图像压缩和数值计算等应用中，减少计算时间和数据量更为重要。因此，需要在不同尺度的小波系数上尽可能减少冗余，同时避免牺牲包含在原始信号中的信息。通过参数的离散化可以实现这一目的。下面对此做一详细的介绍。

4.1 尺度和平移参数的离散化

减少冗余的方法是使用离散的尺度和平移参数值。实现这一目的自然方法是使用尺度 s 的对数离散化，然后利用一定的步长离散化平移参数 τ。这种类型的离散化表示为

$$\begin{cases} s = s_0^j \\ \tau = k\tau_0 s_0^j \end{cases} \quad s_0 > 1,\ \tau_0 \neq 0,\ j \in Z,\ k \in Z \tag{4-1}$$

式中，符号 Z 表示一个整数。相应的基小波族可表示为

$$\psi_{j,k}(t) = \frac{1}{\sqrt{s_0^j}} \psi\left(\frac{t - k\tau_0 s_0^j}{s_0^j}\right) \tag{4-2}$$

通常采用 $s_0 = 2$ 和 $\tau_0 = 1$ (Addison 2002)，式 (4-2) 可进一步表示为

$$\psi_{j,k}(t) = \frac{1}{\sqrt{2^j}} \psi\left(\frac{t - k2^j}{2^j}\right) \tag{4-3}$$

从而得到一个给定信号的小波变换如下：

$$wt(j,k) = \langle x(t), \psi_{j,k}(t) \rangle = \frac{1}{\sqrt{2^j}} \int_{-\infty}^{\infty} x(t) \psi^*\left(\frac{t - k2^j}{2^j}\right) dt \tag{4-4}$$

式中，符号 $\langle \cdot \rangle$ 表示内积运算。式 (4-4) 提出如下两个问题：

1) 离散化小波变换的结果能代表信号 $x(t)$ 的全部信息内容吗？换言之，可以使用小波变换得到的小波系数完美地重建原始信号 $x(t)$ 吗？

2) 任意信号 $x(t)$ 可以用如下方程的形式表示为 $\psi_{j,k}(t)$ 的总和吗？

$$x(t) = \sum_{j,k} C_{j,k} \psi_{j,k}(t) \tag{4-5}$$

在式（4-5）中，$C_{j,k}$ 为离散小波变换（DWT）的系数，它对应于式（4-4）中的 $wt(j,k)$。最后，如果问题（2）的答案是"是"，那么我们怎么计算系数 $C_{j,k}$？

假设问题（1）的答案是"是"，我们可以选择合适的参数 s 和 τ 离散化 $\psi_{j,k}(t)$。那么，必定存在一个 $\widetilde{\psi}_{j,k}(t)$，定义为 $\psi_{j,k}(t)$ 的对偶函数，它可用于重构问题（1）中描述的信号 $x(t)$，如下：

$$x(t) = \sum_{j,k} \langle x(t), \psi_{j,k}(t) \rangle \widetilde{\psi}_{j,k}(t) \tag{4-6}$$

式中，$\widetilde{\psi}_{j,k}(t)$ 项可以在 $\widetilde{\psi}(t)$ 上执行尺度伸缩和时间平移操作得到

$$\widetilde{\psi}_{j,k}(t) = \frac{1}{\sqrt{2^j}} \widetilde{\psi}\left(\frac{t - k2^j}{2^j}\right) \tag{4-7}$$

在上述假设的基础上，如果存在另一个信号 $y(t)$，我们就可以得到信号 $x(t)$ 和 $y(t)$ 的内积，如式（4-8）所示，这里符号 * 表示复数共轭运算符：

$$\begin{aligned}\langle y(t), x(t) \rangle &= \langle x(t), y(t) \rangle^* = \langle \sum_{j,k} \langle x(t), \psi_{j,k}(t) \rangle \widetilde{\psi}_{j,k}(t), y(t) \rangle^* \\ &= \Big(\sum_{j,k} \langle x(t), \psi_{j,k}(t) \rangle \langle \widetilde{\psi}_{j,k}(t), y(t) \rangle\Big)^* \\ &= \sum_{j,k} \langle y(t), \widetilde{\psi}_{j,k}(t) \rangle \langle \psi_{j,k}(t), x(t) \rangle \\ &= \langle \sum_{j,k} \langle y(t), \widetilde{\psi}_{j,k}(t) \rangle \psi_{j,k}(t), x(t) \rangle \end{aligned} \tag{4-8}$$

式（4-8）意味着

$$y(t) = \sum_{j,k} \langle y(t), \widetilde{\psi}_{j,k}(t) \rangle \psi_{j,k}(t) \tag{4-9}$$

这表明问题（2）的答案也是肯定的。更进一步，系数 $C_{j,k}$ 可以计算为

$$C_{j,k} = \langle y(t), \widetilde{\psi}_{j,k}(t) \rangle \tag{4-10}$$

因此，一旦回答了问题（1），对问题（2）的回答可以很容易从它得出。问题（1）的答案可以用如下数学术语来呈现。

如果描述信号 $x(t)$ 的一套完整的信息小波系数 $\langle x(t), \psi_{j,k}(t) \rangle$ 存在，则下列陈述一定满足：

1）当 $x_1(t) = x_2(t)$ 时，$x_1(t)$ 和伸缩平移后的小波 $\psi_{j,k}(t)$ 的内积可以表示为

$$\langle x_1(t), \psi_{j,k}(t) \rangle = \langle x_2(t), \psi_{j,k}(t) \rangle \tag{4-11}$$

2）对于 $x(t) = 0$，我们有

$$\langle x(t), \psi_{j,k}(t) \rangle = 0 \tag{4-12}$$

3）当 $x_1(t)$ 非常接近 $x_2(t)$ 时，对应的小波系数 $\langle x_1(t), \psi_{j,k}(t) \rangle$ 一定接近 $\langle x_2(t), \psi_{j,k}(t) \rangle$。换句话说，如果 $\|x_1(t) - x_2(t)\|$ 很小，那么 $\sum_{j,k} |\langle x_1(t), \psi_{j,k}(t) \rangle - \langle x_2(t), \psi_{j,k}(t) \rangle|^2$ 也一定非常小。在数学上，这可以表示为

$$\sum_{j,k} |\langle x_1(t),\psi_{j,k}(t)\rangle - \langle x_2(t),\psi_{j,k}(t)\rangle|^2 \leq B \|x_1(t) - x_2(t)\|^2 \qquad B \in R^+ \tag{4-13}$$

也就是

$$\sum_{j,k} |\langle x(t),\psi_{j,k}(t)\rangle|^2 \leq B \|x(t)\|^2 \tag{4-14}$$

在式 (4-13) 中,符号 R^+ 表示正实数集,而 B 是正实数。

此外,如果我们想从小波系数$\langle x(t),\psi_{j,k}(t)\rangle$重建信号 $x(t)$,下列条件必须满足:当$\langle x_1(t),\psi_{j,k}(t)\rangle$非常接近$\langle x_2(t),\psi_{j,k}(t)\rangle$时,$x_1(t)$也必须非常接近 $x_2(t)$,这导致

$$A \|x(t)\|^2 \leq \sum_{j,k} |\langle x(t),\psi_{j,k}(t)\rangle|^2 \qquad A \in R^+ \tag{4-15}$$

式中,A 是一个正实数。

结合式 (4-15) 和式 (4-14),我们得到以下方程:

$$A \|x(t)\|^2 \leq \sum_{j,k} |\langle x(t),\psi_{j,k}(t)\rangle|^2 \leq B \|x(t)\|^2 \qquad A,B \in R^+ \tag{4-16}$$

这确保一个信号 $x(t)$ 的离散小波变换可以得到。式 (4-16) 被称为小波框架 (Addison 2002)。小波框架的边界值 A 和 B 取决于为了分析所选择的尺度参数和平移参数以及使用的基小波函数类型 (Daubechies 1992)。特别是,如果 $A = B$,小波框架被称为一个紧框架。在这样的情况下,信号 $x(t)$ 可以通过逆离散小波变换重构如下:

$$x(t) = \frac{1}{A} \sum_{j=-\infty}^{\infty} \sum_{k=-\infty}^{\infty} wt(j,k)\psi_{j,k}(t) \tag{4-17}$$

如果 $A \neq B$,但两者之间的差异并不是太大 (Addison 2002),信号 $x(t)$ 仍然可以重建如下:

$$x'(t) = \frac{2}{A+B} \sum_{j=-\infty}^{\infty} \sum_{k=-\infty}^{\infty} wt(j,k)\psi_{j,k}(t) \tag{4-18}$$

$x(t)$ 与 $x'(t)$ 之间的差异由 A 和 B 的值来确定,当 A/B 接近 1 时,在实践中这个差异值将变得很小。

4.2 多分辨率分析和正交小波变换

小波变换的各种离散化形式中,式 (4-3) 所示的 $s_0 = 2$ 和 $\tau_0 = 1$ 的二元离散化得到了广泛应用。这是因为它允许基小波的选择使得其相应的小波函数族 $\psi_{j,k}(t)$ 在小波紧框架下构成一个正交基,即 $A = 1$。为构建具有正交性的基小波,这里介绍其理论基础:多分辨率分析。

4.2.1 多分辨率分析

多分辨率分析的概念在 20 世纪 80 年代 Mallat 研究图像处理时形成（Mallat 1989a，b）。当时，在不同尺度下同时研究图像的想法已经流行多年了（Witkin 1983；Burt 和 Adelson 1983）。这为使用正交小波基作为一种工具从粗略的近似到高分辨率的逼近来描述图像中包含的信息提供了前提，进而诞生了多分辨率分析（Mallat 1989a，b）。从理论上讲，一个 $L^2(R)$ 空间的**多分辨率分析**包含一系列逐次逼近子空间 $\{V_j, j \in Z\}$，并满足以下特性：

1) 单调性，即 $\cdots \subset V_2 \subset V_1 \subset V_0 \subset V_{-1} \subset V_{-2} \subset \cdots$（其中，符号 $\subset$ 表示子集算子）。这意味着子空间 $\{V_j, j \in Z\}$ 拥有连续的包含关系。

2) 完备性，即 $\underset{j \in Z}{I} V_j = \{0\}$；$\underset{j \in Z}{\cup} V_j = L^2(R)$，其中，I 是交叉算子，$\cup$ 表示并集运算符。此属性表明所有的子空间共同构成一个完整的 $L^2(R)$。

3) 伸缩规则性，即 $x(t) \in V_j \Leftrightarrow x(2^j t) \in V_0$，其中，$\Leftrightarrow$ 表示"当且仅当"，$\in$ 表示"是其中的一个元素"，$j \in Z$ 表明了任意子空间都可以由一个基本空间通过尺度的伸缩变化得到。

4) 平移不变性，即 $x(t) \in V_0 \Rightarrow x(t-n) \in V_0$，适用于所有的 $n \in Z$（$\Rightarrow$ 表示"暗含"）。

5) 正交基的存在性：存在一个函数 $\phi(t) \in V_0$，其对应的闭子空间 $\{\phi(t-n)\}_{n \in Z}$ 形成零尺度空间 V_0 的正交基；即 $\int_R \phi(t-n)\phi(t-m)\mathrm{d}t = \delta_{m,n}$。

函数 $\phi(t)$ 是尺度函数，其平移函数 $\phi_k(t) = \phi(t-k)$ 满足 $\langle \phi_k(t), \phi_{k'}(t) \rangle = \delta_{k,k'}$（$k, k' \in Z$）的条件；零尺度空间 V_0 是由一组闭子空间组成的，由 $\phi_k(t)$ 构成，表示为 $V_0 = \overline{\underset{k}{\mathrm{span}}\{\phi(t-k)\}}$。

从上面的描述，我们知道所有的闭子空间 $\{V_j, j \in Z\}$ 由一系列具有不同平移因子的同一尺度函数 $\phi(t)$ 形成，所有的子空间之间的关系如图 4-1 所示。可以看出，闭子空间 $\{V_j, j \in Z\}$ 满足包含关系，并且它们也不是正交的。因此，尺度函数族 $\phi_{j,k}(t) = 2^{-j/2}\phi(2^{-j}t - k)$ 不满足正交性；即 $\{\phi_{j,k}(t)\}_{j \in Z, k \in Z}$ 不能作为 $L^2(R)$ 空间的正交基。

为了在 $L^2(R)$ 空间上找到正交基，我们可以定义 $W_j(j \in Z)$ 作为 V_j 在 V_{j-1} 上的正交补，如图 4-2 所示。

我们可以写成如下：

$$V_{j-1} = V_j \oplus W_j \tag{4-19}$$

且

$$W_j \perp W_{j'} \quad j \neq j' \tag{4-20}$$

式中，符号 $\oplus$ 表示直接的求和运算，$\perp$ 表示正交算子。

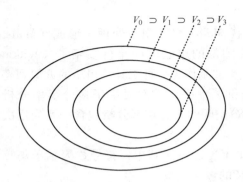
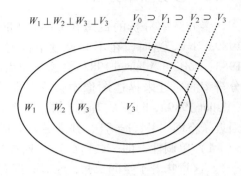

图 4-1　包含闭子空间关系 $\{V_j, j \in Z\}$　　　　图 4-2　小波子空间说明

结果就是，对于 $j < J$，我们可以有如下关系：

$$V_j = V_J \oplus \bigoplus_{k=0}^{J-j-1} W_{J-k} \tag{4-21}$$

式中，所有的子空间 $W_j (j \in Z)$ 是正交的，它们形成的 $L^2(R)$ 空间如下：

$$L^2(R) = \bigoplus_{j \in Z} W_j \tag{4-22}$$

此外，W_j 空间继承了 V_j 的尺度伸缩规则（Daubechies 1992）；即

$$x(t) \in W_0 \Leftrightarrow x(2^{-j}t) \in W_j \tag{4-23}$$

因此，如果 $\{\psi_{0,k} k \in Z\}$ 是一组在 W_0 空间的正交基，然后根据式（4-23），对于尺度 $j \in Z$，$\{\psi_{j,k} = 2^{-j/2}\psi(2^{-j}t - k); k \in Z\}$ 是 W_j 空间的一组正交基的集合。于是，$\{\psi_{j,k}; j \in Z, k \in Z\}$ 的整个集合形成了在 $L^2(R)$ 空间正交基的集，我们称函数 $\psi(t)$ 为小波函数，式（4-23）中的 W_j 空间表示在尺度 j 的小波空间。

4.2.2　正交小波变换

从多分辨率分析的定义，我们知道

$$V_0 = V_1 \oplus W_1 = V_2 \oplus W_2 \oplus W_1 = V_3 \oplus W_3 \oplus W_2 \oplus W_1 = \cdots \tag{4-24}$$

因此，对于一个给定的信号 $x(t) \in V_0$，V_0 为零尺度空间，我们可以将其分解成两部分（细节信息在 W_1 里面和近似信息在 V_1 里面）。然后在 V_1 里面的近似信息又可以进一步分解分别得到下一级的细节信息在 W_2 和近似信息在 V_2。这样的分解过程可以被重复，直到达到给定的尺度 j。简而言之，这就是信号的小波变换实现过程。

数学上，我们可以定义 $x_a^j(t)$ 为信号 $x(t)$ 投影到 V_j 空间后在尺度 j 上的近似信息：

$$x_a^j(t) = \sum_k a_{j,k} \phi_k(2^{-j}t) = \sum_k a_{j,k} \phi_{j,k}(t) \quad k \in Z \tag{4-25}$$

式中

$$a_{j,k} = \langle x(t), \phi_{j,k}(t) \rangle \tag{4-26}$$

被称为近似系数。

同样地,当信号 $x(t)$ 投射到 W_j 空间时,在尺度 j 的细节信息如下:

$$x_d^j(t) = \sum_k d_{j,k} \psi_k(2^{-j}t) = \sum_k d_{j,k} \psi_{j,k}(t) \quad k \in Z \tag{4-27}$$

式中

$$d_{j,k} = \langle x(t), \psi_{j,k}(t) \rangle \tag{4-28}$$

被称为细节系数。

因此,当一个给定的信号 $x(t) \in L^2(R)$ 分解为子空间集时

$$L^2(R) = \sum_{j=-\infty}^{J} W_j \oplus V_J \tag{4-29}$$

j 可以为任意预定的尺度,我们将有

$$x(t) = \sum_{j=-\infty}^{J} \sum_{k=-\infty}^{\infty} d_{j,k} \psi_{j,k}(t) + \sum_{k=-\infty}^{\infty} a_{j,k} \phi_{j,k}(t) \tag{4-30}$$

如果 $J \to \infty$,式(4-30)可以简化为

$$x(t) = \sum_{j=-\infty}^{\infty} \sum_{k=-\infty}^{\infty} d_{j,k} \psi_{j,k}(t) \tag{4-31}$$

当 $A = B = 1$ 时,式(4-31)等价于式(4-17)。我们知道,在这样的情况下,小波是正交的(Daubechies 1992)。其结果是,式(4-30)和式(4-31)表示逆正交小波变换,式(4-26)和式(4-28)表示正交小波变换。从上面的描述我们看到,正交小波变换和多分辨率分析的思路是一致的;因此,多分辨率分析提供了正交小波变换的理论基础。

4.3 双尺度方程和多分辨率滤波器组

尺度函数 $\phi(t)$ 和小波函数 $\psi(t)$ 之间的内在关系可以表示为一个双尺度方程如下:

$$\phi(t) = \sum_n h(n) \phi_{-1,n}(t) = \sqrt{2} \sum_n h(n) \phi(2t-n) \tag{4-32}$$

$$\psi(t) = \sum_n g(n) \phi_{-1,n}(t) = \sqrt{2} \sum_n g(n) \phi(2t-n) \tag{4-33}$$

式中

$$\begin{cases} h(n) = \langle \phi, \phi_{-1,n} \rangle \\ g(n) = \langle \psi, \phi_{-1,n} \rangle \end{cases} \tag{4-34}$$

应该指出的是,双尺度关系仅存在于两个连续的尺度 j 和 $j-1$ 之间;即

$$\phi_{j,0}(t) = \sum_n h(n) \phi_{j-1,n}(t) \tag{4-35}$$

$$\psi_{j,0}(t) = \sum_n g(n)\phi_{j-1,n}(t) \tag{4-36}$$

此外，系数 $h(n)$ 和 $g(n)$ 将不会随尺度 j 改变。这可以证明如下：

证明：

$$\begin{aligned}\langle \phi_{j,0}(t), \phi_{j-1,n}(t)\rangle &= \int_R [2^{-\frac{j}{2}}\phi(2^{-j}t)][2^{-\frac{j-1}{2}}\phi^*(2^{-j+1}t - n)]\mathrm{d}t \\ &= \sqrt{2}\int \phi(t')\phi^*(2t' - n)\mathrm{d}t' \quad (\diamondsuit\ t' = 2^{-j}t) \\ &= \langle \phi(t), \phi_{-1,n}(t)\rangle = h(n)\end{aligned} \tag{4-37}$$

同样地，我们可以证明，$\langle \psi_{j,0}(t), \phi_{j-1,n}(t)\rangle = g(n)$。这意味着系数 $h(n)$ 和 $g(n)$ 由尺度函数 $\phi(t)$ 和小波函数 $\psi(t)$ 分别确定，并不涉及我们如何选择尺度 j。此外，如果我们对式（4-35）两侧进行积分运算，可得到如下表示：

$$\int_R \phi_{j,0}(t)\mathrm{d}t = \sum_n h(n)\int_R \phi_{j-1,n}(t)\mathrm{d}t \tag{4-38}$$

因为

$$\begin{aligned}\int_R \phi_{j-1,n}(t)\mathrm{d}t &= 2^{-\frac{j-1}{2}}\int_R \phi(2^{-j+1}t - n)\mathrm{d}t \\ &\stackrel{t'=2t}{=} \sqrt{2}\int_R 2^{-\frac{j}{2}}\phi(2^{-j}t' - n)\frac{1}{2}\mathrm{d}t' \\ &= \frac{1}{\sqrt{2}}\int_R \phi_{j,n}(t)\mathrm{d}t \\ &= \frac{1}{\sqrt{2}}\int_R \phi_{j,0}(t)\mathrm{d}t\end{aligned} \tag{4-39}$$

将式（4-39）代入式（4-38），得

$$\sum_n h(n) = \sqrt{2} \tag{4-40}$$

同样地，我们可以在式（4-36）两侧进行积分运算如下：

$$\int_R \psi_{j,0}(t)\mathrm{d}t = \sum_n g(n)\int_R \phi_{j-1,n}(t)\mathrm{d}t \tag{4-41}$$

鉴于 $\int_R \psi(t)\mathrm{d}t = 0$，式（4-41）可简化为

$$\sum_n g(n) = 0 \tag{4-42}$$

系数 $h(n)$ 和 $g(n)$ 称为一对低通和高通小波滤波器组，可基于 Mallat 算法，用来实现离散小波变换，具体描述如下。

4.4 Mallat 算法

双尺度方程式（4-32）可以改写为

$$\phi(t) = \sum_n h(n)\sqrt{2}\phi(2t - n) \tag{4-43}$$

相应地，伸缩和平移后的 $\phi(t)$ 可以表示为

$$\begin{aligned}\phi(2^{-j}t - k) &= \sum_n h(n)\sqrt{2}\phi[2(2^{-j}t - k) - n] \\ &= \sum_n h(n)\sqrt{2}\phi(2^{-j+1}t - 2k - n)\end{aligned} \tag{4-44}$$

令 $m = 2k + n$，式（4-44）可以改写为

$$\phi(2^{-j}t - k) = \sum_n h(m - 2k)\sqrt{2}\phi(2^{-j+1}t - m) \tag{4-45}$$

在多分辨率分析理论的基础上，我们可以定义

$$V_{j-1} = \operatorname*{span}_k \{2^{(-j+1)/2}\phi(2^{-j+1}t - k)\} \tag{4-46}$$

因此，一个给定的信号 $x(t)$ 在 V_{j-1} 空间内可以表示为

$$x(t) = \sum_k a_{j-1,k} 2^{(-j+1)/2}\phi(2^{-j+1}t - k) \tag{4-47}$$

如果这样的信号投影（即分解）到 V_j 和 W_j 空间上，其结果可以表示为

$$x(t) = \sum_k a_{j,k} 2^{-j/2}\phi(2^{-j}t - k) + \sum_k d_{j,k} 2^{-j/2}\psi(2^{-j}t - k) \tag{4-48}$$

式中，$a_{j,k}$ 和 $d_{j,k}$ 计算如下：

$$a_{j,k} = \langle x(t), \phi_{j,k}(t)\rangle = \int_R x(t) 2^{-j/2}\phi^*(2^{-j}t - k)\mathrm{d}t \tag{4-49}$$

$$d_{j,k} = \langle x(t), \psi_{j,k}(t)\rangle = \int_R x(t) 2^{-j/2}\psi^*(2^{-j}t - k)\mathrm{d}t \tag{4-50}$$

将式（4-45）代入式（4-49）得到

$$\begin{aligned}a_{j,k} &= \sum_m h(m - 2k)\int_R x(t) 2^{(-j+1)/2}\phi^*(2^{-j+1}t - m)\mathrm{d}t \\ &= \sum_m h(m - 2k)\langle x(t), \phi_{j-1,m}\rangle \\ &= \sum_m h(m - 2k) a_{j-1,m}\end{aligned} \tag{4-51}$$

同样，式（4-50）可以进一步改写为

$$\begin{aligned}d_{j,k} &= \sum_m g(m - 2k)\int_R x(t) 2^{(-j+1)/2}\psi^*(2^{-j+1}t - m)\mathrm{d}t \\ &= \sum_m h(m - 2k)\langle x(t), \psi_{j-1,m}\rangle \\ &= \sum_m h(m - 2k) d_{j-1,m}\end{aligned} \tag{4-52}$$

这意味着，通过这样一对滤波器组，信号 $x(t)$ 被分别分解成低频分量成分和高频分量成分（Mallat 1998）

$$\begin{cases} a_{j,k} = \sum_m h(m-2k)a_{j-1,m} \\ d_{j,k} = \sum_m g(m-2k)a_{j-1,m} \end{cases} \quad (4\text{-}53)$$

在式（4-53）中，$a_{j,k}$ 是近似系数，它代表了信号的低频分量；$d_{j,k}$ 是细节系数，对应信号的高频分量。小波分解尺度 j 上的近似系数可以通过卷积先前分解尺度 $j-1$ 上的近似系数和低通滤波器系数得到。同样，小波分解尺度 j 上的细节系数可以通过卷积先前分解尺度 $j-1$ 上的近似系数与高通滤波器系数得到。这一过程代表了 Mallat 算法实现离散小波变换的思想，如图 4-3 所示。

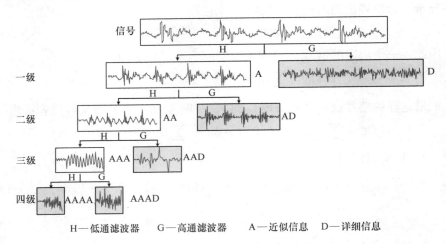

图 4-3 利用离散小波变换的四级信号分解过程

从图 4-3 中我们看到一个信号进行了四层小波分解。信号通过第一层的高通和低通滤波器后，低通滤波器的输出（即第一层近似系数）被第二层滤波器组再次滤波。这个过程不断重复，在第四层分解的最后将信号分解成五组：一组含有最低的频率分量，称为近似信息并标记为 AAAA，另外四组含有逐渐升高的频率分量，称为细节信息并标记为 AAAD、AAD、AD 和 D。1～4 层分别对应的小波尺度为 $2^1=2$，$2^2=4$，$2^3=8$ 和 $2^4=16$。

4.5 一些常用的基小波

本节介绍几种常用的正交小波，可用作基小波进行离散小波变换。

4.5.1 Haar 小波

Haar 小波的数学定义为（Haar 1910）

$$\psi_{\text{Haar}}(t) = \begin{cases} 1 & 0 \leqslant t < 1/2 \\ -1 & 1/2 \leqslant t < 1 \\ 0 & \text{其他} \end{cases} \quad (4\text{-}54)$$

它的函数和幅值谱如图 4-4 所示。

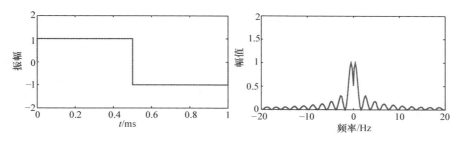

图 4-4　Haar 小波（左）和它的幅值谱（右）

Haar 小波本质上是正交和对称的。对称性保证了 Haar 小波具有线性相位特性，即当 Haar 小波作为基小波作用在这个信号上进行小波滤波操作时，滤波后的信号没有相位失真。此外，它是一个具有最高时间分辨率的最简单的基小波，如式（4-54），其时域紧支撑为 1。然而，Haar 小波的矩形形状决定了其频谱衰减慢的特点，导致它具有一个较低的频率分辨率。Haar 小波应用于制造业相关工作的例子包括冲压过程监控（Zhou 等 2006），以及干腐蚀过程中的故障检测（Kim 等 2010）。

4.5.2　Daubechies 小波

Daubechies 小波家族是正交的，然而是非对称的，这带来一个大的相位失真。这意味着，它不能被用在需要保持相位信息的应用中。它也是一个紧支撑的基小波，具有一个给定的 $2N-1$ 支撑宽度，其中 N 是基小波的阶数（Daubechies 1992）。从理论上讲，N 可以大到无限。实际应用中已经用到多达 20 阶的 Daubechies 小波。除了 $N=1$ 的情况，Daubechies 小波没有显式表达，而 $N=1$ 时实际上是上面讨论的 Haar 小波。随着支撑宽度的增加（即增加了基波的阶数），Daubechies 小波变得越来越平滑，使得其具有更好的频率定位特性。相应地，每一个 Daubechies 小波的幅频值衰减很快。图 4-5 中展示了 Daubechies 2 基小波和 Daubechies 4 基小波以及相应的幅值谱。

Daubechies 小波已被广泛研究用于轴承故障诊断（Nikolaou 和 Antoniadis 2002；Lou 和 Loparo 2004）和自动变速器故障诊断中（Rafiee 等 2010）。

4.5.3　Coiflet 小波

Coiflet 小波家族是正交的（Daubechies 1992）和近似对称的。近似对称特性导

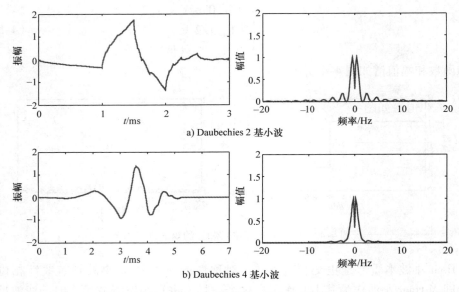

图 4-5 Daubechies 小波（左）和它的幅值谱（右）

致了 Coiflet 小波具有近似线性相位特性。对于一个给定的支撑宽度（$6N-1$），它们被设计成具有最高数目的消失矩（$2N$）的 N 阶基小波函数和尺度函数。图 4-6 给出了 2 阶和 4 阶的 Coiflet 小波波形以及相应的幅值谱。Coiflet 小波已被用于滚动轴承的故障诊断中（Sugumaran 和 Ramachandran 2009）。

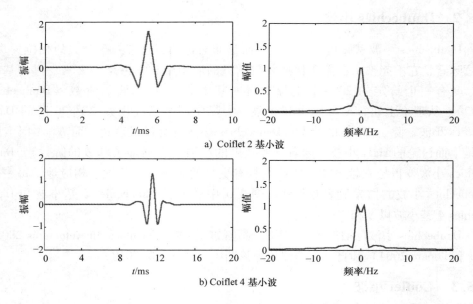

图 4-6 Coiflet 小波（左）和它的幅值谱（右）

4.5.4 Symlet 小波

Symlet 小波（Daubechies 1992）是正交的和近似对称的。这个特性保证了最小的相位失真。一个 N 阶 Symlet 小波消失矩的数目 N，其支撑宽度为 $2N-1$。除了具有更好的对称性，它们与 Daubechies 小波相似。2 阶和 4 阶的 Symlet 小波的波形以及相应的幅值谱如图 4-7 所示。制造业中 Symlet 小波用于信号分解的例子包括织物纹理的特征化（Shakher 等 2004）和滚动轴承的健康检测（Gao 和 Yan 2006）。

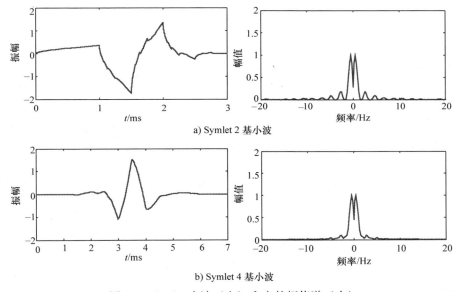

a) Symlet 2 基小波

b) Symlet 4 基小波

图 4-7　Symlet 小波（左）和它的幅值谱（右）

4.5.5 双正交和逆双正交小波

双正交和逆双正交小波家族是双正交的和对称的（Daubechies 1992）。对称性特点保证了它们具有线性相位特性。这种类型的基小波可用样条曲线构造（Cohen 等 1992）。图 4-8 和图 4-9 分别给出了几个双正交和逆双正交小波的波形以及它们的幅值谱。在实践中，这组小波已在制造过程监测诊断中被用于表面轮廓的滤波（Fu 等 2003）。

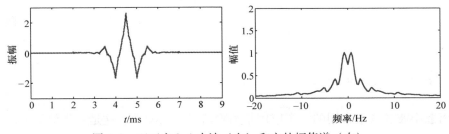

图 4-8　双正交 2.4 小波（左）和它的幅值谱（右）

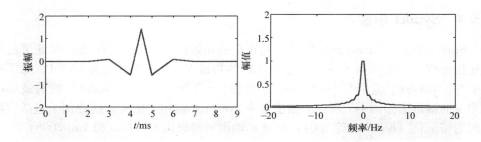

图4-9 逆双正交2.4小波（左）和它的幅值谱（右）

4.5.6 Meyer 小波

Meyer 小波是正交的和对称的，然而它并不是有限支撑的。Meyer 小波有显式表达式且在频域的定义如下：

$$\Psi_{\text{Meyer}}(f) = \begin{cases} \sqrt{2\pi} e^{i\pi f} \sin\left[\dfrac{\pi}{2}\nu(3|f|-1)\right] & \dfrac{1}{3} \leq |f| \leq \dfrac{2}{3} \\ \sqrt{2\pi} e^{i\pi f} \cos\left[\dfrac{\pi}{2}\nu\left(\dfrac{3}{2}|f|-1\right)\right] & \dfrac{2}{3} \leq |f| \leq \dfrac{4}{3} \\ 0 & |f| \notin \langle \dfrac{1}{3}, \dfrac{4}{3} \rangle \end{cases} \quad (4\text{-}55)$$

式中，$\nu(\cdot)$ 是一个辅助函数，表达为

$$\nu(\alpha) = \alpha^4(35 - 84\alpha + 70\alpha^2 - 20\alpha^3) \quad \alpha \in \langle 0, 1 \rangle \quad (4\text{-}56)$$

图4-10 给出了 Meyer 小波以及它的幅值谱。

Meyer 小波在制造业相关问题上的典型应用包括信号去噪和轴承故障诊断（Abbasion 等 2007）。

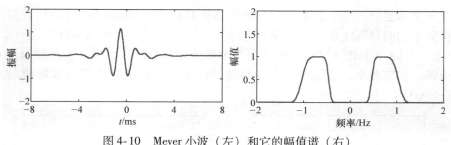

图4-10 Meyer 小波（左）和它的幅值谱（右）

4.6 离散小波变换的应用

离散小波变换最常用的一个应用是消除信号中的噪声。这是基于信号的能量通

常分布在几个有限的小波系数上且具有较高的幅度,而噪声的能量则分布在大多数小波系数中且幅值较低。因此,可以设计一个阈值方案用以消除噪声。数学上,假设一个带有噪声的信号表示为

$$y(t) = x(t) + \sigma e(t) \tag{4-57}$$

式中,$x(t)$是信号;$e(t)$是符合正态分布$N(0,1)$的高斯白噪声;σ代表噪声水平。去噪的目的是抑制噪声,并恢复信号$x(t)$。一般情况下,去噪过程包括3个步骤:

1) 信号的分解:选择一个基小波和一个分解层数J,然后在信号上执行离散小波变换到J层。

2) 细节系数的阈值:对于每个分解层数从1到J,选择一个阈值,并将其应用到细节系数。

3) 信号重构:基于层数J的原始逼近系数以及从等级1到J阈值处理后的细节系数,为得到去噪后的信号进行小波重构。

值得注意的是,两种阈值方法(硬阈值和软阈值)可用于去噪过程(Donoho 1995;Donoho 和 Johnstone 1995)。硬阈值可以被描述为,如果细节系数$d_{j,k}$的绝对值小于阈值(记为thr),那么设置细节系数$d_{j,k}$值为零,数学上表述为

$$\hat{d}_{j,k} = \begin{cases} d_{j,k} & d_{j,k} \geqslant thr \\ 0 & d_{j,k} < thr \end{cases} \tag{4-58}$$

软阈值可以被视为一个扩展的硬阈值,如图4-11所示。如果细节系数的绝对值低于阈值,则将它们设置为零,然后将非零系数向零缩小。在数学上,这可以表示为

$$\hat{d}_{j,k} = \begin{cases} \mathrm{sgn}(d_{j,k})(|d_{j,k}| - thr) & d_{j,k} \geqslant thr \\ 0 & d_{j,k} < thr \end{cases} \tag{4-59}$$

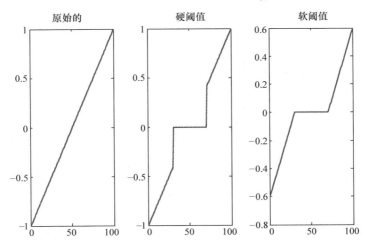

图4-11 硬阈值和软阈值

式中

$$\text{sgn}(d_{j,k}) = \begin{cases} +1 & d_{j,k} \geq 0 \\ -1 & d_{j,k} < 0 \end{cases} \quad (4\text{-}60)$$

举例来说，图 4-12a 显示一个块状测试信号，图 4-12b 所展现的是该信号被高斯白噪声污染且信噪比为 4。以 Sym8 小波为基小波，对原信号做 3 层离散小波变换。在每个分解层上用软阈值对细节系数进行滤波后，信号被重构如图 4-12c 所示。因为只有少数大系数就可以表征原始块状信号，因此这个基于离散小波变换的去噪方法效果很好。

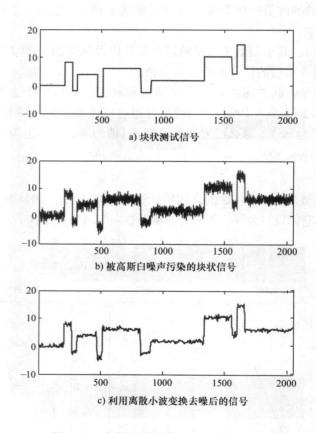

图 4-12 离散小波变换用于去噪的例子

4.7 总结

本章首先描述了尺度和平移参数的离散化，接着在 4.2 节介绍了多分辨率分析和正交小波变换。随后在 4.3 节描述了双尺度方程及其相关联的小波滤波器对,并在 4.4 节讨论了用 Mallat 算法实现离散小波变换以及 4.5 节介绍了一些常用的小波。最后在 4.6 节给出了离散小波变换的一些典型应用。

4.8 参考文献

Abbasion S, Rafsanjani A, Farshidianfar A, Irani N (2007) Rolling element bearings multi-fault classification based on the wavelet denoising and support vector machine. Mech Syst Signal Process 21:2933–2945
Addison N (2002) The illustrated wavelet transform handbook. Taylor & Francis, New York
Burt P, Adelson E (1983) The Laplacian pyramid as a compact image code. IEEE Trans Commun 31:482–540
Cohen A, Daubechies I, Feauveau, JC (1992) Biorthogonal bases of compactly supported wavelets. Commun Pure Appl Math 45:485–560
Daubechies I (1992) Ten lectures on wavelets. SIAM, Philadelphia
Donoho DL (1995) De-noising by soft-thresholding. IEEE Trans Inform Theory, 41(3): 613–627
Donoho DL; Johnstone IM (1995) Adapting to unknown smoothness via wavelet shrinkage. J Am Stat Assoc 90(432):1200–1244
Fu S, Muralikrishnan, Raja J (2003) Engineering surface analysis with different wavelet bases. ASME J Manuf Sci Eng 125(6):844–852
Gao R, Yan R (2006) Non-stationary signal processing for bearing health monitoring. Int J Manuf Res 1(1):18–40
Haar A (1910) Zur theorie der orthgonalen funktionensysteme. Math Annalen 69:331–371
Kim JS, Lee JH, Kim JH, Baek J, Kim SS (2010) Fault detection of cycle-based signals using wavelet transform in FAB processes. Int J Precision Eng Manuf 11(2):237–246
Lou X, Loparo KA (2004) Bearing fault diagnosis based on wavelet transform and fuzzy inference. Mech Syst Signal Process 18:1077–1095
Mallat SG (1989a) A theory of multiresolution signal decomposition: the wavelet representation. IEEE Trans Pattern Anal Machine Intell 11(7):674–693
Mallat SG (1989b) Multiresolution approximations and wavelet orthonormal bases of $L^2(R)$. Trans Am Math Soc 315:69–87
Mallat SG (1998) A wavelet tour of signal processing. Academic, San Diego, CA
Nikolaou NG, Antoniadis IA (2002) Rolling element bearing fault diagnosis using wavelet packets. NDT&E Int 35:197–205
Rafiee J, Rafiee MA, Tse PW (2010) Application of mother wavelet functions for automatic gear and bearing fault diagnosis. Expert Syst Appl 37:4568–4579
Shakher C, Ishtiaque SM, Singh SK, Zaidi HN (2004) Application of wavelet transform in characterization of fabric texture. J Text Inst 95(1–6):107–120
Sugumaran V, Ramachandran KI (2009) Wavelet selection using decision tree for fault diagnosis of roller bearings. Int J Appl Eng Res 4(2):201–225
Witkin A (1983) Scale space filtering. In: Proceedings of international joint conference on artificial intelligence, Karlsruhe, Germany, pp 1019–1023
Zhou SY, Sun BC, Shi JJ (2006) An SPC monitoring system for cycle-based waveform signals using haar transform. IEEE Trans Automat Sci Eng 3(1):60–72

第 5 章 小波包变换

尽管离散小波变换提供了灵活的时频分辨率，但它在高频区域的分辨率相对较低。这一缺陷导致辨别高频瞬时成分时出现困难。相比较而言，小波包变换（WPT）可以在高频区域进一步分解信号的细节信息，从而克服了这一局限性。图 5-1 显示说明了小波包变换的信号分解过程，其中一个四层的小波包变换一共产生 16 个子带，每个子带覆盖十六分之一的信号频谱（Gao 和 Yan 2006）。这种更为有利的信号分解能力使小波包变换成为检测和区分具有高频特征的瞬态成分等应用时一个有吸引力的工具。

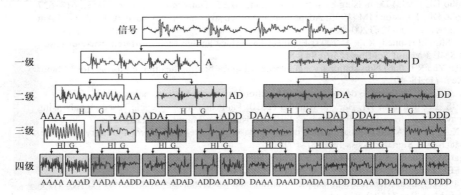

A—近似信息 D—详细信息 H—低通滤波器 G—高通滤波器
图 5-1 小波包变换的信号分解过程

在这一章中，我们将介绍小波包变换的理论基础以及实现小波包变换的算法，然后通过介绍一些小波包变换的典型应用来说明这种计算技术。

5.1 小波包的理论基础

5.1.1 定义

小波包可由下面的方程定义（Wickerhauser 1991）：

$$\begin{cases} u_{2n}^{(j)}(t) = \sqrt{2}\sum_k h(k) u_n^{(j)}(2t-k) \\ u_{2n+1}^{(j)}(t) = \sqrt{2}\sum_k g(k) u_n^{(j)}(2t-k) \end{cases} \quad n=0,1,2,\cdots; k=0,1,\cdots,m \quad (5\text{-}1)$$

式中，$u_0^{(0)}(t)$是尺度函数$\phi(t)$，即$u_0^{(0)}(t)=\phi(t)$；$u_1^{(0)}(t)$是基小波函数$\psi(t)$，也就是$u_1^{(0)}(t)=\psi(t)$（Wickerhauser 1991）。式（5-1）中的上标（j）表示第j层小波包基函数，在第j层上将有2^j个小波包基。

为了说明小波包基的推导过程，这里用Haar小波（Haar 1910）作为例子来展示。Haar小波的系数$h(k)$和$g(k)$定义为（Daubechies 1992）

$$\begin{cases} h(0)=h(1)=\dfrac{1}{\sqrt{2}}, h(k)=0 & k=2,3,\cdots,m \\ g(0)=g(1)=-\dfrac{1}{\sqrt{2}}, g(k)=0 & k=2,3,\cdots,m \end{cases} \tag{5-2}$$

由式（5-1）和式（5-2），Haar小波包基的第一层，用上标（1）表示，如下：

$$\begin{cases} u_0^{(1)}(t)=u_0^{(0)}(2t)=\phi(2t) \\ u_1^{(1)}(t)=\sqrt{2}\dfrac{1}{\sqrt{2}}[u_0^{(1)}(2t)-u_0^{(1)}(2t-1)]=u_0^{(1)}(2t)-u_0^{(1)}(2t-1) \end{cases} \tag{5-3}$$

同样地，Haar小波包基的第二层和第三层可以分别用式（5-4）式（5-5）得到

$$\begin{cases} u_0^{(2)}(t)=\phi(4t) \\ u_1^{(2)}(t)=u_0^{(2)}(2t)-u_0^{(2)}(2t-1) \\ u_2^{(2)}(t)=u_1^{(2)}(2t)+u_1^{(2)}(2t-1) \\ u_3^{(2)}(t)=u_1^{(2)}(2t)-u_1^{(2)}(2t-1) \end{cases} \tag{5-4}$$

$$\begin{cases} u_0^{(3)}(t)=\phi(8t) \\ u_{2n}^{(3)}(t)=u_n^{(3)}(2t)+u_n^{(3)}(2t-1) & n=1,2,3 \\ u_{2n+1}^{(3)}(t)=u_n^{(3)}(2t)-u_n^{(3)}(2t-1) & n=0,1,2,3 \end{cases} \tag{5-5}$$

图5-2a～c说明了从尺度函数推导过来的第1～3层的Haar小波包基的波形。使用同样的方法，可以得到各层的Haar小波包基。

5.1.2 小波包的性质

式（5-1）表明，小波包具有以下性质（Wickerhauser 1991；Coifman等 1992）：

1. 平移正交性

如果$\{u_n^{(j)}\}_{n\in z}$是从正交基小波的尺度函数$u_0^{(0)}=\phi(t)$得到的小波包基的集合，那么这些基满足平移正交性：

$$\langle u_n^{(j)}(t), u_n^{(j)}(t-k) \rangle = \delta_k \quad k \in z \tag{5-6}$$

式中，$\langle \cdot \rangle$表示内积运算；δ_k是Dirac函数的符号。

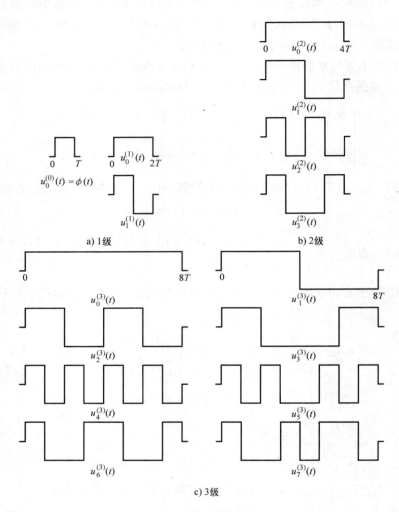

图 5-2 Haar 小波的小波包基

证明：

当 $n=0$ 时，$u_0^{(j)}(t)$ 和 $u_1^{(j)}(t)$ 分别是尺度缩放后的 $\phi(t)$ 和 $\psi(t)$。由尺度函数和基小波函数定义，它们是正交的（Daubechies 1992）。

当 $n \neq 0$ 时，$u_2^{(j)}(t)$ 和 $u_3^{(j)}(t)$ 是一个如式（5-3）和式（5-4）所示 $u_1^{(j)}(t)$ 的线性组合，且 $u_1^{(j)}(t)$ 是尺度缩放后的小波函数 $\psi(t)$，它是正交且归一化的（Daubechies 1992），所以 $u_2^{(j)}(t)$ 和 $u_3^{(j)}(t)$ 是正交的。

举例来说，如果我们有

$$\begin{cases} u_2^{(j)}(t) = \sqrt{2}\sum_{k'} h_{k'} u_1^{(j)}(2t-k') \\ u_2^{(j)}(t-k) = \sqrt{2}\sum_{k''} h_{k''} u_1^{(j)}(2t-2k-k'') \end{cases} \quad (5\text{-}7)$$

式中，$k'=0, 1, \cdots, m$ 且 $k''=0, 1, \cdots, m$。

那么

$$\langle u_2^{(j)}(t), u_2^{(j)}(t-k)\rangle = 2\sum_{k'}\sum_{k''} h_{k'} h_{k''} \langle u_1^{(j)}(2t-k'), u_1^{(j)}(2t-2k-k'')\rangle \quad (5\text{-}8)$$

当 $k'=2k+k''$ 时，式（5-8）右边的内积等于 $1/2$，否则，等于零。因此

$$\langle u_2^{(j)}(t), u_2^{(j)}(t-k)\rangle = \sum_{k'} h_{k''} h_{2k+k''} = \delta_k \quad (5\text{-}9)$$

同样地，$u_4^{(j)}(t)$ 和 $u_5^{(j)}(t)$ 是 $u_2^{(j)}(t)$ 的线性组合，它们也是正交的。使用相同的方法，更高层数的小波包基也可以导出。

2. $u_{2n}^{(j)}(t)$ 和 $u_{2n+1}^{(j)}(t)$ 之间的正交关系

$$\langle u_{2n}^{(j)}(t), u_{2n+1}^{(j)}(t)\rangle = 0 \quad (5\text{-}10)$$

由式（5-1）证明，我们有

$$\begin{aligned}\langle u_{2n}^{(j)}(t), u_{2n+1}^{(j)}(t)\rangle &= 2\int \sum_{k'}\sum_{k''} h_{k'} g_{k''} u_n^{(j)}(2t-2k-k') u_n^{(j)}(2t-k'') \mathrm{d}t \\ &= 2\sum_{k'}\sum_{k''} h_{k'} g_{k''} \int u_n^{(j)}(2t-2k-k') u_n^{(j)}(2t-k'') \mathrm{d}t\end{aligned} \quad (5\text{-}11)$$

除非 $k''=2k+k'$，式（5-11）积分部分的结果等于零。因此

$$\langle u_{2n}^{(j)}(t), u_{2n+1}^{(j)}(t)\rangle = \sum_{k''} h_{k'} g_{k''} = 0 \quad (5\text{-}12)$$

5.2 递归算法

一旦由式（5-1）定义好小波包基，就可以设计一个用于信号分解的递归算法来实现小波包变换。分解的结果由下式给出（Mallat 1999）：

$$\begin{cases} d_{j+1,2n} = \sum_m h(m-2k) d_{j,n} \\ d_{j+1,2n+1} = \sum_m g(m-2k) d_{j,n} \end{cases} \quad (5\text{-}13)$$

式中，$d_{j,n}$ 表示第 n 个子带的 j 层小波系数；$d_{j+1,2n}$ 和 $d_{j+1,2n+1}$ 分别表示第 $2n$ 子带和第 $2n+1$ 子带的第 $j+1$ 层小波系数；m 是小波系数的个数。

从理论上讲，一个 L 层的小波包变换有多种方式（大于 2^L）去分析一个信号

（Mallat 1999）。这使得优化信号分解过程成为可能，并能提高分解的有效性。不同的准则如 l_p（$p\leq2$）范数、对数熵和香农熵都可以被用来作为代价函数以促进优化过程。其中香农熵是一种被广泛应用的准则用于基于最优小波包变换的信号表达（Coifman 和 Wickerhauser 1992）。对于第 j 层的第 n 子频带的小波系数 $d_{j,n} = \{d_{j,n} : n = 1, 2, \cdots, 2^j\}$，香农熵定义为

$$Entropy(d_{j,n}) = -\sum_i p_i \cdot \log(p_i) \tag{5-14}$$

式中，p_i 是第 j 层第 n 子频带的小波系数能量的概率分布。这里概率分布函数定义为

$$p_i = |d_{j,n}(i)|^2 / \|d_{j,n}\|^2 \tag{5-15}$$

其中，p_i 满足 $\sum_{i=1}^m p_i = 1$，且当 $p_i = 0$ 时，$p_i \cdot \log_2 p_i = 0$。上限 m 代表在第 j 层第 n 子频带的小波系数的数目。

式（5-13）和式（5-14）表明，小波系数的熵有如下约束：

$$0 \leq E_{\text{entropy}}(d_{j,n}) \leq \log_2 m \tag{5-16}$$

从式（5-16）我们看到，如果能量分布在子频带内各个小波系数上，香农熵将有一个较大的值。相反，如果能量只集中在几个主要的小波系数上，香农熵将是一个较小的值。由于我们希望信号的信息尽可能集中在尽可能少的系数上，信号分解后的小波系数应该含有最小香农熵。数学上，这样一个过程涉及从分解的底部开始（如4层分解）的树状结构中低层的熵（例如图 5-1 所示的子带 DAAA 和 DAAD）与更高层的熵（例如子带 DAA）的比较。如果高层的熵小于来自低层的熵的和，那么高层的子频带将被保留。否则，它将被两个低层的子频带代替。这样的过程一直执行到信号分解的最高层结束。

5.3 基于傅里叶变换的谐波小波包变换

除了在前一节中介绍的递归算法，另一个基于傅里叶变换的小波包变换算法已被证明可以有效地实现谐波小波包变换（Samuel 等 2000；Yan 和 Gao 2005）。

5.3.1 谐波小波变换

谐波小波的数学表达式在第 3 章中定义如下：

$$\Psi_{m,n}(f) = \begin{cases} 1/(n-m) & m \leq f \leq n \\ 0 & \text{其他} \end{cases} \tag{5-17}$$

因此，其相应的时域表达式，通过逆傅里叶变换得到如下（Yan 和 Gao 2005）：

$$\psi_{m,n}(t) = \frac{e^{jn2\pi t} - e^{jm2\pi t}}{j2\pi(n-m)t} \tag{5-18}$$

如果谐波小波平移 $k/(m-n)$ 步,其中 k 是一个平移参数,一个以 $t=k/(n-m)$ 为中心,$(n-m)$ 为带宽的广义谐波小波表达式可写成(Newland 1994)

$$\psi_{m,n}\left(t-\frac{k}{n-m}\right) = \frac{e^{jn2\pi\left(t-\frac{k}{n-m}\right)} - e^{jm2\pi\left(t-\frac{k}{n-m}\right)}}{j2\pi(n-m)\left(t-\frac{k}{n-m}\right)} \quad (5\text{-}19)$$

在广义表达式的基础上,信号 $x(t)$ 的谐波小波变换可以表示为

$$hwt(m,n,k) = (n-m)\int_{-\infty}^{\infty} x(t)\psi_{m,n}^*\left(\tau-\frac{k}{n-m}\right)d\tau \quad (5\text{-}20)$$

式中,$hwt(m,n,k)$ 是谐波小波系数。

通过式(5-20)的傅里叶变换,频域中谐波小波变换的等效表达式可以表示为

$$HWT(m,n,f) = X(f) \cdot \psi^*[(n-m)f] \quad (5\text{-}21)$$

式中,$X(f)$ 是信号 $x(t)$ 的傅里叶变换,$\psi^*[(n-m)f]$ 是 $\psi[(n-m)f]$ 的共轭,而 $\psi[(n-m)f]$ 是在尺度 (m,n) 上谐波小波的傅里叶变换。由于谐波小波具有紧凑的频率表达如式(5-17),谐波小波变换可以很容易通过一对傅里叶变换和逆傅里叶变换操作实现(Newland 1993)。

如图 5-3 所示,通过对信号 $x(t)$ 进行傅里叶变换得到其频域的表达 $X(f)$ 后,在尺度 (m,n) 上通过计算 $X(f)$ 和谐波小波共轭 $\psi^*[(n-m)f]$ 的内积得到 $HWT(n,m,f)$。最后,信号 $x(t)$ 的谐波小波变换,记为 $hwt(m,n,k)$,通过取内积 $HWT(m,n,f)$ 的逆傅里叶变换得到。

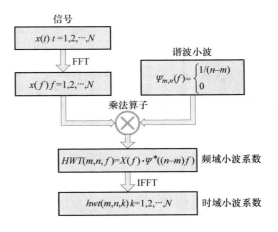

图 5-3 实现谐波小波变换的算法

5.3.2 谐波小波包算法

尺度参数 m 和 n 确定了谐波小波覆盖的带宽。图 5-4a~d 展示了两种尺度参数下广义谐波小波的实部和虚部,其中尺度参数分别为 $m=0$,$n=16$ 和 $m=32$,$n=48$,平移参数 $k=8$ 保持不变。我们可以看到,通过这两个尺度参数的相应变化,谐波小波可以缩放以匹配在不同频域相同带宽 $(n-m)$ 内(本例子中是 16)的信号,如图 5-4e~f 所示。最终实现了谐波小波包变换。

类似于小波包变换,用于谐波小波包变换的频率子带数量必须是 2^s,其中 s 对应于小波包的分解层数。因此,信号可以分解为 2^s 个子频带,用频率表示的每个子带的带宽定义为

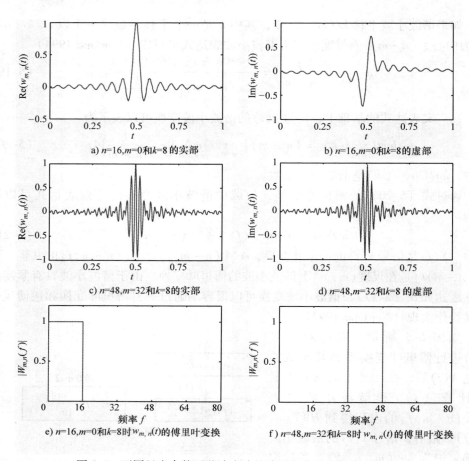

图 5-4 不同尺度参数下谐波小波的波形和它们的傅里叶变换

$$f_{\text{band}} = \frac{f_{\text{h}}}{2^s} \quad (5\text{-}22)$$

在式（5-22）中，f_{h} 是被分析信号的最高频率成分。由于谐波小波的带宽是 $(n-m)$，m 和 n 值的选择必须满足以下条件：

$$n - m = f_{\text{band}} \quad (5\text{-}23)$$

因此，谐波小波包系数 $hwpt(s, i, k)$ 可以通过下式得到：

$$hwpt(s, i, k) = hwt(m, n, k) \quad (5\text{-}24)$$

式中，s 是分解层数；i 是子带指数；k 是系数指数。此外，参数 m 和 n 需要满足以下条件：

$$\begin{cases} m = i \times f_{\text{band}} = i \times \dfrac{f_{\text{h}}}{2^s} \\ n = (i+1) \times f_{\text{band}} = (i+1) \times \dfrac{f_{\text{h}}}{2^s} \end{cases} \quad i = 0, 1, \cdots, 2^s - 1 \quad (5\text{-}25)$$

因此，根据式（5-25），通过选择适当的参数对（m,n），基于快速傅里叶变换的谐波小波包变换算法可以通过如图 5-3 所示的计算过程实现。

5.4 小波包变换的应用

利用小波包变换，我们可以确定信号的时间 - 频率成分，因此可以很好地理解包含在信号里的是什么。此外，小波包变换可用于去除信号中的噪声。下面我们给出这些应用中的两个例子。

5.4.1 时频分析

图 5-5 显示了一个球轴承寿命试验中测得的振动信号。物理意义上，当一个滚动轴承产生局部故障时，如轴承的滚道表面剥落，滚动单元每次滚过故障部位都会产生冲击。这种冲击随后激发轴承系统的固有模态，在模态相关的共振频率上引起瞬态振动。随着故障尺寸的增加，轴承系统不同的固有模态将被激发，从而导致冲击引起的瞬态振动的频移。因此，通过评估振动信号的时频分布，可以监测轴承健康状况的退化。

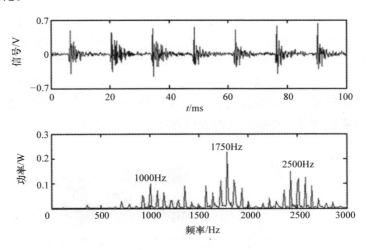

图 5-5 滚珠轴承的振动信号

将小波包变换应用到振动数据分析中，从图 5-6 中我们可以看到不仅所有的主要瞬态成分被识别出来，相应的频移也清晰可见。结果也显示了 45ms 时间点后频率分量的增加，反映了故障尺寸的扩展。

5.4.2 小波包去噪

图 5-7a 显示了一个含有噪声的调频信号，其中加入了高斯噪声使得信噪比为

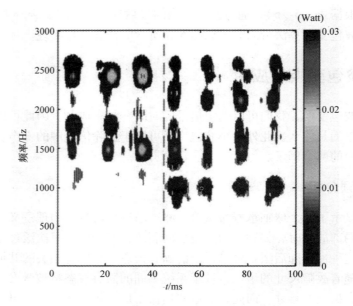

图 5-6 轴承振动信号的小波包变换

7。这里展示的去噪原理与第 4 章中介绍的小波框架中所述方法相同。唯一不同的是小波包变换提供了更好的灵活性,因为它提供了一个更完整的信号分析。在这个例子中,Stein 无偏风险估计(SURE)阈值标准被用来构造小波系数(Donoho 1995;Donoho 和 Johnstone 1995)。为了进行比较,信号采用基于小波包去噪和小波去噪两种技术进行处理,结果分别显示在图 5-7b、c 中。可以看出,基于小波包的去噪方法的性能优于基于小波变换的去噪方法。

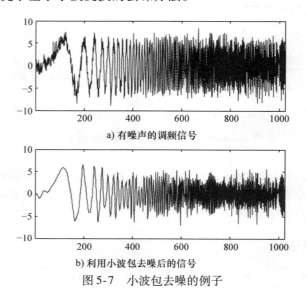

图 5-7 小波包去噪的例子

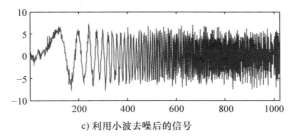

c) 利用小波去噪后的信号

图 5-7　小波包去噪的例子（续）

5.5　总结

本章首先介绍了小波包的理论基础，给出了小波包的定义和相关性质。然后讨论了实现小波包变换的两种方法。在 5.4 节，分别展示了小波包变换的两种应用——时频分析与信号去噪。

5.6　参考文献

Coifman RD et al (1992) Wavelet and signal processing. In: Ruskai (ed) Wavelet and their application. Jones and Bartlett Publishers, Boston, MA
Coifman RR, Wickerhauser MV (1992) Entropy based algorithms for best basis selection. IEEE Trans Inform Theory 38(2):713–718
Daubechies I (1992) Ten lectures on wavelets. SIAM, Philadelphia, PA
Donoho DL (1995) De-noising by soft-thresholding. IEEE Trans Inform Theory 41(3):613–627
Donoho DL, Johnstone IM (1995) Adapting to unknown smoothness via wavelet shrinkage. J Am Stat Assoc 90(432):1200–1244
Gao R, Yan RQ (2006) Non-stationary signal processing for bearing health monitoring. Int J Manuf Res 1(1):18–40
Haar A (1910) Zur theorie der orthogonalen funktionensysteme. Math Annalen 69:331–371
Mallat SG (1998) A wavelet tour of signal processing. Academic, San Diego, CA
Newland DE (1993) Random vibrations, spectral and wavelet analysis. 3rd edn. Addison Wesley Longman, Boston, MA
Newland DE (1994) Wavelet analysis of vibration part I: theory; part II: wavelet maps. J Vib Acous 116(4):409–425
Samuel PD, Pines DJ, Lewicki DG (2000) A comparison of stationary and non-stationary metrics for detecting faults in helicopter gearboxes. J Am Helicopter Soc 45:125–136
Wickerhauser MV (1991) INRIA lectures on wavelet packet transform
Yan R, Gao R (2005) An efficient approach to machine health evaluation based on harmonic wavelet packet transform. Robot Comput Integrated Manuf 21:291–301

第 6 章 基于小波变换的多尺度信号包络

信号包络技术已应用在许多工程领域中。例如无损检测中使用包络以检测相关的超声波信号（McGonnagle 1966；Greguss 1980；Liang 等 2006）。包络也给频谱分析提供了一种补充工具，可用于诸如滚动轴承滚道表面材料剥落及变速箱断齿等结构故障的检测（Tse 等 2001；Wang 2001）。如图 6-1 所示，信号包络的提取一般来说包含三个步骤：被测信号首先通过一个带通滤波器，其带宽覆盖感兴趣的高频分量。其结果是该频率分量的通带以外的部分都被拒之门外，如图 6-1b 所示，信号中只突显留下带通内的频率成分。接着，对带通信号按图 6-1c 所示进行整流。最后，整流后的信号通过一个低通滤波器。

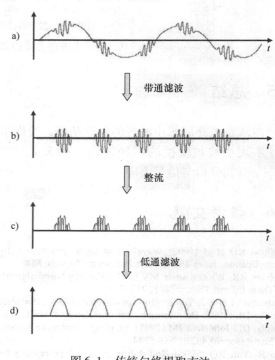

图 6-1 传统包络提取方法

如图 6-1d 所示，这个低通滤波器只允许信号中的低频包络成分通过。

应用包络技术的一个限制条件是需要选择一个适当的滤波带来准确地提取信号的包络，而这需要我们具有该信号的先验知识。在本章中，我们介绍一种基于小波变换的自适应、多尺度包络技术，以克服传统包络技术的这一局限性。

6.1 希尔伯特变换与信号包络

希尔伯特变换在信号的包络提取方面是对传统包络技术一个很好的替代（Hahn 1996）。在数学上，一个实值信号的希尔伯特变换被定义为

$$\widetilde{x}(t) = H[x(t)] = \int_{-\infty}^{\infty} \frac{x(\tau)}{\pi(t-\tau)} d\tau \tag{6-1}$$

式中，$H[\cdot]$ 表示希尔伯特变换算子。符号 $\widetilde{x}(t)$ 代表实值信号 $x(t)$ 的希尔伯特变

换结果，它是 $x(t)$ 和 $1/(\pi t)$ 的卷积：

$$\widetilde{x}(t) = x(t) \otimes \frac{1}{\pi t} \tag{6-2}$$

式中，符号⊗表示"卷积"运算。根据卷积定理，两个信号卷积的傅里叶变换是两个信号分别傅里叶变换的乘积（Oppenheim 等 1999）。因此，$\widetilde{x}(t)$ 的傅里叶变换可以表示为

$$\widetilde{X}(f) = X(f) \times F\left[\frac{1}{\pi t}\right] \tag{6-3}$$

式中，符号×表示"乘积"运算；$X(f)$ 是信号 $x(t)$ 的傅里叶变换；$F[1/\pi t]$ 表示 $1/\pi t$ 项的傅里叶变换。具体而言，这被定义为

$$F\left[\frac{1}{\pi t}\right] = -\mathrm{j}\,\mathrm{sgn}f = \begin{cases} -\mathrm{j} & f > 0 \\ 0 & f = 0 \\ \mathrm{j} & f < 0 \end{cases} \tag{6-4}$$

组合式（6-4）与式（6-3）得到

$$\widetilde{X}(f) = \begin{cases} -\mathrm{j}X(f) & f > 0 \\ 0 & f = 0 \\ \mathrm{j}X(f) & f < 0 \end{cases} \tag{6-5}$$

通过对式（6-5）进行逆傅里叶变换，可以实现对实值信号的希尔伯特变换。因此，一种特殊的复值信号 $z(t)$ 现在可以用公式表达为

$$z(t) = x(t) + \mathrm{j}\widetilde{x}(t) \tag{6-6}$$

式中，实值信号 $x(t)$ 是其实部；信号的希尔伯特变换 $\widetilde{x}(t)$ 是虚部。由于傅里叶变换的固有线性特性，式（6-6）在频域中的表达式可以给出

$$Z(f) = X(f) + \mathrm{j}\widetilde{X}(f) \tag{6-7}$$

结合式（6-7）与式（6-5）得出

$$Z(f) = X(f) + \mathrm{j}\begin{cases} -\mathrm{j}X(f) & f > 0 \\ 0 & f = 0 \\ \mathrm{j}X(f) & f < 0 \end{cases}$$

$$= \begin{cases} 2X(f) & f > 0 \\ X(0) & f = 0 \\ 0 & f < 0 \end{cases} \tag{6-8}$$

式（6-6）和式（6-8）表明，复值信号 $z(t)$ 具有解析性质（Lawrence 1999）。这意味着，它也可以按照复数极坐标表示为

$$z(t) = a(t)\mathrm{e}^{\mathrm{j}\theta(t)} \tag{6-9}$$

式中

$$a(t) = \sqrt{x(t)^2 + \widetilde{x}(t)^2} \tag{6-10}$$

$$\theta(t) = \arctan\frac{\widetilde{x}(t)}{x(t)} \tag{6-11}$$

式（6-10）和式（6-11）分别被称为信号 $x(t)$ 的振幅包络函数和瞬时相位函数。这表明，对实值信号 $x(t)$ 执行希尔伯特变换可以形成相应的解析函数 $z(t)$，并可以从中提取出信号的包络 $a(t)$。希尔伯特变换的这个属性使得它可以很好地适用于信号的包络提取，具体如下所述。

6.2 基于复值小波的多尺度包络

在各种用于信号分析的常用基小波中（Lee 和 Tang1999；Yen 和 Lin 2000；Yoshida 等 2000；Prabhakar 等 2002；Yan 和 Gao2005a），复值小波具有解析特性。这样的小波通常被定义为

$$\psi(t) = \psi_R(t) + j\psi_I(t) = \psi_R(t) + jH[\psi_R(t)] \quad (6\text{-}12)$$

式中，$\psi_R(t)$ 和 $\psi_I(t)$ 分别代表复小波的实部和虚部，$\psi_I(t)$ 是 $\psi_R(t)$ 的希尔伯特变换。

使用复值小波对信号 $x(t)$ 的小波变换 $wt_c(s,\tau)$ 表示为

$$wt_c(s,\tau) = wt_R(s,\tau) + jwt_I(s,\tau) = wt_R(s,\tau) + jH[wt_R(s,\tau)] \quad (6\text{-}13)$$

式中，$wt_R(s,\tau)$ 和 $wt_I(s,\tau)$ 分别是变换结果的实部和虚部。它们被定义为

$$\begin{cases} wt_R(s,\tau) = |s|^{-1/2} \int_{-\infty}^{\infty} x(t)\overline{\psi_R}\left(\dfrac{t-\tau}{s}\right)dt \\ wt_I(s,\tau) = H[wt_R(s,\tau)] = |s|^{-1/2} \int_{-\infty}^{\infty} x(t)H\left[\overline{\psi_R}\left(\dfrac{t-\tau}{s}\right)\right]dt \end{cases} \quad (6\text{-}14)$$

式（6-13）和式（6-14）表明，利用复值小波分析信号 $x(t)$ 得到的小波系数 $wt_c(s,\tau)$，其结果也是解析的。因此，信号在尺度 s 的包络 $env_{wt}(s,\tau)$ 可以很容易地从小波系数的模计算出

$$env_{wt}(s,\tau) = \|wt_c(s,\tau)\| = \sqrt{wt_R(s,\tau)^2 + H[wt_R(s,\tau)]^2} \quad (6\text{-}15)$$

如第 3 章所描述的那样，由于小波变换本身可以看作是一系列的带通滤波操作（通过尺度参数 s 实现），信号的包络就可以从使用复值小波得到的小波系数的模计算得出，因此在小波变换的基础上就可以设计出多尺度包络技术。从计算方面讲，该技术首先通过复值小波变换将信号（例如一个有故障的滚动轴承振动信号）分解为不同的小波尺度，如图 6-2a 所示。然后得到一系列的小波系数，其可用实部和虚部分别如图 6-2b 表示出。每个尺度的包络信号（见图 6-2c）最终从小波系数的模计算出。

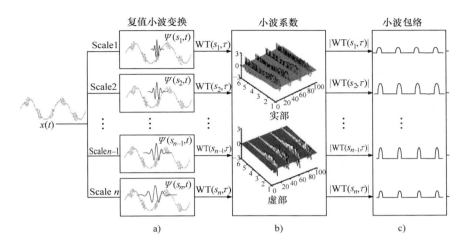

图 6-2 多尺度包络算法

6.3 多尺度包络的应用

本节介绍上述多尺度包络技术在两种不同机械系统的应用。

6.3.1 注塑成型中用于压力测量的超声脉冲分离

注塑机的腔内压力在线监测和控制对提高产品质量以及保持低废品率非常重要（Rawabdeh 和 Petersen 1999）。自供电无线传感器设计使得在一个模具中放置多个传感器从而获得腔内整个空间的压力分布成为可能（Gao 等 2001；Theurer 等 2001）。为了克服传感器周围的钢模引起的电磁屏蔽，过去的研究探索了超声波作为电磁波的一种替代方式用于将压力数据传出模具（Zhang 等 2004）。具体而言，由压电传感元件测量的模腔压力，被数字化成一系列的超声波脉冲串，每个脉冲串代表其超过了一个预定的压力阈值。实际的模腔压力（在图 6-3a 中记为①）可通过一系列越过预定阈值的脉冲串总数进行重构（在图 6-3a 中记为③）。根据模腔内这样的无线传感器的布置，可以得到腔内整个空间的压力分布。如图 6-3b 为注塑模具中由 6 个无线传感器和一个接收器组成的传感器阵列示意图。

一维包络技术的局限性在如图 6-4 所示的例子中体现出来，这里给出了由 6 个中心频率分别为 2210kHz、2480kHz、2785kHz、3140kHz、3530kHz 和 3980kHz 的发射器产生的 6 个超声波脉冲串。每一个脉冲对应着腔体中某一位置的压力超过了给定的阈值。信号的包络如图 6-4b 所示，通过阈值化包络信号，可以确定每个脉

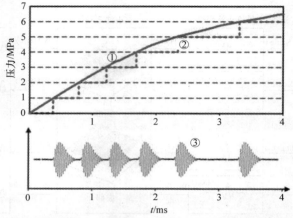

a) 传感原理：①实际压力，②测量压力，③超声波脉冲串

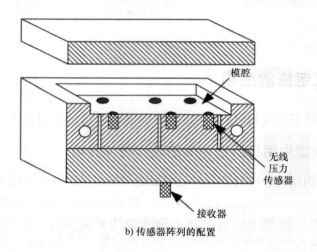

b) 传感器阵列的配置

图6-3 传感原理和注塑模具中传感器阵列的布局

冲的到达时间。然而，由于脉冲串频率的差异不能被准确地分开，出现在图6-4c中的多脉冲频谱作为一个集合组，看上去似乎是由一个单一的发射器产生的。

这样的问题可以通过本章介绍的多尺度包络技术解决，它把脉冲串分解到各个频率子带，分别对各子带的脉冲串提取包络。用每个相应阈值的包络乘以超过阈值的包络个数，可以重构腔体的压力分布。这在之后的部分通过模拟和实验说明。

1. 仿真

首先通过计算机模拟的方法对由 6 个空间分布的超声波发射器组成的传感器阵列产生的超声波进行检测来评估多尺度包络技术的性能。6 个频谱临近的超声波脉冲串分别集中在 2210kHz、2480kHz、2785kHz、3140kHz、3530kHz 和 3980kHz，在

第 6 章　基于小波变换的多尺度信号包络　71

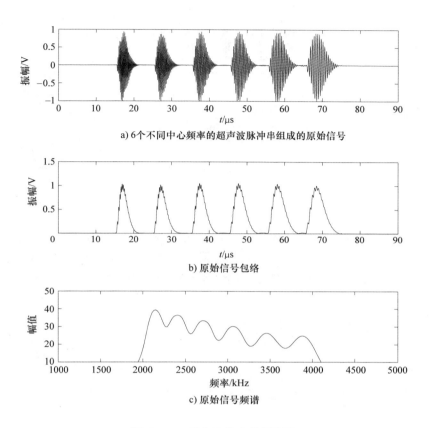

图 6-4　一维包络技术的局限性

图 6-5 中标记为①~⑥。脉冲间隔为 10ms，模拟聚合物熔体以恒定的速度顺序地流过传感器阵列。如图 6-5 所示，通过基于小波的多尺度包络过程，分布在六层上的 6 个脉冲都可以被检测到。

在另一个仿真中，多尺度包络技术被应用于分解由两种不同类型的超声脉冲列的超声波信号：

1) 频谱相同（相同的中心频率 3980kHz）和时间相邻（5ms 相距），在图 6-6 中标记为①和②。

2) 时间重叠和频谱相邻（中心频率分别为 2210kHz 和 2785kHz），在图 6-6 中标记为③和④。

如图 6-6 所示，脉冲①和②被成功地在频谱（在同一层级 6，因为它们相同的中心频率）和时间上（以 5ms 分割沿时间轴连续）分离开来。同样地，③和④两脉冲也被很好地分到第 1 层和第 3 层上，反映它们含有不同的中心频率。

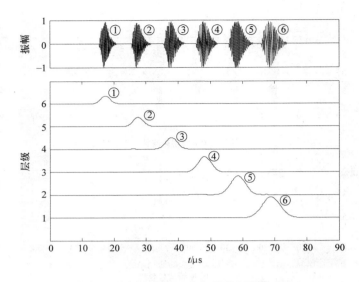

图 6-5 检测和分离 6 个相邻的频谱脉冲串

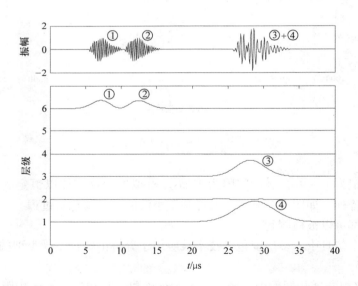

图 6-6 检测和分离时间重叠频谱相邻的两个脉冲串以及时间相邻频谱相同的两个脉冲串

2. 试验研究

为了实验验证多尺度包络技术用于超声脉冲检测的性能，设计并制作了 3 个中心频率分别为 2480kHz、2785kHz 和 3140kHz 的超声波发射器。一个电脉冲发生器（型号 C-101-HV，PAC 公司）用于激发发射器。然后，产生的超声波脉冲被发射并通过一个 6cm 厚的钢块，其代表一个真实的注塑模具。这些脉冲被位于该钢块相对侧的超声波接收器接收。接收到的超声波脉冲用数字示波器测量并记录下来

(型号 TDS3012B，泰克公司）。

在第一个实验中，一个单一的发射器（中心频率3140kHz）按10kHz被重复激发。因此，产生了如图 6-7a 所示的一系列脉冲信号，且两个相邻脉冲间隔为100μs。对于每一个激励所产生的脉冲串，第一个到达的脉冲振幅最高，另外两个振幅衰减的反射脉冲也可以被明显观测到。使用多尺度包络技术处理接收到的脉冲并提取相应的包络。如图 6-7a 所示，第一个到达的和前两个反射的脉冲在第 4 层被清晰地分离出来。由于后两个反射波的振幅远低于第一个到达的超声波，它们可

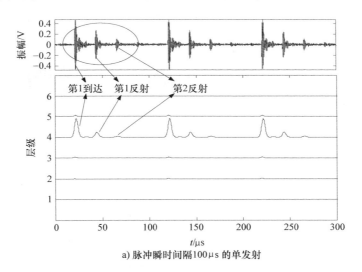

a) 脉冲瞬时间隔100μs 的单发射

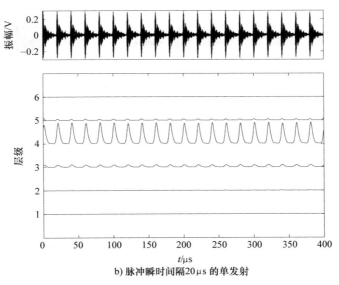

b) 脉冲瞬时间隔20μs 的单发射

图 6-7 具有相同中心频率的超声脉冲串检测

以很容易地通过设定的阈值从包络中剔除。在第二个实验中，脉冲重复频率增加至 50kHz，因此相邻脉冲有一个 20μs 的短暂间隔。如图 6-7b 所示，反射波被淹没在第一个到达的脉冲下，因此它们并没有影响到脉冲检测。

为了评估脉冲检测器区分频域中频谱相邻脉冲的能力，3 个中心频率分别为 2480kHz、2785kHz 和 3140kHz 的发射器被并排放置在钢块的一侧并同时被激励，激励重复频率为 30kHz（对应于 33μs 的脉冲间隔）。由超声波接收器接收的脉冲如图 6-8a 上部所示，其中 3 个发射器的时间重叠，脉冲不能在时间域中分开。应用多尺度包络技术，3 个脉冲串的包络分别在第 2 层、第 3 层和第 4 层上被成功地提取并分离，如图 6-8a 下部所示。

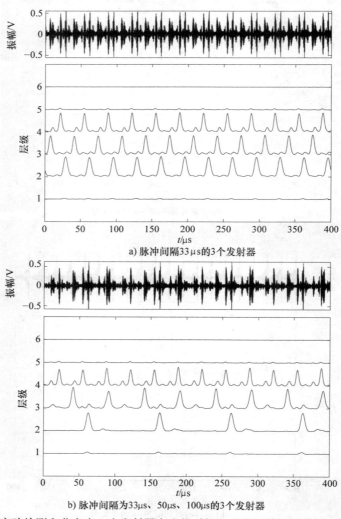

a) 脉冲间隔33μs的3个发射器

b) 脉冲间隔为33μs、50μs、100μs的3个发射器

图 6-8　实验检测和分离由 3 个发射器产生的时间上重叠频谱相邻的超声波脉冲串

为了检查多尺度包络技术的鲁棒性,激发输入到 3 个发射器的重复频率改变到 30kHz、20kHz 和 10kHz,分别产生间隔为 33μs、50μs 和 100μs 的脉冲。如图 6-8b 所示脉冲串再次被成功检测和分离,其相应的包络被分别分离到第 2、3 和 4 层。

6.3.2 旋转机械的轴承故障诊断

大量机械状态监测的应用中涉及．旋转机械部件如轴承、主轴和齿轮箱(Kiral 和 Karagülle. 2003；Wu 等 2004；Choy 等 2005)。为了检测可能在这些机械部件发生的结构故障,基于信号包络的频谱分析已被广泛应用(McFadden 和 Smith 1984；Ho 和 Randall 2000)。这是由于局部故障引起的结构冲击往往会激发一个或多个结构的共振模式,并产生重复性和周期性的振动。相比于机器本身的振动所对应的频率成分,这种共振引起的频率成分通常位于更高的频区,其能量集中在一个以某共振频率的谐波为中心频率且相对较窄的频带范围内。利用结构共振所提供的机械放大效应,可以从背景噪声和干扰中分离出故障引起的振动特征以达到诊断的目的。然而,由于不同的共振模式会在不同的机器运转条件下被激发,简单地应用传统的包络频谱分析并不能保证一致的结果。研究发现,结合基于小波的多尺度包络和谱分析的多尺度包络谱(MuSEnS)技术可显著提高轴承故障诊断的有效性(Yan 和 Gao 2005b)。简单来说,多尺度包络谱技术应用基于复值小波的多尺度技术提取信号的包络;然后在每个尺度 s 上,对提取的包络信号 $env_{wt}(s,\tau)$ 进行傅里叶变换,产生各尺度 s 上的原始信号的"包络频谱"。这样的包络频谱可以表示为

$$ENV_{wt}(s,f) = F[env_{wt}(s,\tau)] = \frac{1}{2\pi}\int_{-\infty}^{\infty} \|wt_c(s,\tau)\| e^{-i2\pi f\tau} d\tau \qquad (6-16)$$

其中,包络信号 $env_{wt}(s,\tau)$ 由式 (6-15) 获得,并直接从原始信号小波系数 $\|wt_c(s,\tau)\|$ 的模数计算得到。$ENV_{wt}(s,f)$ 的运算结果是一个二维矩阵,每一行对应振动信号在特定尺度 s 下的包络频谱,它的每一列对应所有尺度上的包络频谱的特定频率分量。计算 $ENV_{wt}(s,f)$ 幅值的二次方可以得到

$$E(s,f) = |ENV_{wt}(s,f)|^2 \qquad (6-17)$$

其被称为能量谱,即为多尺度包络谱的最终输出,展示的是能量如何分布在尺度 - 频率平面内。从可视化的角度这样的结果可以显示在一个三维尺度 - 频率 - 能量图上,它可以表明故障相关的频率成分的强度和位置。多尺度包络谱技术应用到轴承故障诊断将在下一节介绍。

1. 数值仿真

为定量评价多尺度包络谱技术,一个包含了不同成分且反映滚动轴承振动的信号首先被合成出来。一般情况下,来自轴承的振动信号可能包括以下组成部分:

1)由轴承不平衡引起的振动,特征频率是 f_u。它与轴承的旋转速度相等且发生在轴承的重心与其转动中心不重合时。

2)由于轴承偏心引起的振动,频率为 f_m。它等于两倍的轴转速且发生在轴承的两滚道(内、外)不在同一平面上,导致滚道轴线不平行于旋转轴的轴线时。

3)由于滚动体周期性经过外圈滚道上的某个固定参考位置引起的振动,频率为 f_{BPFO}。

4)由其他组成部分引起的结构固有的振动,其具有宽带特性且可以被建模为白噪声。

当轴承(内圈或外圈)滚道表面发生局部结构故障时,每次滚动体与结构故障相互作用都将产生一系列冲击,激励起轴承系统的强迫振动。强迫振动通过高频共振方式表现出来,其振幅按冲击的重复频率被调制。

对于数值仿真,由于其他振动分量可通过数据预处理予以滤除,在合成信号中仅考虑了故障引起的共振振动和结构本身的振动。仿真中的共振振动通过测量球轴承(型号2214)的脉冲响应实验获得。该轴承有17个滚动体,当它在300r/min的转速下旋转时,由于滚动体和故障的相互作用,轴承每转一圈共产生八次冲击。这对应于25ms 冲击间隔或40Hz 的信号重复频率。图6-9a 给出了这样一系列故障冲击相关的振动。通过给这些振动加入白噪声,然后产生合成信号来模拟由于外滚道局部故障产生的实际轴承振动。合成信号的信噪比(SNR)设为 -12dB。合成信号的时域和频域波形如图6-9b 和图6-9c 所示。由于噪声的干扰,除了2500~3500Hz 范围内相对占主导的频谱分量外,没有明显的信号特征被识别出来。

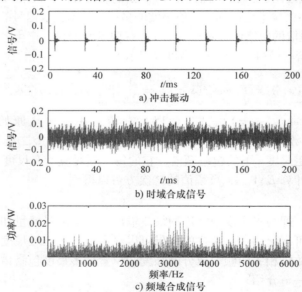

图6-9 一系列冲击振动、合成信号(信噪比(SNR) = -12dB)及其频谱

采用基于小波的多尺度包络谱技术对合成信号进行分析,其中复值 Morlet 小波用作基小波用于故障特征提取。选取范围从 1~6(增量为 s_i)的一系列等距尺度来拉伸复值 Morlet 小波,从而提取合成信号中的故障相关特征。尺度的下限和上限分别对应小波中心频率 10000Hz 和 1667Hz,这确保了故障引起的共振振动分量可以完全被小波变换覆盖。为了增加故障引起的共振振动的频率匹配小波中心频率的

概率，应该优选一个小尺度的时间间隔。然而一个小尺度的时间间隔使得更多的尺度参与到信号分解中，导致计算量的增加，因此须在精度和计算时间之间做出权衡。在前期研究的基础上，在本研究中采用增量 $s_i = 0.2$。如图 6-10 所示的多尺度包络谱中，40Hz 的频率上可识别出有高能量集中，其对应着故障相关的重复频率。与故障有关的 80Hz 的谐波分量也清晰地显示在谱图中。这一结果表明，多尺度包络谱算法对识别隐藏在轴承振动信号中的故障特征非常有效。

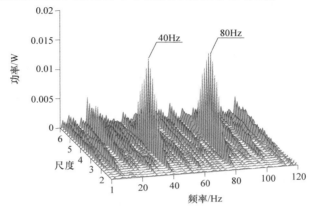

图 6-10　基于多尺度包络频谱技术的合成信号故障重复频率检测

2. 案例研究

多尺度包络谱算法诊断轴承故障的第一个案例研究的是滚柱轴承。在外圈滚道上预先设置一个故障为 0.1mm 直径大小的孔。轴承上施加一个 3665N 的径向载荷，轴转速是 1200r/min（或 20Hz 旋转频率）。基于轴承的几何参数和转速，可以确定故障相关的重复频率为 $f_{BPFO} = 5.25 f_{rpm}$ 或 105Hz（Harris 1991）。图 6-11 显示了在

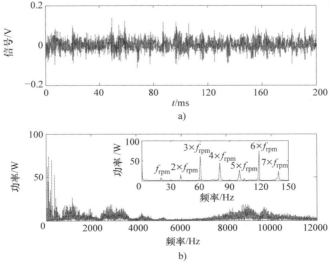

图 6-11　滚柱轴承及其功率谱测量的信号

25kHz 采样频率下获得的轴承振动信号。从它相应的功率谱看出在频率区域 [0,150Hz] 与轴承旋转相关的分量明显占主导地位。然而，故障相关的频率分量 105Hz 被淹没在频谱中，因此不能被识别出。

随后用多尺度包络谱算法去分解轴承信号。所选的尺度在 1~8 之间，增量是 0.2。这些尺度覆盖了频率范围 1.56~12.5kHz。轴承振动信号相应的多尺度包络谱如图 6-12 所示。2 个主要波峰分别清楚地显示在 20Hz 和 105Hz 频率线上。20Hz 分量存在于整个尺度范围内，并与轴承旋转速度相关。105Hz 分量在 1~2.4 尺度上被识别出，它代表轴承外滚道的结构故障引起的重复频率。这表明多尺度包络谱能够清楚地识别出结构故障的存在，并能判断出其在外滚道上，从而实现诊断的目的。

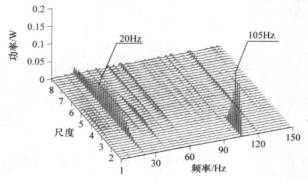

图 6-12 滚柱轴承带有外滚道结构故障的振动信号的多尺度包络谱
(转速：1200r/min；径向载荷：3665N)

多尺度包络谱算法用于轴承内滚道故障诊断的第二个案例研究的是滚珠轴承（型号 SKF 6220）。基于轴承的几何形状和转速（600r/min），可以计算得出故障相关的重复频率为 $f_{BPFI} = 5.9 f_{rpm}$ 或 59Hz（Harris 1991）。在轴承上施加 10000N 的径向负荷，如图 6-13 所示与轴转速和滚珠旋转相关的频率成分显示在功率频谱中，

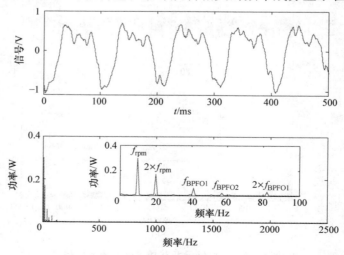

图 6-13 滚珠轴承信号和它的功率频谱

但没有识别出与故障相关的重复频率。

随后把多尺度包络谱算法应用到相同的信号，分解尺度选择在 2~10 之间，增量为 0.2。该尺度覆盖的频率范围为 500~2500Hz。如图 6-14 所示，除了与转轴频率及其谐波相关的频率成分，一个明显的峰值出现在 59Hz 处，这是与内圈故障相关的重复频率。这表明，在球轴承内圈滚道上存在结构故障。在 49Hz 和 69Hz 频率线上的波峰归因于轴承不平衡造成的 10Hz 频率和结构故障造成的 59Hz 频率的协同影响，因为它们可以被计算为 59Hz ± 10Hz。

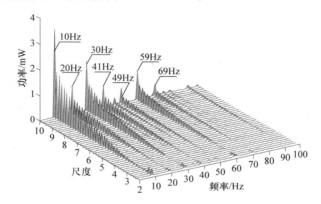

图 6-14　带有内滚道结构故障的滚珠轴承振动信号的多尺度包络谱
（转速：600r/min；径向载荷：10000N）

6.4　总结

本章介绍了一种基于小波变换的多尺度包络技术。这种多域信号处理技术把带通滤波（通过改变基小波的尺度参数 s 实现）和包络（通过小波系数的模计算获得）整合成一步操作。通过对注塑成型中压力测量的超声波脉冲分离和旋转机械中的轴承故障诊断这两个例证的研究，我们从数值分析和实验两方面证明了多尺度包络技术的有效性。

在多尺度包络技术用于识别注塑成型过程中产生的超声波脉冲时，不仅频谱相同时间相邻，而且时间重叠频谱相邻的超声波脉冲都可以被检测和分离。该方法通过在注塑模具的不同位置放置不同工作频率的多个传感器实现对空腔压力分布的完整覆盖。当小波包络与频域后处理技术相结合时，可形成一种称为多尺度包络谱的新算法。通过对与轴承结构故障相关的关键特征的提取，我们展示了这种新的算法比传统的包络频谱分析更加准确和更具说服力。由于在制造设备和系统监控方面的许多应用都涉及旋转机械部件（如轴承、主轴、齿轮箱等），利用多尺度技术可有助于提高并解决各种机械监控问题。

6.5 参考文献

Choy FK, Zhou J, Braun MJ, Wang L (2005) Vibration monitoring and damage quantification of faulty ball bearings. ASME J Tribol 127(3):776–783

Gao R, Kazmer D, Theurer C, Zhang L (2001) Fundamental aspects for the design of a self-energized sensor for injection molding process monitoring. In: Proceedings of NSF design and manufacturing research conference, Tempa, FL

Greguss P (1980) Ultrasonic imaging: seeing by sound. The principles and widespread applications of image formation by sonic, ultrasonic, and other mechanical waves. Focal Press, New York

Hahn SL (1996) Hilbert transform in signal processing. Artech House Inc., Norwood, MA

Harris TA (1991) Rolling bearing analysis, 3rd edn. Wiley, New York

Ho D, Randall RB (2000) Optimization of bearing diagnostic techniques using simulated and actual bearing fault signals. Mech Syst Signal Process, 14(5):763–788

Kiral Z, Karagülle H (2003) Simulation and analysis of vibration signals generated by rolling element bearing with defects. Tribol Int 36:667–678

Lawrence MS (1999) Computing the discrete time analytic signal via FFT. IEEE Trans Signal Process 47(9):2600–2603

Lee BY, Tang YS (1999) Application of the discrete wavelet transform to the monitoring of tool failure in end milling using the spindle motor current. Int J Adv Manuf Technol 15(4):238–243

Liang W, Que PW, Yang G (2006) Ultrasonic flaw detection during NDE of oil pipelines via a resonance filter. Russ J Nondestruct Test 42(6):398–403

McFadden P, Smith J (1984) Vibration monitoring of rolling element bearings by the high frequency resonance technique – a review. Tribol Int 17(1):3–10

McGonnagle WJ (1966) Nondestructive testing, 2nd edn. Gordon and Breach Science Publisher, New York

Oppenheim AV, Schafer RW, Buck JR (1999) Discrete-time signal processing, 2nd edn. Prentice Hall, Upper Saddle River, NJ

Prabhakar S, Mohanty AR, Sekhar, AS (2002) Application of discrete wavelet transform for detection of ball bearing race faults. Tribol Int 35:793–800

Rawabdeh IA, Petersen PF (1999) In-line monitoring of injection molding operations: a literature review. Injection Molding Technol 3:47–53

Theurer C, Zhang L, Gao R, Kazmer D (2001) Acoustic telemetry in injection molding. In: Proceedings of society of plastics engineers annual technical conference, process monitoring and control division, vol 51. Dallas, TX, pp 208–213

Tse PT, Peng YH, Yam R (2001) Wavelet analysis and envelope detection for rolling element bearing fault diagnosis – their effectiveness and flexibilities. ASME J Vib Acoust 123(4):303–310

Wang W (2001) Early detection of gear tooth cracking using the resonance demodulation technique. Mech Syst Signal Process 15(5):887–903

Wu JD, Huang CW, Huang R (2004) An application of a recursive Kalman filtering algorithm in rotating machinery fault diagnosis. NDT&E Int 37:411–419

Yan R, Gao R (2005a) An efficient approach to machine health evaluation based on harmonic wavelet packet transform. Robot Comput Integrated Manuf 21:291–301

Yan R, Gao R (2005b) Multi-scale enveloping spectrogram for bearing defect detection. World tribology congress III, Washington, DC, pp 855–856

Yen G, Lin K (2000) Wavelet packet feature extraction for vibration monitoring. IEEE Trans Ind Electron 47(3):650–667

Yoshida A, Ohue Y, Ishikawa H (2000) Diagnosis of tooth surface failure by wavelet transform of dynamic characteristics. Tribol Int 33:273–279

Zhang L, Theurer C, Gao R, Kazmer D (2004) A self-energized sensor for wireless injection mold cavity pressure measurement: design and evaluation. ASME J Dyn Syst Meas Control 126(2):309–318

第7章 小波变换与傅里叶变换统一框架下的信号分析技术

基于傅里叶变换的频谱分析技术已广泛应用于诸如从制造系统中得到的振动和声学信号的处理（Mori 等 1996；Tandon 和 Choudhury 1999；Cavacece 和 Introini 2002）。由于噪声污染和信号干扰，感兴趣的信号成分可能被淹没在信号中，而难以通过频谱分析展示出来（Ho 和 Randall 2000）。此外，在制造系统中发生的事件从本质上来讲可能是瞬态的，例如一个球轴承滚道表面材料剥落的开始和传播的过程（Gao 和 Yan 2006；Orhan 等 2006）。再者，金属切削的过程可以被看作是由多个单片金属被除去时所产生的单瞬态事件的组合（Ge 等 2004；Obikawa 和 Shinozuka 2004；Byrne 和 O'Donnell 2007；Malekian 等 2009）。傅里叶变换由于其对信号全局进行分析的本质，难以对瞬态过程的出现做出局部定位。另一方面，傅里叶变换可以识别信号的频率成分，从中可以检测到一个特定的事件（例如，局部的轴承缺陷，在轴承内圈、外圈或滚动体出现时具有明显的特征频率）。本章介绍一个统一的时间-尺度-频率分析技术，具体来说就是利用小波变换在瞬态信号分析方面的能力，通过对小波变换提取的数据集进行信号的频谱后处理，以增强信号表示和识别的效果。

7.1 广义信号变换框架

傅里叶变换和小波变换起源于不同的理论平台，每一种技术都从不同的角度对信号进行分析。具体而言，傅里叶变换描述的是信号组成频率成分的能量集中性，而小波变换呈现的是在时间-尺度域中被分析的信号和基小波之间的相似性。为了实现两种信号分析技术的跨域统一，首先需要建立一个通用的信号变换平台，这就是本章的重点。

首先定义一个在一定时间间隔或支撑域 $[0, L]$ 内的函数 $W_{1,0}(t)$，其中符号 L 表示支撑宽度。函数 $W_{1,0}(t)$ 被称为用于信号分析的基本模板函数。接下来，我们定义 $W_{s,u}(t)$，这是 $W_{1,0}(t)$ 的一个衍生函数。对比 $W_{1,0}(t)$，$W_{s,u}(t)$ 的幅值被尺度 s 尺度化，其中 $s \geq 0$ 是一个整数，并且 $W_{s,u}(t)$ 沿时间轴的位置被时间 u 平移化，$u \in R$，R 代表实数集。函数 $W_{s,u}(t)$ 被称为在尺度 s 和时间 u 上的衍生模板函数，其支撑域为 $[u, u+sL]$。一般来说，$W_{s,u}(t)$ 可以依据基本模板函数 $W_{1,0}(t)$ 表示为

$$W_{s,u}(t) = \frac{1}{\sqrt{s}} W_{1,0}\left(\frac{t-u}{s}\right) \tag{7-1}$$

式中，$1/\sqrt{s}$ 是归一化因子。具体来说，它确保衍生模板函数 $W_{s,u}(t)$ 和基本模板函数 $W_{1,0}(t)$ 之间总是满足下列关系：

$$\int_{-\infty}^{\infty} W_{s,u}^2(t)\,\mathrm{d}t = \int_{-\infty}^{\infty} W_{1,0}^2(t)\,\mathrm{d}t \equiv \|W_{1,0}(t)\|^2 \tag{7-2}$$

式（7-2）的物理意义是，所有衍生模板函数和基本模板函数能量保持相等。

在一个线性信号空间，所有衍生模板函数集 $\{W_{s,u}(t): s \geq 0, u \in R\}$ 形成一个连续框架 Γ_c，跨距为尺度 s 和时间 u，按照离散数据采集过程，衍生模板函数的数据点为时间 $u = mkL$，尺度因子 $s = k$，其离散表达式为

$$W_{k,m} = \frac{1}{\sqrt{k}} W_{1,0}\left(\frac{t - mkL}{k}\right) \tag{7-3}$$

式中，$W_{k,m}(t)$ 是 $W_{k,mkL}(t)$ 的简化表达式。在上面的式子中，k 或 $k^{-1} \in N$，$m \in Z$，且 k 和 m 代表连续参数 s 和 u 的离散版本。$k^{-1} \in N$ 对应于 $s < 1$。集合 k 或 $k^{-1} \in N$，$m \in Z$ 形成一个离散框架 Γ_d，跨度为参数 k 和 m，N 是非负整数集，Z 是所有整数的集合。连续框架 Γ_c（或离散框架 Γ_d）提供了用于信号变换的广义框架，且在线性信号空间上完备，任何信号函数 $x(t)$ 可以表示为（Kaiser 1994）

$$x(t) = \int_0^{\infty} \int_{-\infty}^{\infty} C(s,u) W_{s,u}(t)\,\mathrm{d}s\mathrm{d}u \tag{7-4}$$

或者，在离散框架 Γ_d 下：

$$x(t) = \sum_{k=1}^{\infty} \sum_{m=-\infty}^{\infty} C(k,m) W_{k,m}(t) \tag{7-5}$$

在式（7-4）和式（7-5）中，函数 $C(s,u)$ 或 $C(k,m)$ 被看作是测度函数，它表示信号 $x(t)$ 在尺度 s 和特定时间 u 下与衍生模板函数 $\{W_{s,u}(t): s \geq 0, u \in R\}$ 的相关程度。

在离散框架 Γ_d 下，式（7-5）表示的测度函数的意义可以被进一步说明，考虑到在这样的一个框架下有一个完全正交的集 $\{W_{k,m}(t)\}$ 存在。正交特性表明：

$$\int_{-\infty}^{\infty} W_{k_1,m_1}(t) W_{k_2,m_2}(t)\,\mathrm{d}t = \begin{cases} \int_{-\infty}^{\infty} W_{k_1,m_1}^2(t)\,\mathrm{d}t & k_2 = k_1, m_2 = m_1 \\ 0 & \text{其他} \end{cases} \tag{7-6}$$

式中，k_1 和 $k_2 \in \{k\}$，m_1 和 $m_2 \in \{m\}$。利用式（7-6）的特性，式（7-5）两边同乘以 $W_{k_1,m_1}(t)$；在时间域 $(-\infty, \infty)$ 上取积分，得到

$$\int_{-\infty}^{\infty} x(t) W_{k_1,m_1}(t)\,\mathrm{d}t = \int_{-\infty}^{\infty} \sum_k \sum_m C(k,m) W_{k,m}(t) W_{k_1,m_1}(t)\,\mathrm{d}t$$
$$= C(k_1, m_1) \int_{-\infty}^{\infty} W_{k_1,m_1}^2(t)\,\mathrm{d}t \tag{7-7}$$

其中，$k=k_1$，$m=m_1$，重排式（7-7）得

$$C(k,m) = \frac{\int_{-\infty}^{\infty} x(t) W_{k,m}(t) \mathrm{d}t}{\int_{-\infty}^{\infty} W_{k,m}^2(t) \mathrm{d}t} = \frac{\int_{-\infty}^{\infty} x(t) W_{1,0}\left(\frac{t-mkL}{k}\right) \mathrm{d}t}{\int_{-\infty}^{\infty} W_{1,0}^2(t) \mathrm{d}t} \quad (7\text{-}8)$$

等式表明，测度函数 $C(k,m)$ 表示信号 $x(t)$ 和衍生模板函数 $W_{k,m}(t)$ 在尺度 k 时间 mkL 下的相关性（或相似性）。这个概念可以扩展到考虑一个信号变换运算，例如傅里叶变换或小波变换，作为信号和模板函数之间的相关函数运算，结果表达了两个函数之间的相关性测度。当基本模板函数衍生的模板函数的 $C(k,m)$ 值很大或在尺度 s 和时间 mkL 下与信号特征的相关性很大时，模板函数被认为能够很好地匹配对应的特征。因此，特征能被这个特定的模板函数有效地提取出来。与模板函数相关性小的信号分量表示结果将很小或无相关度，从而在分析时被抑制。一个信号可能与不同的模板函数显示不同的相关度。在表 7-1 中，在广义信号变换框架下表述了几个基本的模板函数，后续将会对其进行讨论。

表 7-1　广义变换框架下表达的几个基本模板函数

框架 $\{W_{k,m}(t)\}$		特性
傅里叶基函数	$W_{1,0}(t) = \mathrm{e}^{-\mathrm{j}2\pi t/L}, t \in [0,L)$	指数函数构成一个完备的正交基
Haar 小波基函数	$W_{1,0}(t) = \begin{cases} +1 & 0 \leqslant t < L/2 \\ -1 & L/2 \leqslant t < L \end{cases}, t \in [0,L)$	矩形波构成一个完备的正交基
Daubechies 小波基函数	$W_{1,0}(t) = \psi_{1,0}^{(n)}(t), t \in [0,L)$ [a]	分形形状构成一个完备的正交基

a 根据不同的阶数 n 有不同的小波基函数。

7.1.1　广义框架下的傅里叶变换

一个周期为 T 的信号 $x(t)$ 通过傅里叶变换可以表达为（Bracewell 1999）

$$x(t) = \sum_{n=0}^{\infty} c_n \mathrm{e}^{-\mathrm{j}2\pi nt/T}, \quad -\infty < t < \infty, n \in N \quad (7\text{-}9)$$

式中，c_n 是第 n 阶变换系数。如果一个单周期复指数函数被定义为基本模板函数：

$$W_{1,0}(t) = \mathrm{e}^{-\mathrm{j}2\pi t/L}, t \in [0,L) \quad (7\text{-}10)$$

那么，按照式（7-1）中的定义，对应的衍生模板函数可以表示成

$$W_{k,m}(t) = \frac{1}{\sqrt{k}} \mathrm{e}^{-\mathrm{j}2\pi\left(\frac{t}{kL}-m\right)}, t \in [mkL, mkL+kL) \quad (7\text{-}11)$$

利用衍生模板函数，式（7-9）所表示的信号 $x(t)$ 在广义框架下可以被表示为

$$x(t) = \sum_k \sum_m C(k,m) W_{k,m}(t) = \sum_k \sum_m \frac{1}{\sqrt{k}} C(k,m) e^{-j2\pi(\frac{t}{kL}-m)}$$

$$= \sum_k \left(\sum_m \frac{1}{\sqrt{k}} C(k,m)\right) e^{-j2\pi \frac{t}{kL}} = \sum_k \bar{C}_k V_k(t) \qquad (7\text{-}12)$$

其中，项

$$\bar{C}_k = \sum_m \frac{1}{\sqrt{k}} C(k,m) \qquad (7\text{-}13)$$

表示在傅里叶变换中对应离散尺度 k 各个归一化测度函数的总和，项

$$V_k(t) = e^{-j2\pi \frac{t}{kL}} \qquad (7\text{-}14)$$

代表一个周期指数函数，对于一个给定的尺度 k，在整个时间域（$-\infty$，∞）周期都为 kL。比较式（7-9）和式（7-12）可以看出，当 $L=T$ 且 $c_n = \bar{C}_k$ 时，$k = 1/n$。表达式 $k=1/n$ 表明，一个较高的尺度（k）对应一个较低的频率（n），并且 $c_n = \bar{C}_k$ 仅被定义在频率 n 或尺度 k。通过这个讨论，傅里叶变换可以看作广义框架下定义在尺度为 k 的正交基 $\{V_k(t)\}$ 下的 1 维函数。这个函数中不包括信号特征的时间信息。这可以解释为什么傅里叶变换在提取的频率成分中没有提供时间信息。

7.1.2 广义框架下的小波变换

小波变换利用有限时间间隔（或支撑）在不同的尺度下分解一个信号，从而保持了信号特征的时间位置信息。通过所用模板函数的尺度变化，相较于傅里叶变换中使用的指数（正弦或余弦）函数，可以更有效地提取信号中的非平稳或瞬态特征。小波变换可以表示为

$$C(s,u) = \int_{-\infty}^{\infty} x(t) W_{s,u}(t) dt \qquad (7\text{-}15)$$

式中，$C(s,u)$ 项表示小波系数（或广义信号变换框架中的测度函数）。小波函数 $W_{s,u}(t)$ 由式（7-1）定义。为了减少计算量并避免信号表示中的冗余，通常采用离散的而不是连续的小波变换来分析通过数据采集系统所获得的离散数据点组成的信号。一般来说，离散小波变换使用 2 的幂次尺度来离散化一个信号（Daubechies 1992；Kaiser 1994）。在尺度 $k = 2^n (n \in N)$ 时，离散小波函数 $W_{k,m}(t) (m \in Z)$ 的支撑域为 $T_w = 2^n L$。物理上，$2^n L$ 表示时间分辨率，它随着尺度的对数线性增加，使得可以在不同的分辨率下提取信号特征。小波变换的频率分辨率是时间分辨率的倒数，即 $1/T_w$。它随着尺度变大（即，当 n 增加时）而增加，因此非常适合用于慢变信号。在较低的尺度，频率分辨率降低，使得可以分析快变信号。这与傅里叶变换形成明显对比，傅里叶变换在整个频谱上保持恒定的频率分辨率，并且有一个由信号持续时间确定的时间分辨率。

为了说明小波变换在信号特征提取方面的能力，我们分析一个频率变化的键相

第 7 章 小波变换与傅里叶变换统一框架下的信号分析技术

信号（FSK），它通常用于数据调制和无线数据传输（Gibson 1999）。FSK 信号被表示为

$$x(t) = \begin{cases} \text{square}(2\pi f_1 t) & \text{消息"1"} \\ \text{square}(2\pi f_2 t) & \text{消息"0"} \end{cases} \quad (7\text{-}16)$$

式中，square $(2\pi f_n t)$ 代表一个周期性的带有单位幅值和频率 f_n 的方波。图 7-1 给出了这样一个 FSK 信号的例子，其中 $f_1 = 30\text{Hz}$ 被用于传输数字"1"和 $f_2 = 125\text{Hz}$ 用来发送数字"0"，需要发送的消息是 [1 0 0 1 1 0 1 0 0 0]。这样一个信号 $x(t)$ 是非正弦且非平稳的。

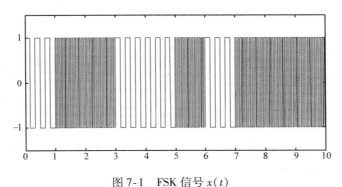

图 7-1 FSK 信号 $x(t)$

为了分析这个信号，我们选择了 Haar 小波作为基小波，因为它的方形波形最匹配 FSK 信号的形状。给定小波的支撑域 $L = 1\text{s}$（参见表 7-1），测度函数 $C(s_1, m)$ 可以通过式（7-8）计算。对于消息"1"，在尺度 $s_1 = 1/f_1$ 和时间 $t = ms_1$ 时，$C(s_1, m)$ 计算为 $\sqrt{s_1}$。对于消息"0"，测度函数 $C(s_1, m)$ 为零。同样，对于消息"0"，在尺度 $s_2 = 1/f_2$，时间 $t = ms_2$ 时，$C(s_2, m)$ 为 $\sqrt{s_2}$。对于消息"1"测度函数 $C(s_1, m)$ 为零。这样的一个小波变换运算结果表明，在尺度 s_1 和 s_2，Haar 小波能够分别确定消息"1"和"0"的时刻，在广义信号变换框架下 FSK 信号 $x(t)$ 表达为如下单一形式：

$$x(t) = \sum_{m=-\infty}^{\infty} C(s_1, m)\psi_{s_1, m}^{(1)}(t) + C(s_2, m)\psi_{s_2, m}^{(1)}(t) \quad (7\text{-}17)$$

结果如图 7-2 所示，其中消息"1"和"0"可以被清楚地分入 2 个不同的尺度。通过比较，使用傅里叶变换来指定在哪个时间哪个消息（1 或 0）被发送是不可行的。在傅里叶变换中正弦和余弦模板函数不匹配 FSK 的方波信号，最终，FSK 信号的频率成分将分布在很宽的频谱上，尤其是当消息"0"和"1"被随机发送时。

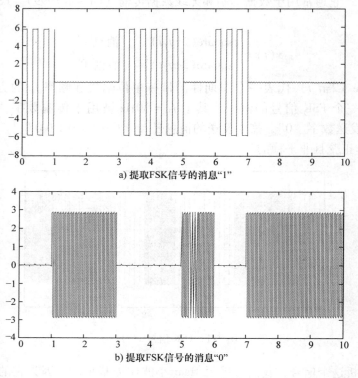

图 7-2 提取的 FSK 信号

7.2 小波变换后的频谱处理

作为一种时间尺度域技术，小波变换利用不同时间分辨率不同尺度的模板函数提取出淹没在信号中的"瞬时"特征。这样的瞬时特征可以通过轴承的滚动体和在滚道表面上的局部缺陷之间的相互作用所产生（例如表面剥落）。当滚动体周期性滚过局部缺陷时，"瞬时"特征以基频 f_0 反复出现，f_0 是该轴承转速的函数。这种关系将反映在轴承振动信号的小波变换中，在某一尺度（s_1）下，测度函数 $C(s_1, m)$ 将沿时间轴保留相同的基频。因此，虽然没有明确的表示，瞬态信号的频谱特征将被保留在小波变换的结果中。由于被噪声和出现在相同尺度中类似频谱特征的其他信号所掩盖，很难单独依靠小波变换来识别这样的隐藏模式。

小波变换的这种约束可以通过将小波变换的测度函数 $C(s_1, m)$ 进行傅里叶变换来弥补。这样的频谱后处理技术揭示了瞬态特性的特征频率位置，并提出了一种处理瞬态信号的分析方法。下面的部分将会阐释这样一个频谱后处理方法是如何实现的。

7.2.1 测度函数的傅里叶变换

在一个完备的线性信号空间中，在尺度 s 下小波提取的数据集可以表示为

$$x_s(t) = \int_{u=-\infty}^{u=\infty} C_s(u) W_s(t-u) du = C_s(t) \otimes W_s(t) \tag{7-18}$$

式中，符号 $\otimes$ 代表测度函数 $C_s(u)$ 和小波函数 $W_s(u)$ 之间的卷积运算。为了在数据集上进行傅里叶变换，测度函数 $C_s(u)$ 的傅里叶变换首先被推导出来。出于这个目的，式（7-15）定义的在固定尺度 s 下的小波变换被改写为

$$C_s(u) = \int_{-\infty}^{\infty} x(t) W_s(t-u) dt \tag{7-19}$$

在式（7-19）中，$C_s(u)$ 和 $W_s(t-u)$ 代表在一个固定的尺度 s 下式（7-15）中对应的 $C(s,u)$ 和 $W_{s,u}(t)$。为了简单起见，通过归一化运算使得式（7-2）中的 $\|W_{1,0}(t)\|^2$ 值设为 1。对于时间 u，$C_s(u)$ 的傅里叶变换记为 $\tilde{C}_s(f)$，推导出

$$\tilde{C}_s(f) = \tilde{x}(f) \tilde{W}_{s,u}(f) \tag{7-20}$$

式中，$\tilde{x}(f)$ 表示信号 $x(t)$ 的傅里叶变换。$\tilde{W}_{s,u}(f)$ 表示小波函数 $W_{s,u}(t)$ 的傅里叶变换，可以推导出

$$\begin{aligned}\tilde{W}_{s,u}(f) &= \int_{-\infty}^{\infty} W_{s,u}(t) e^{-j2\pi ft} dt = \int_{-\infty}^{\infty} \frac{1}{\sqrt{s}} W_{1,0}\left(\frac{t-u}{s}\right) e^{-j2\pi ft} dt \\ &= \frac{1}{\sqrt{s}} \int_{-\infty}^{\infty} W_{1,0}\left(\frac{t-u}{s}\right) e^{-j2\pi ft} \left[s \cdot d\left(\frac{t-u}{s}\right)\right] \\ &= \sqrt{s} \int_{-\infty}^{\infty} W_{1,0}\left(\frac{t-u}{s}\right) e^{-j2\pi fs\left(\frac{t-u}{s}+\frac{u}{s}\right)} d\left(\frac{t-u}{s}\right) \\ &= \sqrt{s} e^{-j2\pi fu} \int_{-\infty}^{\infty} W_{1,0}\left(\frac{t-u}{s}\right) e^{-j2\pi fs\left(\frac{t-u}{s}\right)} d\left(\frac{t-u}{s}\right) \\ &= \sqrt{s} e^{-j2\pi fu} \tilde{W}_{1,0}(sf)\end{aligned} \tag{7-21}$$

组合式（7-21）与式（7-20）得

$$\tilde{C}_s(f) = \tilde{x}(f) \sqrt{s} e^{-j2\pi fu} \tilde{W}_{1,0}(sf) \tag{7-22}$$

令 $\tilde{W}_{1,0}^*(sf) = e^{-j2\pi fu} \tilde{W}_{1,0}(sf)$，式（7-22）可以进一步表示为

$$\tilde{C}_s(f) = \sqrt{s} \tilde{x}(f) \tilde{W}_{1,0}^*(sf) \tag{7-23}$$

式中，上标 $*$ 表示共轭算子。

类似于式（7-19），在离散小波变换的情况下，在固定尺度 s 下离散测度函数 $C_k(m)$ 可以表示为

$$C_k(m) = \int_{-\infty}^{\infty} x(t) W_k(t-mkL) dt \tag{7-24}$$

$C_k(m)$ 对应的傅里叶变换表示为

$$\tilde{C}_k(f) = \tilde{x}(f)\tilde{W}_{k,m}(f) \tag{7-25}$$

在式（7-25）中，$\tilde{W}_{k,m}(f)$ 推导如下：

$$\begin{aligned}\tilde{W}_{k,m}(f) &= \int_{-\infty}^{\infty} W_{k,m}(t)e^{-j2\pi ft}dt = \int_{-\infty}^{\infty}\frac{1}{\sqrt{k}}W_{1,0}\left(\frac{t-mkL}{k}\right)e^{-j2\pi ft}dt \\ &= \frac{1}{\sqrt{k}}\int_{-\infty}^{\infty}W_{1,0}\left(\frac{t-mkL}{k}\right)e^{-j2\pi ft}\left[k\cdot d\left(\frac{t-mkL}{k}\right)\right] \\ &= \sqrt{k}\int_{-\infty}^{\infty}W_{1,0}\left(\frac{t}{k}-mL\right)e^{-j2\pi f(\frac{t}{k}-mL+mL)k}d\left(\frac{t}{k}-mL\right) \\ &= \sqrt{k}e^{-j2\pi fmkL}\int_{-\infty}^{\infty}W_{1,0}\left(\frac{t}{k}-mL\right)e^{-j2\pi fk(\frac{t}{k}-mL)}d\left(\frac{t}{k}-mL\right) \\ &= \sqrt{k}e^{-j2\pi fmkL}\tilde{W}_{1,0}(kf) \end{aligned} \tag{7-26}$$

因此，式（7-25）有如下表示：

$$\tilde{C}_k(f) = \tilde{x}(f)\tilde{W}_{k,m}(f) = \tilde{x}(f)\sqrt{k}e^{-j2\pi fmkL}\tilde{W}_{1,0}(kf) \tag{7-27}$$

令 $\tilde{W}_{1,0}^*(kf) = \tilde{W}_{1,0}(kf)e^{-j2\pi fmkL}$，式（7-27）可以进一步表示为

$$\tilde{C}_k(f) = \sqrt{k}\tilde{x}(f)\tilde{W}_{1,0}^*(kf) \tag{7-28}$$

式（7-23）和式（7-28）表明，测度函数在尺度 s（连续变换）或 k（离散变换）下的傅里叶变换可以看作是原始信号 $x(t)$ 通过一个数据滤波器，这是一个由基小波函数表示的滤波器的收缩（由频率因子 s 或 k）和放大（由因子 $\sqrt{s}$ 和 $\sqrt{k}$）版本。这样的运算建立了测度函数和数据滤波之间的联系，并在基于小波变换的信号分析中具有重要意义。

7.2.2 小波提取数据的傅里叶变换

结合得到的测度函数的傅里叶变换，从连续小波变换提取（或重构）的数据集如式（7-18）中所示的 $x_s(t)$ 的傅里叶变换可以表示为

$$\begin{aligned}\tilde{x}_s(f) &= \tilde{C}_s(f)\tilde{W}_s(f) \\ &= \sqrt{s}x(f)\tilde{W}_{1,0}^*(sf)\sqrt{s}\tilde{W}_{1,0}(sf) \\ &= sx(f)|\tilde{W}_{1,0}(sf)|^2 \end{aligned} \tag{7-29}$$

在离散小波变换的情况下，令式（7-18）中 $s=k$、$u=mkL$，可以得到数据集 $x_k(t)$ 的傅里叶变换为

$$\tilde{x}_k(f) = \tilde{C}_k(f)\tilde{W}_k(f)$$
$$= \sqrt{k}x(f)\tilde{W}_{1,0}^*(kf)\sqrt{k}\tilde{W}_{1,0}(kf)$$
$$= kx(f)|\tilde{W}_{1,0}(kf)|^2 \qquad (7\text{-}30)$$

这表明,在尺度 k 下提取的数据集 $x(t)$ 的傅里叶变换集可以看作是原始信号 $x(t)$ 通过一个低通滤波器的傅里叶变换,滤波器的传递函数可以表示为 $|\tilde{W}_{1,0}(kf)|^2$。如果尺度 k 下的模板函数和信号 $x(t)$ 在时间域的"瞬时"特性有很好的相关性,那么它的傅里叶变换将在频谱中包含强的"干扰"分量。因此,滤波器 $|\tilde{W}_{1,0}(kf)|^2$ 将在尺度 k 下从原始信号 $x(t)$ 中提取"扰动"的信号特征,如式(7-29)和式(7-30)所示。由于这个滤波器和信号中其他组成部分的相关性较低,其他分量将在尺度 k 下衰减。

小波变换后的数据序列经频谱后处理的滤波效果如图 7-3 所示。"瞬时"特性由蓝实线表示,特征是在频谱中基频 f_1 及其谐波($2f_1$ 和 $3f_1$)处有峰值。当选择(或设计)合适的基小波函数分解这一信号时(Holm – Hansen 等 2004),存在一个特定尺度 k 下的基本模板函数使得模板函数和"瞬时"特征之间高度相关。如果这样一个经过小波变换的数据集进行傅里叶变换处理,其结果将是一个与"瞬时"信号频谱相似的数据频谱,其主要频率成分分别在 f_1、$2f_1$ 和 $3f_1$ 处。这样的频谱后处理可以看作数据集被 $\tilde{W}_{1,0}(kf)$ 进行了频域滤波。

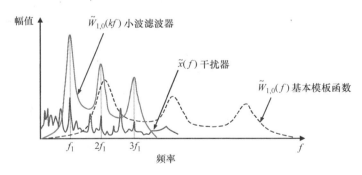

图 7-3 小波变换的滤波效果

7.3 在轴承故障诊断中的应用

本节举例说明如何将以上描述的统一时间 – 尺度 – 频率分析技术用于滚动轴承故障诊断,并通过如图 7-4 所示定制的轴承试验台来验证该技术。试验台通过一个液压系统施加轴向和径向载荷,并通过控制直流驱动电动机来改变轴承的转速。将加速度计（型号8624）放置在壳体上用于振动测量，数据采样频率为10kHz。将一个带有预置结构缺陷的6220型深沟球轴承作为试验轴承。通过在轴承内滚道钻一个0.25mm直径的孔来模拟表面剥落状况。轴承旋转频率f_r和不同部位如轴承内圈（f_{BPFI}）、轴承外圈（f_{BPFO}）或滚动体（f_{BSF}）的故障特征频率的关系可以解析地确定（Harris 1991）。对于该试验轴承，特征频率分别为$f_{BPFI} \approx 5.86 f_r$，$f_{BPFO} \approx 4.1 f_r$，$f_{BSF} \approx 5.3 f_r$（SKF1996）。通过识别这些特征频率以及（或）它们的组合，可以确定轴承结构缺陷的存在。

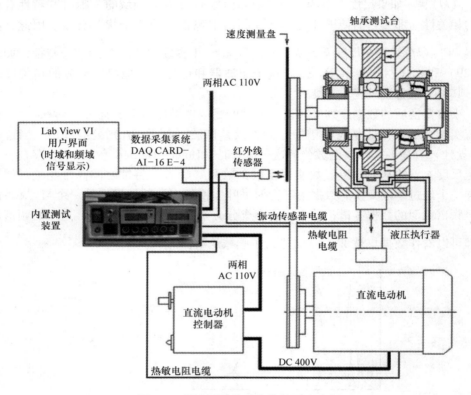

图7-4 带液压加载系统的轴承试验台

在该实验中，主要研究了以下几个问题：

1）统一的时间－尺度－频率分析技术在轴承振动信号中提取故障特征（即特征频率）的有效性，并将其与单独使用傅里叶变换和离散小波变换的有效性进行了对比。

2）新技术在不同小波分解层数的有效性。

3）新技术在不同轴承工作条件（如不同径向载荷、不同轴向载荷、不同的轴转速）下的有效性。

7.3.1 故障特征提取的有效性

为了建立客观比较的基础,在如下的同一工作条件下采集同型号轴承(SKF6220)在无缺陷(即正常)和有缺陷时的振动信号:轴转速 $f_r = 600 \text{r/min}$(即转频10Hz),轴向载荷7038N,径向载荷17468N。图7-5和图7-6分别为这两个信号的时域波形和频谱图,频率分辨率近似为0.3Hz。如图7-6所示,两个频谱中都有两个主要频率成分存在:①滚动体旋转频率(f_{BPFO1},滚珠在外圈的通过频率,下标"1"指的是6220轴承)和②轴承不对中频率(f_m)。与滚动体旋转相关的振动基频为 $f_{\text{BPFO1}} = 41\text{Hz} = 4.1 f_r$。与不对中相关的特征频率为 $20\text{Hz} = 2 f_r$。除了这两个主要成分,还存在与轴承不平衡相关的10Hz频率成分(与 f_r 相同)。然而,两个频谱在视觉上并没有区别,因为与内圈故障相关的特征频率 $f_{\text{BPFI1}} = 58.6\text{Hz}$ 没有被识别出来。这说明了傅里叶变换单独应用时,可能无法有效地检测轴承结构缺陷的存在。

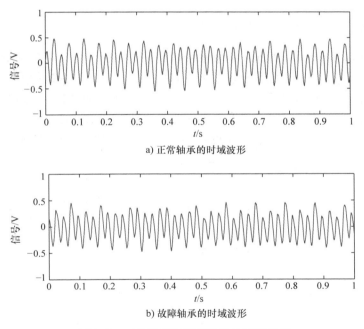

a) 正常轴承的时域波形

b) 故障轴承的时域波形

图7-5　正常轴承和故障轴承的时域信号

同样的信号利用离散小波变换分析,以Db2小波作为小波基。图7-7为振动信号在分解7层时的小波系数,其对应的频率范围为39~78Hz,从而覆盖了故障特征频率 $f_{\text{BPFI1}} = 58.6\text{Hz}$。如图7-7所示,故障轴承的小波系数比正常轴承有更多的动态变化。为了量化它们的差异,计算两个小波系数的方均根(RMS)值。可以发现故障轴承的方均根值(56mV)比健康轴承(22.8mV)的大145%左右。虽

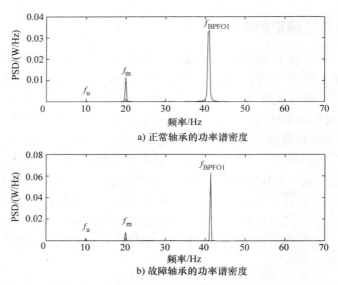

图 7-6 正常轴承和故障轴承的频域分析结果

然该方均根值的增大可以看作一个轴承结构缺陷的指标，但其局限是要设置一个先验性的适当的阈值，来量化区分正常轴承和故障轴承。小波变换的另一局限是，小波系数不提供任何轴承故障部位的信息，因为它不能得到轴承特征频率。

接下来，使用统一时间-尺度-频率分析方法对轴承信号（见图 7-5）进行分析。为此，对该信号的小波系数（见图 7-7）进行傅里叶变换后处理。

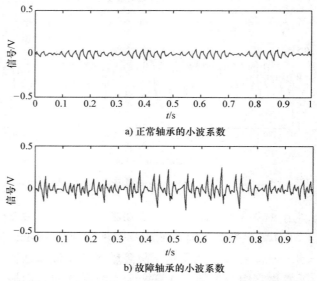

图 7-7 分解层数为 7 时轴承信号的小波分解结果

比较正常（见图 7-8a）和故障（见图 7-8b）轴承频谱，可以看出，内圈故障特征频率 $f_{BPFI1} = 58.6Hz$ 可以被清楚地识别。而正常轴承在该频率处没有出现明显的峰值。频谱进一步表明了其他的几个主要峰值在 $f_m = 20Hz$，$f_{BPFO1} = 41Hz$ 和 $f_{BPFO2} = 56.5Hz$ 处。这些频率反映了故障轴承的不对中（20Hz）及其他轴承的旋转特性。例如，$f_{BPFO1} = 41Hz$ 是 6220 型轴承的滚动体通过频率，$f_{BPFO2} = 56.5Hz$ 与另一个轴承的滚动体旋转相关（2322 型圆柱滚子轴承，下标"2"表示其振动分量）。根据参数 $Z = 14$，$D = 33.5mm$ 和 $dm = 175mm$，可以计算出 2322 型轴承的特征频率为 $f_{BPFI2} = 83.4Hz$，$f_{BPFO2} = 56.5Hz$，$f_{BSF2} = 50.1Hz$。该轴承为试验台的支承轴承。与傅里叶变换和小波变换相比，新的统一时间-尺度-频率分析技术能更有效地提取轴承故障特征。因为它不仅揭示了轴承局部故障的存在，而且故障特征频率表明了故障出现的部位（例如轴承内圈）。

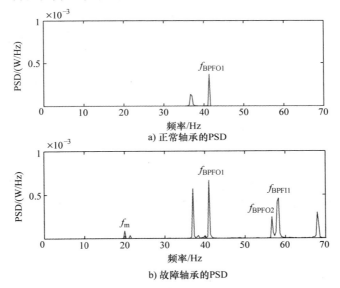

图 7-8 分解层数为 7 时故障特征提取的统一分析

7.3.2 分解层数的选择

当评估该统一时间-尺度-频率分析技术时，需要选择一个特定的分解层数（例如 7 层）来进行小波变换。选择合适的分解层数是基于信号采样率（或频率）f_{sample} 和故障特征频率 f_{char} 的。其关系如下：

$$\frac{f_{sample}}{2^{L+1}} \leqslant f_{char} \leqslant \frac{f_{sample}}{2^L} \tag{7-31}$$

式中，L 表示小波分解层数。例如，当采样频率 $f_{sample} = 10kHz$ 时，与分解层数 $L = 7$ 对应的频率范围为 39~78Hz。表 7-2 中列出了采样速率为 10kHz 时每一层分解所覆盖的频率范围。确定小波变化最合适分解层数的核心在于确保动态信号的频率范围 $[f_{sample}/2^{L+1}, f_{sample}/2^L]$ 尽可能覆盖轴承故障特征频率。

表 7-3 列出了在不同轴承（或轴）转速下，分析轴承内圈故障信号的最佳分解层数。当轴转速为 600r/min 时，故障特征频率 $f_{BPFI1}=58.6$Hz 落在 39~78Hz 的频率范围内，因此分解层数为 7。

表 7-2 采样速率为 10kHz 时每一层分解对应的频率范围

分解层数/L	频率范围/Hz	分解层数 L	频率范围/Hz
1	2500~5000	5	156~312
2	1250~2500	6	78~156
3	625~1250	7	39~78
4	312~625	8	19~39

表 7-3 内圈故障频率检测的最佳分解层数

轴转速/(r/min)	f_{BPFI1}/Hz	分解层数 L	频率范围/Hz
300	29.3	8	19~39
600	58.6	7	39~78
900	87.9	6	78~156
1200	117.2	6	78~156
1500	146.5	6	78~156

选择合适的分解层数的重要性如图 7-9 所示，其中给出了在第 6 层和第 8 层分解故障轴承信号的结果。可以看出，这两层（结合频谱后处理）均无法识别 $f_{BPFI1}=58.6$Hz 的故障特征频率，因为两者的频率范围（第 6 层对应 78~156Hz、

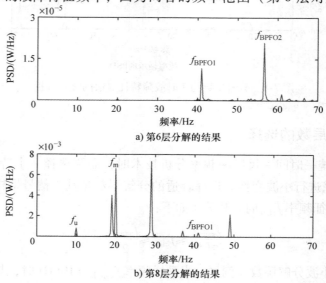

a) 第6层分解的结果

b) 第8层分解的结果

图 7-9 使用 Db2 小波在第 6 层和第 8 层进行统一分析的结果

第 7 章 小波变换与傅里叶变换统一框架下的信号分析技术

第 8 层对应 19~39Hz）和内圈故障特征频率（58.6Hz）不匹配。

7.3.3 轴承运行工况的影响

本节通过设计并进行三组带有预设故障的 6220 型滚动轴承实验，来探讨统一时间–尺度–频率分析技术在不同轴承运行工况下进行故障特征提取的有效性。

1. 径向载荷的变化

图 7-10 所示为 4 种不同载荷情况下故障特征提取的结果。需要指出的是，随

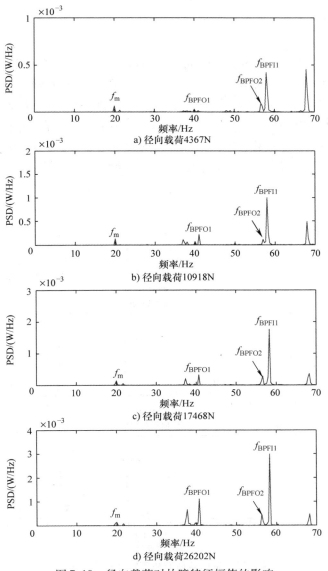

图 7-10 径向载荷对故障特征幅值的影响

着径向载荷从4367N逐渐增加到26202N,轴承故障频率的峰值f_{BPFI1}(=58.6Hz)增长了609.5%,见表7-4。这是因为轴承滚动体施加到故障滚道处的力增大了。当滚动体通过缺陷时,增加的预置力增强了冲击幅度,导致了故障特征幅值的增加。

表7-4 径向载荷对故障信号幅值(f_{BPFI1})的影响

径向载荷/N	PSD/×10^{-3}(W/Hz)	增加的百分比
4367	0.42	—
10918	0.99	135.7%
17468	1.77	321.4%
26202	2.98	609.5%

2. 轴向载荷的变化

图7-11中比较了三种不同的轴向载荷情况,可以明显地看出:轴向载荷的增加会导致故障特征幅值的增加。例如,当施加到轴承上的轴向载荷从0增大到5240N时,故障信号幅值在故障特征频率f_{BPFI1}处增加了4.7%,从3.18×10^{-3}W/Hz增加到3.33×10^{-3}W/Hz,见表7-5。这是因为施加在轴承上的轴向载荷增加了轴承载荷区分布的范围,导致载荷区内故障冲击的数量增加(Harris 1991)。轴向载荷的增加,增强了故障信号在其特征频率处的能量,导致增加了故障特征的幅值。

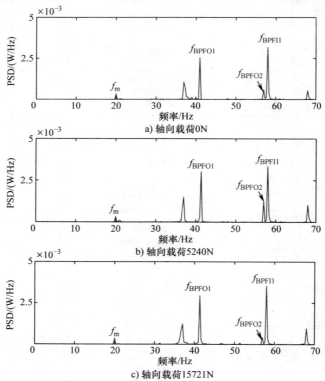

图7-11 轴向载荷对故障特征幅值的影响

表 7-5 轴向载荷对故障特征幅值（f_{BPFI1}）的影响

轴向载荷/N	PSD/×10⁻³（W/Hz）	增加的百分比
0	3.18	—
5240	3.33	4.7%
15721	3.54	11.3%

3. 转速的变化

图 7-12 中的功率谱密度图说明了轴承转速对故障信号强度的影响。随着速度从 300r/min 增加到 1200r/min，故障频率的幅度增加了 71.2%，见表 7-6。随着速度的增加，轴承出现的冲击数量成正比增加，导致故障特征频率 f_{BPFI1} 处的峰值增加。

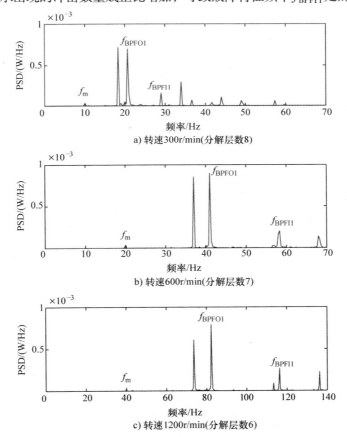

a) 转速300r/min(分解层数8)

b) 转速600r/min(分解层数7)

c) 转速1200r/min(分解层数6)

图 7-12 轴承转速对故障幅值的影响

表 7-6 转速对故障信号幅值的影响（f_{BPFI1}）

轴转速/(r/min)	PSD/×10⁻⁴（W/Hz）	增加的百分比
300	1.56	—
600	2.03	30.1%
1200	2.67	71.2%

7.4 总结

本章介绍了一种基于离散小波变换和频谱后处理技术组合的对信号进行统一时间-尺度-频率的分析技术，并对该技术在提高轴承故障诊断中的有效性进行了研究。在不同轴承运行的工况下，用此技术对 6220 型轴承内圈直径 0.25mm 的局部缺陷进行了成功检测。结果表明，仅基于傅里叶变换的频谱分析技术在检测具有局部轴承故障特征的瞬时分量时是不可靠的，而仅采用小波变换也不能明确地识别故障的具体位置。因此，本章介绍的统一时间-尺度-频率分析技术结合了时间和频域分析两者的优点，比单独使用单一的技术能提供更多故障特征的信息。除了轴承故障诊断，该新技术在对各种制造设备检测时，淹没在振动信号中的故障特征均可以有效地进行检测、提取和识别。

7.5 参考文献

Bracewell, R (1999) The Fourier transform and its applications, 3rd edn. McGraw-Hill, New York

Byrne G, O'Donnell GE (2007) An integrated force sensor solution for process monitoring of drilling operations. CIRP Ann Manuf Technol 56(1):89–92

Cavacece M, Introini A (2002) Analysis of damage of ball bearings of aeronautical transmissions by auto-power spectrum and cross-power spectrum. ASME J Vib Acoust 124(2):180–185

Daubechies I (1992) Ten lectures on wavelets. SIAM, Philadelphia, PA

Gao R, Yan R (2006) Non-stationary signal processing for bearing health monitoring. Int J Manuf Res 1(1):18–40

Ge M, Du, R, Zhang GC, Xu YS (2004) Fault diagnosis using support vector machine with an application in sheet metal stamping operations. Mech Syst Signal Process 18(1):143–159

Gibson J (1999) Principle of digital and analog communication, 2nd edn. Prentice Hall, Inc, Upper Saddle River, NJ

Harris TA (1991) Rolling bearing analysis, 3rd edn. Wiley, New York

Ho D, Randall RB (2000) Optimization of bearing diagnostic techniques using simulated and actual bearing fault signals. Mech Syst Signal Process, 14(5):763–788

Holm-Hansen BT, Gao R, Zhang L (2004) Customized wavelet for bearing defect detection. ASME J Dyn Syst Meas Control 126(6):740–745

Kaiser G (1994) A friendly guide to wavelets. Birkhäuser, Boston, MA

Malekian M, Park SS, Jun M (2009) Tool wear monitoring of micro-milling operations. J Mater Process Technol 209:4903–4914

Mori K, Kasashima N, Yoshioka T, Ueno Y (1996) Prediction of spalling on a ball bearing by applying the discrete wavelet transform to vibration signals. Wear 195(1–2):162–168

Obikawa T, Shinozuka J (2004) Monitoring of flank wear of coated tools in high speed machining with a neural network ART2. Int J Mach Tools Manuf 44:1311–1318

Orhan S, Aktürk N, Çelik V (2006) Vibration monitoring for defect diagnosis of rolling element bearings as a predictive maintenance tool: comprehensive case studies. NDTE Int 39:293–298

SKF Company (1996) SKF bearing maintenance handbook. SKF Company, Denmark

Tandon T, Choudhury A (1999) A review of vibration and acoustic measurement methods for the defection of defects in rolling element bearings. Tribol Int 32:469–480

第8章　用于故障严重程度分类的小波包变换

一旦检测到故障，下一个需要回答的问题就是故障究竟有多严重？机械零件的退化最终会导致机器停机，因此准确评估故障的严重程度对于提前制定维修计划，减少停机时间非常重要。本章介绍怎样应用小波包变换进行故障严重程度分类，以及在轴承中的具体应用。

8.1　子带特征提取

由于机械结构和相关参数的错综复杂，一般很难直接从时域测量的数据评估机器的状态。通常的做法是提取其"特征"用以识别隐含在数据中的特性和模式，而这些特征揭示了被监测机器的状态变化。小波变换的出现提供了一种提取机械时变信号特征的有效工具，如洗衣机（Goumas 等 2002）、滚动体轴承（Mori 等 1996；Prabhakar 等 2002）和机床（Lee 和 Tang 1999；Li 等 2000a，2000b）。作为小波变换的一个扩展，小波包变换（WPT）提供了比小波变换更灵活的时间–频率分解，尤其是在高频区域。而且，小波包变换可以从分解的相应子带中提取信号特征（如能量、峭度值），这样仅需在这些子带进行分析计算。

之前的工作已经研究了用不同的小波包向量来表示轴承在不同的故障条件下的振动（Liu 等 1997）。Altmann 和 Mathew（2001）发现，用覆盖多个子频带的小波包进行特征提取比用传统的带通滤波器可以得到更高的信噪比。对于多级齿轮箱振动信号分析，希尔伯特变换和小波包变换的结合使得初期阶段齿轮故障能够被检测出来（Fan 和 Zuo 2006））。

对一个给定的时域信号 $x(t)$，小波包变换把它分解为若干子带，其可通过得到的小波包系数来表示为

$$x(t) = \sum_{n=0}^{2^j-1} x_j^n(t) \tag{8-1}$$

在式（8-1）中，$x_j^n(t)$ 表示第 j 层、n 子带的小波系数。"特征"可以从每个子带的系数中提取出来，从而反映被监测机器的状态。

8.1.1　能量特征

信号包含的能量是对一个信号的定量测量，它唯一地刻画了信号的特征。包含在信号 $x(t)$ 中的能量可以表示为

$$E_{x(t)} = \int |x(t)|^2 dt \tag{8-2}$$

信号所含的能量也可以从信号变换的系数中计算出来。在小波包分解中，系数 $x_j^n(t)$ 量化了每个子带包含的能量。信号中所含的总能量等于每个子带的能量之和，可以表示为

$$E_{x(t)} = \sum_{n=0}^{2^j-1} \int |x_j^n(t)|^2 dt \tag{8-3}$$

由于信号每个子带所包含的能量与故障严重等级直接相关，它是反映一个机器状态的指标或特征。从式（8-3），每个子带的能量特征被定义为

$$E_j^n = \int |x_j^n(t)|^2 dt \tag{8-4}$$

类似地，当一个信号用离散的采样值 $x(i)(i=1,2,\cdots,M)$ 来表示时，子带的总能量特征计算如下：

$$E_j^n = \sum_{i=1}^{M} x_j^n(i)^2 \tag{8-5}$$

8.1.2 峭度

峭度是无量纲的统计度量，它刻画了一个信号的概率密度函数的平整度。一个冲击信号比随时间缓慢变化的信号有更大的峭度值，如图 8-1 所示。

在数学上，一个信号的峭度用四阶矩来定义：

$$K_{x(t)} = \frac{E[(x(t)-\mu_{x(t)})^4]}{\sigma_{x(t)}^4} \tag{8-6}$$

式中，符号 $\mu_{x(t)}$ 和 $\sigma_{x(t)}$ 分别表示信号 $x(t)$ 的均值和标准差。符号 $E[\cdot]$ 表示求期望值操作。表 8-1 列出了几种典型信号的峭度值。应该指出的是，峭度不依赖于信号的幅值。

表 8-1 几种典型信号的峭度值

信号	峭度
方波信号	1.0
正弦信号	1.5
高斯信号	3.0
脉冲信号	>3.0

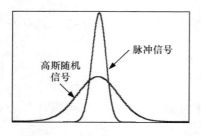

图 8-1 信号的概率密度函数

对于每个子带的小波包系数，相应的峭度值定义为

$$K_j^n = \frac{E[(x_j^n(t)-\mu_{x_j^n(t)})^4]}{\sigma_{x_j^n(t)}^4} \tag{8-7}$$

式中，符号 $\mu_{x_j^n(t)}$ 和 $\sigma_{x_j^n(t)}$ 分别代表小波包系数 $x_j^n(t)$ 的均值和标准差。

当小波包系数采样为 $x_j^n(i)$ 时，峭度用下式计算：

$$K_j^n = \frac{\sum_{i=1}^{N}[x_j^n(i) - \mu_{x_j^n(i)}]^4}{N\sigma_{x_j^n(i)}^4} \qquad (8-8)$$

式中，符号 $\mu_{x_j^n(i)}$ 和 $\sigma_{x_j^n(i)}$ 分别代表小波包系数 $x_j^n(i)$ 的均值和标准差。

虽然信号的能量是一个鲁棒性指标，但其对初始故障的表征并不敏感，而峰值对于初始故障有高的灵敏度但稳定性低（Yan 和 Gao 2004），把这两个特性结合起来而不是单独使用可以更好地描述信号的特征。假设我们把一个信号分解成 4 层（例如 $j=4$），它产生 2^j 即 $2^4 = 16$ 个子带。这样能量和峭度从每一个子带计算出，将会有 2×2^j 即 $2 \times 2^4 = 32$ 个特征从信号中提取出来。这些特征可以用特征向量表示为

$$FV = [E_j^0, E_j^1, \cdots, E_j^{2^j-1}, K_j^0, K_j^1, \cdots, K_j^{2^j-1}]^T \qquad (8-9)$$

为了简化，式（8-9）可以表示为

$$FV = \{f_l | l = 1, 2, \cdots, p\}, p = 2^{j+1} \qquad (8-10)$$

式中，$f_1 = E_j^0$，$\cdots$，$f_{2^j} = E_j^{2^j-1}$，$f_{2^j+1} = K_j^0$，$\cdots$，$f_p = K_j^{2^j-1}$。

确定式（8-10）中哪个特征在描述故障方面是最有效的通常并不是一个简单且直截了当的过程，因为特征的有效性可能被其他因素影响，例如传感器的特定位置以及根据信噪比或信号污染程度确定的信号质量。此外，使用更多的特征可能不一定提高故障严重程度评估的有效性，反而增加了计算成本（Malhi 和 Gao 2004）。由于故障产生的信号通常反映在特征频率的变化上（例如故障特征频率随故障尺寸的增大而发生偏移），机器状态的退化主要体现在一定的子带内，而其他子带包含的信息与故障无关。这表明从基于小波包变换的特征集中选择用于识别的重要特征是必需的。

8.2 关键特征选择

本部分介绍了两种特征选择方法：Fisher 线性判别式（FLD）分析和主分量分析（PCA）。我们的目标是通过仅仅检查那些能够区分信号（代表不同的机械故障严重程度）的子带特征，从而提高效率且不丢失相关的关键信息，确保诊断的可靠性。

8.2.1 Fisher 线性判别式分析

距离测度，如 Bhattacharyya 距离、Kolmogorov 距离和 FLD（Fukunaga 1990；Yen 和 Lin 2000；Duda 等 2001），已经用于两类信号的区分。一般而言，两类信号

中两个特征成分之间的距离越大,将它们分开就越容易。图 8-2 中的两个特征分量分别来自于正常的和有故障的轴承的两个信号。图中右边部分的特征比那些左边部分的特征更容易被分离,因为两者的概率分布不重叠。与左边图的两个特征相比,它们有相对较小的标准差分布和较大的均值距离。其结果是这一对特征比另一对特征具有较高的辨别力。

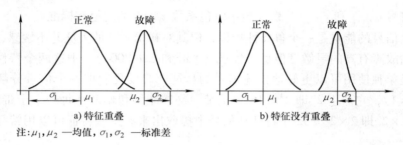

图 8-2 基于局部成分距离的特征判别

这里介绍的用于特征选择的有效方法是评估类对中每个个体特征的判别能力。低判别能力的特征在数据分析过程中被排除,因为它们只包含一点有用的信息。这可以通过式(8-10)中特征向量 $FV = \{f_l | l = 1, 2, \cdots, p\}$ 的排序来实现(Kittler 1975),如下:

$$J(f_1) \geq J(f_2) \geq \cdots \geq J(f_d) \geq \cdots \geq J(f_p) \quad (8\text{-}11)$$

式中,$J(\cdot)$ 是用于评估一个特定特征判别能力的准则函数。这里介绍 Fisher 线性判别式的应用(Duda 等 2000),其中,用于区分类对的准则函数如下:

$$J_{f_l}(i,j) = \frac{|\mu_{i,f_l} - \mu_{j,f_l}|^2}{\sigma_{i,f_l}^2 + \sigma_{j,f_l}^2} \quad (8\text{-}12)$$

式中,符号 μ_{i,f_l}、μ_{j,f_l} 和 σ_{i,f_l}^2、σ_{j,f_l}^2 分别代表第 l 特征 f_l 在类 i 和 j 的均值和标准差。在机械故障诊断系统中,因为通常需要评估分类超过两种故障的严重程度,从通用性的角度,这里给出对带有 $k(k-1)/2$ 类对的 k 类 p 个特征分量的选择。基于 Fisher 线性判别式分析方法的特征选择过程如图 8-3 所示。

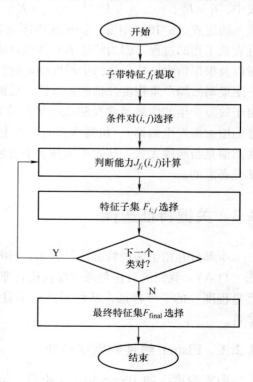

图 8-3 FLD 特征选择流程图

首先通过小波包变换在各种工作条件下（例如速度和负荷）从机械（例如铣床，主轴）信号中提取特征（即子带能量和峭度值）。然后，对于每一组工作条件（例如，1200r/min，3.6kN 的径向载荷），计算每个机械状态所对应特征的均值和标准差。对于由两种不同机械工作状态（例如健康和微弱故障）形成的每一个可能的类对 $\{(i,j) | i=1,2,\cdots,k-1, j=i+1, i+2,\cdots,k\}$，对于每个特征 f_l 的判别能力测度函数 $J_{f_l}(i,j)$ 用式（8-12）计算，并降序排序得

$$J_{f_1}(i,j) \geqslant J_{f_2}(i,j) \geqslant \cdots \geqslant J_{f_d}(i,j) \geqslant \cdots \geqslant J_{f_p}(i,j) \tag{8-13}$$

对每一个类对 (i,j)，选择具有最高相对值 $J_{f_l}(i,j)$ 的前 d 个特征形成特征子集 $F_{i,j}$：

$$F_{i,j} = \{f_l | l=1,2,\cdots,d\}, i=1,2,\cdots,k-1; j=i+1, i+2,\cdots,k \tag{8-14}$$

最后的特征集通过在所有的类对上取每一个特征子集的交集得到

$$F_{\text{final}} = \left\{ \bigcup_{i=1}^{L-1} \bigcup_{j=i+1}^{L} F_{i,j} \right\} \tag{8-15}$$

此特征集随后被选定用来对机械故障严重程度进行分类。

8.2.2 主成分分析

作为一种多元统计技术，主成分分析已被广泛研究并作为一种有效的工具用于过程监控（Kano 等 2001）、结构损伤识别（De Boe 和 Golinval 2003）和机械健康诊断（Baydar 等 2001；He 等 2008）。这归因于它在降维和模式分类上的能力。一般情况下，主成分分析技术旨在确定一系列新的称为主要成分的变量，这些变量在最小二乘意义下最好地代表了数据中的最大变异量，且信息损失最小（Jolliffe 1986）。

假设有 m 个特征矢量 $FV_i (i=1,2,\cdots,m)$ 分别取自 m 个信号。一个 $p \times m$ 特征矩阵 X 可以表示为

$$X = [FV_1, FV_2, \cdots, FV_m] \tag{8-16}$$

式中，符号 FV 表示一个如式（8-10）的 p 维特征向量。根据小波包变换的分解层数 j，特征矢量的维数确定为 $p = 2^{j+1}$。相应地，从特征矩阵 X 构造一个散布矩阵 S：

$$S = E[(X - \bar{X})(X - \bar{X})^T] \tag{8-17}$$

式中，$\bar{X}$ 是 X 的平均值；$E[\cdot]$ 是统计期望运算（Duda et al. 2000）。对散布矩阵进行奇异值分解得到

$$S = A \Lambda A^T \tag{8-18}$$

式中，A 是一个是 $p \times p$ 矩阵，它的列是散布矩阵的正交特征向量，且 $A^T A = I_p$。符号 Λ 表示一个对角矩阵，它的对角元素 $\lambda_1 \geqslant \lambda_2 \geqslant \cdots \geqslant \lambda_p$ 是散布矩阵的特征值。由于矩阵 A 中有最大特征值（即 λ_1 在对角矩阵 Λ）的特征向量是 p 维的特征向量的第一主成分，它比任何其他的特征向量更适合作为代表性特征以识别被监测机械

的状况，例如一个轴承故障的严重程度。结果是主成分分析通过各自的特征值从最高到最低排列特征向量的顺序。这样的排序序列反映了相应成分的重要性顺序。通过检查主要成分的累积方差（例如90%），定义为

$$\text{var} = (\sum_{i=1}^{q} \lambda_i / \sum_{j=1}^{p} \lambda_j) \times 100\% \tag{8-19}$$

一个低维的特征向量 Y 可以构造为

$$Y = A_{p \times q}^{T} X \tag{8-20}$$

式中，$q<p$，和 $A_{p \times q}$ 是 A 的前 q 列。

鉴于主成分分析变换后的特征与故障的物理性质没有直接的对应关系，作为变换特征的 $A_{p \times q}$ 的特征向量只作为从原始 p 维特征向量选择重要特征的基础。这可以通过一个数值模拟来解释。如图8-4所示，4个构造的归一化特征向量 f_1、f_2、f_3 和 f_4 在4个显著的幅值等级周围形成集群。4个特征的每一个有100个采样值，因此每个特征向量是一个 100×1 矢量。4个特征分别模拟从4个集群的平均值随机变化。这基本上类似于对应4种不同故障严重程度的被测数据特征的变化。每个集群对应一个含有25个点的特征。当集群间重叠增加时，从 f_1 到 f_4 4个特征变得越来越不清晰。

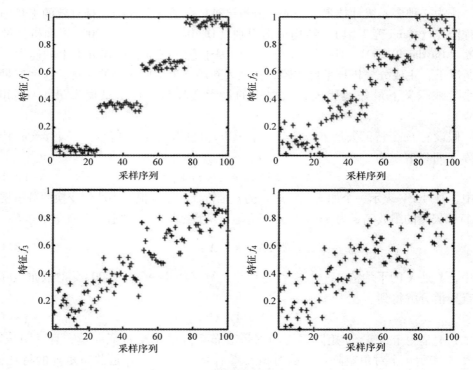

图8-4 用于特征选择的仿真数据 (f_1, f_2, f_3, f_4)。

显而易见的是，一个合适的特征选择方案应该能以相同的顺序排序 f_1、f_2、f_3 和 f_4，如图 8-4 所示。为了从仿真数据集中获得主成分，4 个归一化的特征被收集在一个 4×100 的矩阵 X 中：

$$X = [f_1, f_2, f_3, f_4]^T \tag{8-21}$$

从散布矩阵 S 计算特征值和特征向量。特征向量的矩阵可以表示为 $A = [a_{i,j}]$，其中，$i = 1 \sim 4$，$j = 1 \sim 4$。特征向量 a_4 包括来自矩阵 A 第 4 列的 4 个成分，如 $a_4 = [a_{1,4}\ a_{2,4}\ a_{3,4}\ a_{4,4}]$。类似的安排分别应用于 a_1、a_2、a_3 和 a_4（即 $a_1 = [a_{1,1}\ a_{2,1}\ a_{3,1}\ a_{4,1}]$，$a_2 = [a_{1,2}\ a_{2,2}\ a_{3,2}\ a_{4,2}]$，$a_3 = [a_{1,3}\ a_{2,3}\ a_{3,3}\ a_{4,3}]$）。由于 4 个特征 $f_1 \sim f_4$ 的存在，矩阵 A 是一个 4×4 方阵。选择相应带有最大幅值特征值的特征向量，见表 8-2，数据集的 4 个特征值之一远大于其他 3 个，这说明大部分的变异集中在一个方向。表 8-3 列出了对应于最大特征值的特征向量的成分幅值。因为这对应于 a_4，在数据中代表数据最大变异的特征就这样被识别出来。

表 8-2 仿真数据的特征值

λ_1	0.241
λ_2	0.775
λ_3	1.318
λ_4	32.023

表 8-3 仿真数据的第四特征向量

分量	幅值
$a_{1,4}$	0.599
$a_{2,4}$	0.523
$a_{3,4}$	0.439
$a_{4,4}$	0.417

随后，对 a_4 的 4 个分量的大小进行检查。见表 8-3，$|a_{1,4}| > |a_{2,4}| > |a_{3,4}| > |a_{4,4}|$。这个结果可以依据特征向量（$a_4$）在原始特征空间的方向性来解释。如果原始特征空间的单位向量表示为 u_1、u_2、u_3 和 u_4（其中 $u_1 = [1\ 0\ 0\ 0]^T$，$u_2 = [0\ 1\ 0\ 0]^T$ 等），与形成原始特征空间基础的其他单位向量相比，较高的 $a_{i,4}$ 幅值表示在特征向量方向上 a_4 和 u_i 相似。对于仿真数据，组件 $a_{1,4}$ 有最大的幅值，紧随其后的是 $a_{2,4}$、$a_{3,4}$ 和 $a_{4,4}$。这样，沿着 u_1 的特征是最敏感的，其次是那些沿着 u_2、u_3 和 u_4 的特征。因此，基于主成分分析方案的 4 个特征 $f_1 \sim f_4$ 进行排序，选取最具代表性的特征。

8.3 神经网络分类器

一旦一个合适的特征集（例如 6）从所提取的特征（例如 32）被选出来，机械故障严重程度可以通过状态分类器进行评估。神经网络作为分类器已被应用到机械健康诊断，例如对旋转机械的不平衡、摩擦故障（McCormick 和 Nandi 1997）和轴承故障（Li 等 2000），以及反应器的运行状态（Maki 和 Loparo 1997）分类。一般情况下，神经网络由多层的节点或神经元组成，每层有许多平行的节点通过不同的权重连接到随后层的所有节点（Haykin 1994）。通过某种训练算法调整权重以便神经网络在输出层的输出能够响应输入并反映结构故障严重程度。图 8-5 给出了前馈神经网络的体系结构。对于第 i 连接层，符号 $w^{(i)}$、$b^{(i)}$、$x^{(i)}$ 和 $y^{(i)}$ 分别代表层之间的权重向量、一层的节点偏置、一层节点的输入、输出层的输出。在输出层，一个线性神经元被用来产生一个输出，以表示机械故障的严重程度。

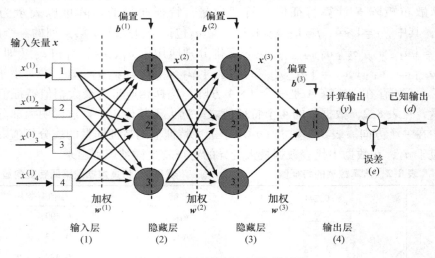

图 8-5 多层前馈神经网络的结构

一个多层前馈神经网络的权重不断更新，它由一组机械故障特征输入向量（x）和已知输出（d）组成的训练数据进行训练。这通过在训练过程中最小化网络计算输出和已知输出之间的误差来实现。考虑 n 对输入输出训练数据 $\{(x_p, d_p)\}$，$p = 1, 2, \cdots, n\}$。对于第 p 对数据 $\{x_p, d_p\}$，网络输出 y_p 的方均误差（MSE）表示为

$$e_p = \sum_{m=1}^{j} (d_{pm} - y_{pm})^2 \tag{8-22}$$

式中，m 是输出层的节点数。假设每个输入向量对应于一个单一的严重程度值，m 的值为 1。对于整个训练数据集，总误差 Err，即学习误差，表示为

$$Err = \sum_{p=1}^{n} e_p = \sum_{p=1}^{n} \sum_{m=1}^{j} (d_{pm} - y_{pm})^2 \tag{8-23}$$

在训练过程中，通过连续不断地更新其带有一定学习规则的结构中的连接权重来最小化学习误差。利用训练数据训练后，所设计的带有连接权重的网络描述了输入和输出之间的关系并可对新输入数据进行正确分类。当输入一个新的与故障数据相关的特征向量时，如果网络没有经过相应的训练，神经网络会在训练数据空间中定位一个新的位置与该故障严重程度相对应。

通常有几种基于梯度的学习规则，通过改变多层前馈神经网络的连接权重 w，来最小化学习误差。不同的学习规则在训练中使用梯度更新权重的方法不同。带有

固定学习速率的最速下降法,是神经网络的传统学习规则,其中第 k 层和 k+1 层之间的权重 $w^{(k)}$ 沿梯度方向调整:

$$\Delta w^{(k)} = -\eta \frac{\partial E}{\partial w^{(k)}} \tag{8-24}$$

式中,η 称为学习速率,固定在 0 和 1 之间。学习过程中,学习速率对收敛速度和权重的稳定性有影响。一般来说,当学习速率 η 接近 0 时,训练误差下降缓慢。相反,如果 η 接近 1,误差可能振荡且不收敛。为了加速最速梯度下降法的训练过程,通过增加动量项对式(8-24)改进(Haykin 1994),表示为

$$\Delta w^{(k)} = -\eta \frac{\partial E}{\partial w^{(k)}} + \alpha \Delta w_{\text{prev}} \tag{8-25}$$

式中,Δw_{prev} 是以前的调整量,实践中动量常数 α 设置为 0.1~1。这种加入动量项平滑了权重更新,并倾向于抵制不稳定的权重变化(Haykin 1994)。网络经过有代表性的数据训练后,它能够对新的测量数据进行评估,并根据其在训练数据集上所学到的规则进行分类。

8.4 构造基于小波包变换的故障严重程度分类

利用小波包变换在子带信号分解中的优点,本部分介绍了基于小波包变换和神经网络分类器的故障严重程度分类算法。它首先用小波包变换处理被测信号,从每个子带的小波系数提取统计特征后,进行关键特征选择,从特征集中确定最重要的特征,随后输入到一个神经网络分类器对故障严重程度进行分类。图 8-6 说明了如何实现提出的算法,其左侧描述了该算法中使用监督学习方式的训练过程(即根据可用的参考数据,表示为信号 1,…,n)。除了提供输入用于构建神经网络分类

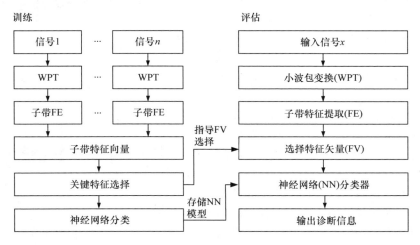

图 8-6 基于小波包变换的故障严重程度分类过程

器的模型，来自特征选择过程的结果用来在评价过程中指导特征向量的选择。图8-6 右侧描述了基于小波包算法的评价过程。一个输入信号经过信号分解、特征提取和特征选择三个过程，最后通过神经网络分类器确定相应的故障严重程度等级。

8.5 案例分析

这里通过两个案例分析对上面所述的基于小波包的机械故障严重程度分类算法给予描述。

8.5.1 案例分析Ⅰ：滚柱轴承故障严重程度评估

第一个研究案例是评价一套预置故障的滚柱轴承故障的严重程度（N205 ECP）。具体而言，测量的振动数据来自于一个新的"正常"轴承作为参考基准和三个包含有不同大小局部故障的轴承：

(a) 在外道有一个直径 0.1mm 的孔
(b) 在外道有一个直径 0.5mm 的孔
(c) 在外道有一个直径 1mm 的孔

图 8-7 中给出了测自正常和有故障轴承的振动信号的片段。

为了给神经网络分类器提供足够的训练和测试数据集，在轴承转速为 1200r/min 和径向负荷为 3600N 条件下，共收集 240 个振动数据集。对于每个运行条件，收集 60 个数据集。每个数据先由小波包变换分解，分析表明从一个四层分解提取的特征提供了足够的信息来区分 4 种故障状态（Gao 和 Yan 2007）。基于在 16 个子带收集的信息（$2^4 = 16$）构造特征向量，其中包含 32 个特征要素（即 16 个子带的能量值和 16 个子带的峭度值）。

然后用 Fisher 线性判别式分析进行特征选择。对应每一种轴承状态，得出每个特征 f_i 的均值和方差。表 8-4 根据 Fisher 判别准则总结了不同状态对提取特

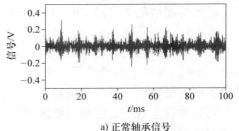
a) 正常轴承信号

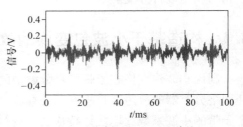
b) 故障轴承(0.1mm孔)信号

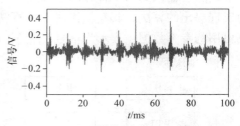
c) 故障轴承(0.5mm孔)信号

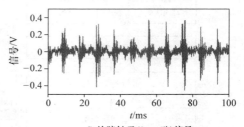
d) 故障轴承(1mm孔)信号

图 8-7 不同状况的滚动轴承振动信号

征的判别能力。对每个状态对（例如健康和轻微故障）首要的3个关键特征（例如E_4^{12}、E_4^{13}和E_4^{14}）选择，最终的特征集通过1个联合运算从列在表8-5中的6个状态对中得到，其中，能量特征E_4^2、E_4^7、E_4^{12}、E_4^{13}、E_4^{14}和E_4^{15}被选为最具代表性的特征，因为它们比其他在表8-4列出的具有更高的判别力。

表8-4 不同子带状态对所提取特征的判别力

子带特征	正常 vs. 轻微	正常 vs. 中度	正常 vs. 严重	轻微 vs. 中度	轻微 vs. 严重	中度 vs. 严重
E_4^0	0.52	2.55	1.80	2.58	2.19	2.15
E_4^1	0.06	48.91	8.57	0.43	0.05	10.49
E_4^2	18.29	695.40	118.62	41.28	8.37	193.98
E_4^3	0.01	110.73	8.86	1.06	0.97	27.86
E_4^4	1222.60	92.10	89.62	1696.00	216.26	52.50
E_4^5	45.20	212.92	125.51	374.81	260.53	11.15
E_4^6	41.60	346.97	61.40	2.88	0.08	5.64
E_4^7	226.86	440.07	191.23	308.11	88.32	71.01
E_4^8	2.41	172.13	7.43	173.16	0.01	183.39
E_4^9	87.38	47.61	4.48	69.18	204.47	52.60
E_4^{10}	466.15	8.60	211.70	916.98	170.90	340.01
E_4^{11}	80.74	14.86	69.41	60.15	15.69	44.79
E_4^{12}	5118.80	1238.00	133.33	7946.10	873.16	12.21
E_4^{13}	12702.00	308.19	2280.10	7397.60	3293.60	788.82
E_4^{14}	3652.80	36.25	2374.40	2414.90	707.70	1414.70
E_4^{15}	1863.40	56.36	12956.60	730.50	86.52	1150.90
K_4^0	2.54	57.50	41.34	0.33	0.10	7.88
K_4^1	0.01	0.33	4.04	0.01	0.01	2.30
K_4^2	0.02	17.60	7.80	0.03	0.01	16.22
K_4^3	0.04	6.98	37.80	0.04	0.03	51.64
K_4^4	0.91	39.95	9.99	0.03	0.25	3.07
K_4^5	0.34	74.66	50.31	0.18	0.15	1.06
K_4^6	0.07	2.33	7.47	0.09	0.10	8.72
K_4^7	7.81	30.13	21.94	1.84	1.90	10.41
K_4^8	0.98	51.73	6.09	0.05	0.14	0.36
K_4^9	0.40	74.16	32.09	0.10	0.18	7.43
K_4^{10}	0.25	14.71	9.05	0.02	0.06	0.51
K_4^{11}	0.89	15.32	38.21	0.11	0.38	3.09
K_4^{12}	0.30	4.62	11.99	0.04	0.02	0.93
K_4^{13}	0.02	9.95	2.88	0.01	0.02	0.92
K_4^{14}	0.03	16.09	3.15	0.02	0.03	2.39
K_4^{15}	0.01	9.42	4.90	0.01	0.01	1.51

表 8-5 通过联合运算 Fisher 线性判别分析得到的最终特征集

子带特征	正常 vs. 轻微	正常 vs. 中度	正常 vs. 严重	轻微 vs. 中度	轻微 vs. 严重	中度 vs. 严重	最终特征集
E_4^2		✓					✓
E_4^7		✓					✓
E_4^{12}	✓	✓		✓	✓		
E_4^{13}	✓		✓	✓		✓	
E_4^{14}	✓		✓	✓	✓	✓	
E_4^{15}			✓		✓	✓	✓

接下来，主成分分析技术应用于特征向量。如图 8-8 前 5 个主成分代表超过 90%的变化，它保留了包含在原始特征集中的大部分信息（Jolliffe 1986）。对于构造相应的子空间主成分矩阵（基于其相应的特征向量），这被认为足够用于从原始的特征向量选择特征。表 8-6 列出了对应前 5 个主成分的特征向量。通过寻找每个特征向量中带有最大值的这些成分，对应的能量值 E_4^0 和 E_4^3，峭度值 K_4^1、K_4^3 和 K_4^{15} 被确定为最具代表性的特征。

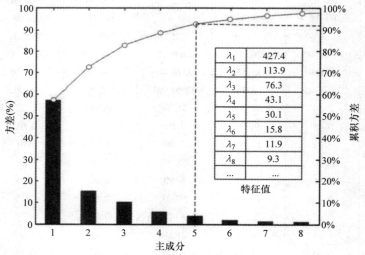

图 8-8 实验轴承主成分的累积方差

表 8-6 滚柱轴承所提取特征的前 5 个特征向量

子带特征	a_1	a_2	a_3	a_4	a_5
E_4^0	0.382	0.106	0.605	0.222	0.069
E_4^1	0.039	−0.128	0.186	−0.013	−0.039
E_4^2	0.060	−0.115	−0.028	−0.388	−0.079

（续）

子带特征	a_1	a_2	a_3	a_4	a_5
E_4^3	0.030	-0.163	0.052	-0.501	0.002
E_4^4	-0.045	-0.025	-0.052	-0.133	-0.035
E_4^5	-0.078	0.015	-0.194	-0.030	-0.011
E_4^6	0.030	0.013	-0.117	-0.094	-0.016
E_4^7	-0.042	0.046	-0.195	0.044	0.014
E_4^8	-0.068	0.100	-0.225	0.270	0.044
E_4^9	-0.098	0.103	-0.252	0.284	0.045
E_4^{10}	-0.046	0.012	0.032	0.069	0.001
E_4^{11}	-0.085	0.019	0.177	0.185	0.004
E_4^{12}	-0.026	0.001	-0.033	-0.012	-0.005
E_4^{13}	-0.021	0.001	0.012	0.016	-0.002
E_4^{14}	-0.021	0.008	0.015	0.040	0.004
E_4^{15}	-0.012	0.009	0.017	0.041	0.004
K_4^0	-0.012	-0.063	0.236	0.067	-0.010
K_4^1	0.482	-0.445	-0.138	0.337	-0.422
K_4^2	0.241	-0.273	-0.088	-0.132	-0.347
K_4^3	0.459	-0.156	-0.081	-0.101	0.745
K_4^4	0.080	0.017	-0.225	0.100	-0.023
K_4^5	0.193	-0.104	-0.176	0.045	0.156
K_4^6	0.030	-0.108	-0.080	-0.288	-0.031
K_4^7	0.016	-0.035	-0.073	-0.133	-0.010
K_4^8	0.036	-0.011	-0.114	0.014	-0.005
K_4^9	0.085	-0.001	-0.120	0.044	0.038
K_4^{10}	0.059	0.041	-0.136	0.025	-0.019
K_4^{11}	0.056	0.063	-0.093	0.010	0.049
K_4^{12}	0.033	0.039	-0.295	0.063	0.078
K_4^{13}	0.294	0.361	-0.124	-0.113	-0.139
K_4^{14}	0.276	0.297	-0.128	0.050	0.056
K_4^{15}	0.295	0.598	0.028	-0.208	-0.263

将选取的特征集输入到一个多层感知（MLP）神经网络用于轴承故障严重程度分类。文献中（Paya 等 1997；Jack 和 Nandi 2001），不同比例（例如，70∶30 或 50∶50）的训练和测试数据被建议用于神经网络分类器，但没有一个固定比例是首选。这里从共收集的 240 个数据集中，对应于每一个状态的数据集，其三分之二用

来训练分类器,剩下的三分之一用于性能验证。这样做的目的旨在提供足够的训练数据以确保分类器的精度。分类比例列于表8-7。当用Fisher判别分析选定的特征集作为输入进入MLP分类器时,对于整个测试数据来说轴承外道0.1mm孔测得的数据只有5%被错误分类,这导致99%的整体分类成功率。当PCA选择的特征集用作MLP的输入时,分类识别率为92%,这低于Fisher判别分析选取的特征集。相反,这个比例仍高于单独使用小波包变换提取的特征作为MLP的输入(88%)和使用原始数据特征作为输入(83%)。这说明在故障严重程度的分类方面,基于小波包变换的特征提取和选择方法是有效的。

表 8-7 滚柱轴承的神经网络分类结果

分类率	WPT 特征 &FLD	WPT 特征 & PCA	WPT 特征	原始特征
无故障	100%	95%	90%	85%
0.1mm 孔	95%	80%	70%	60%
0.5mm 孔	100%	95%	95%	95%
1mm 孔	100%	100%	100%	95%
总体	99%	92%	88%	83%

8.5.2 案例分析Ⅱ:滚珠轴承故障严重程度评估

对于第二个案例分析,数据来源于一个外径52mm的深沟球轴承(型号1100KR)在5498N径向载荷下进行的运行失效寿命实验。该轴承持续运行在2000r/min转速下,且在其外道内预先设置了一个0.27mm宽的槽作为故障。在大约270万转后故障已扩展到整个滚道,预示了轴承几乎失效。本案例研究的目的是探讨故障持续恶化的影响,而前面讨论的案例研究Ⅰ,则关注于离散故障的影响。

在实验过程中按每7min间隔采集振动信号。图8-9给出了随故障传播过程振动幅度的变化趋势,其中3个代表性振动信号也显示在图中,它们在不同测试阶段轴承被检测之后测量得到。为了故障严重性评估的目的,所有采集的振动数据集被划分为3个部分,振幅阈值分别被设置在0.6V和0.9V。如图8-9所示,在运行失效寿命实验中3个部分对应于3个不同的故障扩展阶段。应当指出的是,由于没有关于振动幅度和故障严重程度之间关系的先验知识,在这里3个阶段的选择是依靠经验得出。

振动信号首先被分解成16个子带,然后从每个子带的小波包系数计算能量和峭度特征,形成特征向量。Fisher线性判别分析随后用于特征选择。在不同的轴承故障扩展阶段,得到每个特征f_i的均值和标准差。表8-8根据Fisher判别准则对于不同阶段对,总结了所提取特征的判别力。在每一个阶段对中选前3个关键特

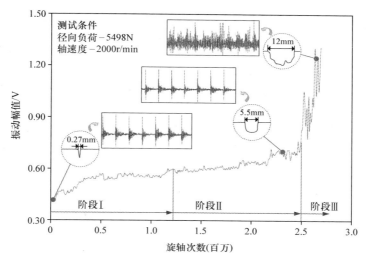

图 8-9 振动幅值与滚珠轴承旋转次数的关系

征,通过联合运算,最终特征集在不同的阶段对中得到(即,阶段Ⅰ和阶段Ⅱ;阶段Ⅰ和阶段Ⅲ;阶段Ⅱ和阶段Ⅲ)。如表 8-9 中所列,峭度特征 K_4^0、K_4^1、K_4^2、K_4^6 和 K_4^{10} 被选择作为最具代表性的特征。

表 8-8 滚珠轴承阶段对在各子带提取特征的分辨力

子带特征	阶段Ⅰ vs. 阶段Ⅱ	阶段Ⅰ vs. 阶段Ⅲ	阶段Ⅱ vs. 阶段Ⅲ
E_4^0	1.08×10^{-8}	1.25×10^{-8}	2.66×10^{-9}
E_4^1	1.30×10^{-8}	1.15×10^{-8}	2.65×10^{-8}
E_4^2	2.23×10^{-9}	1.72×10^{-8}	5.18×10^{-8}
E_4^3	6.13×10^{-7}	6.81×10^{-7}	4.38×10^{-9}
E_4^4	3.54×10^{-7}	4.37×10^{-8}	4.05×10^{-10}
E_4^5	5.54×10^{-7}	2.54×10^{-7}	2.90×10^{-10}
E_4^6	1.81×10^{-8}	5.13×10^{-9}	7.44×10^{-8}
E_4^7	1.82×10^{-5}	1.42×10^{-6}	7.26×10^{-7}
E_4^8	9.94×10^{-7}	5.05×10^{-7}	9.64×10^{-7}
E_4^9	5.54×10^{-6}	3.23×10^{-6}	5.07×10^{-6}
E_4^{10}	5.59×10^{-4}	1.13×10^{-6}	3.62×10^{-7}
E_4^{11}	2.72×10^{-3}	1.49×10^{-5}	1.69×10^{-6}
E_4^{12}	2.15×10^{-6}	1.80×10^{-7}	8.29×10^{-9}
E_4^{13}	5.39×10^{-6}	8.77×10^{-7}	9.99×10^{-8}

(续)

子带特征	阶段 I vs. 阶段 II	阶段 I vs. 阶段 III	阶段 II vs. 阶段 III
E_4^{14}	7.55×10^{-4}	3.40×10^{-6}	2.26×10^{-6}
E_4^{15}	1.24×10^{-3}	1.75×10^{-5}	9.36×10^{-6}
K_4^0	2.07×10^{-1}	2.54×10	1.75
K_4^1	8.18×10^{-2}	4.69×10^{-1}	5.16×10^{-1}
K_4^2	2.35×10^{-3}	1.39	3.14×10^{-1}
K_4^3	9.96×10^{-5}	4.10×10^{-2}	4.11×10^{-2}
K_4^4	7.98×10^{-4}	1.93×10^{-5}	1.34×10^{-5}
K_4^5	3.72×10^{-4}	4.19×10^{-3}	4.61×10^{-3}
K_4^6	1.22×10^{-3}	9.56×10^{-1}	2.37×10^{-1}
K_4^7	6.30×10^{-6}	4.94×10^{-2}	9.81×10^{-3}
K_4^8	3.26×10^{-4}	2.18×10^{-6}	2.76×10^{-6}
K_4^9	2.85×10^{-5}	9.04×10^{-7}	9.47×10^{-7}
K_4^{10}	3.05×10^{-3}	1.05×10^{-6}	8.54×10^{-7}
K_4^{11}	1.57×10^{-3}	6.45×10^{-7}	7.02×10^{-7}
K_4^{12}	1.13×10^{-3}	3.02×10^{-5}	2.23×10^{-5}
K_4^{13}	5.42×10^{-4}	3.45×10^{-6}	2.04×10^{-7}
K_4^{14}	2.64×10^{-4}	5.86×10^{-6}	3.50×10^{-6}
K_4^{15}	7.76×10^{-4}	6.13×10^{-5}	9.54×10^{-6}

表 8-9 滚珠轴承通过 FLD 联合运算得到的最终特征集

子带特征	阶段 I vs. 阶段 II	阶段 I vs. 阶段 III	阶段 II vs. 阶段 III	最终特征集
K_4^0	✓	✓	✓	✓
K_4^1	✓		✓	✓
K_4^2		✓	✓	✓
K_4^6		✓		✓
K_4^{10}	✓			✓

当采用主成分分析法对提取的子带特征向量进行分析时,图 8-10 中所示的前 2 个主成分代表超过 90% 的累积方差,它随后被用作原始特征集的参考特征。表 8-10 列出了对应于前两个主成分的特征向量。第一特征向量中的最高幅度被发现与

第一个成分有关联，第二特征向量中的最高幅度被发现与第三个成分有关联。因此，在子带1和3的能量值（记为E_4^0和E_4^2）被认定为最具代表性的特征。

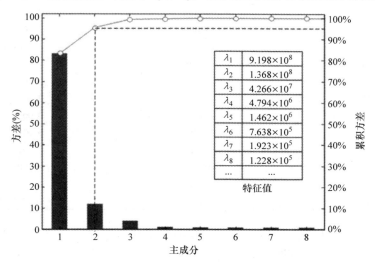

图 8-10 滚动轴承 1100KR 的主成分累积方差

表 8-10 滚珠轴承提取特征的前两阶奇异值

子带特征	a_1	a_2
E_4^0	-0.997	-0.022
E_4^1	-0.033	-0.229
E_4^2	0.024	-0.942
E_4^3	0.027	-0.037
E_4^4	0.027	0.012
E_4^5	0.023	-0.001
E_4^6	0.029	-0.241
E_4^7	0.021	0.004
E_4^8	-0.001	0.001
E_4^9	0.001	-0.001
E_4^{10}	0.003	-0.002
E_4^{11}	0.001	-0.001
E_4^{12}	0.012	0.006
E_4^{13}	0.006	0.004
E_4^{14}	0.003	0.002
E_4^{15}	0.003	0.002
K_4^0	-0.001	-0.001
K_4^1	-0.001	-0.001
K_4^2	-0.001	-0.001
K_4^3	-0.001	-0.001

(续)

子带特征	a_1	a_2
K_4^4	0.001	0.001
K_4^5	-0.001	-0.001
K_4^6	-0.001	-0.001
K_4^7	-0.001	-0.001
K_4^8	0.001	0.001
K_4^9	0.001	0.001
K_4^{10}	0.001	0.001
K_4^{11}	0.001	0.001
K_4^{12}	0.001	0.001
K_4^{13}	-0.001	-0.001
K_4^{14}	0.001	-0.001
K_4^{15}	-0.001	-0.001

依照案例研究 I 相同的程序，对应故障扩展阶段数据集的 2/3 用于训练 MLP 分类器，而剩下的 1/3 数据用于性能验证。见表 8-11，当用 Fisher 线性判别分析方法选择的特征被用作 MLP 分类器的输入时，每个阶段的分类比例分别为 92%、91% 和 94%。这导致了整体分类比例为 92%。相比之下，当使用 PCA 技术选择的特征作为 MLP 的输入时，分类比例较低，分别为 87%、84% 和 88%。此外，当提取自每个子带和原始数据的特征集直接作为 MLP 输入时，分类比例下降到更低的值（例如仅用小波包变换特征整体分类比例为 82%，仅用原始数据特征整体分类比例为 78%）。这再次说明了所提出的故障严重程度分类方法的有效性。

表 8-11 滚珠轴承的神经网络分类结果

分类率	WPT 特征 &FLD	WPT 特征 & PCA	WPT 特征	原始特征
阶段 I	92%	87%	82%	79%
阶段 II	91%	84%	81%	77%
阶段 III	94%	88%	88%	82%
整体分类率	92%	86%	82%	78%

8.6 总结

本章介绍了一种基于小波包的对机械故障严重程度分类的信号处理方法。从实测振动信号的小波包系数提取子带能量和峭度特征后，分别采用 Fisher 判别准则和主成分分析选出最具代表性的特征。这些特征被用作神经网络分类器的输入来评估机械故障的严重程度。通过用于滚动体轴承故障严重程度分类的两个案例的实验数据分析，验证了该方法的有效性，从而表明这一技术提供了一种非常实用的信号特征提取和选择的方法。除了轴承故障严重程度分类，这种方法还适用于其他机械和机械部件的工作状态分类，从而为机械状态监测和诊断提供了一个有用的工具。

8.7 参考文献

Altmann J, Mathew J (2001) Multiple band-pass autoregressive demodulation for rolling-element bearing fault diagnosis. Mech Syst Signal Process 15:963–977
Baydar N, Chen Q, Ball A, Kruger U (2001) Detection of incipient tooth defect in helical gears using multivariate statistics. Mech Syst Signal Process 15:303–321
De Boe P, Golinval JC (2003) Principal component analysis of a piezo-sensor array for damage localization. Int J Struct Health Monit 2(2):137–144
Duda R, Hart P, Stork D (2000) Pattern classification. Wiley-Interscience, New York
Fan X, Zuo MJ (2006) Gearbox fault detection using Hilbert and wavelet packet transform. Mech Syst Signal Process 20:966–982
Fukunaga K (1990) Introduction to statistical pattern recognition, 2nd edn. Academic, New York
Gao R, Yan R (2007) Wavelet packet transform-based hybrid signal processing for machine health monitoring and diagnosis. In: The 6th international workshop on structural health monitoring, Stanford, CA, pp 598–605
Goumas SK, Zervakis ME, Stavrakakis GS (2002) Classification of washing machine vibration signals using discrete wavelet analysis for feature extraction. IEEE Trans Instrum Meas 51(3):497–508
Haykin, S (1994) Neural networks. Macmillan Publishing Company, New York
He Q, Yan R, Kong F, Du R (2008) Machine condition monitoring using principle component representation. Mech Syst Signal Process. 23(2):446–466
Jack LB, Nandi AK (2001) Support vector machines for detection and characterization of rolling element bearing faults. Proc Inst Mech Eng 215:1065–1074
Jolliffe IT (1986) Principal component analysis. Springer-Verlag New York Inc, New York
Kano M, Hasebe S, Hashimoto I (2001) A new multivariate statistical process monitoring method using principal component analysis. Comput Chem Eng 25:1103–1113
Kittler J (1975) Mathematical methods of feature selection in pattern recognition. Int J Man Mach Stud 7(5):609–637
Lee BY, Tang YS (1999) Application of the discrete wavelet transform to the monitoring of tool failure in end milling using the spindle motor current. Int J Adv Manuf Technol 15(4):238–243
Li B, Chow M, Tipsuwan Y, Hung JC (2000a) Neural-network-based motor rolling bearing fault diagnosis. IEEE Trans Ind Electron 47(5):1060–1069
Li XL, Tso SK, Wang J (2000b) Real-time tool condition monitoring using wavelet transforms and fuzzy techniques. IEEE Trans Syst Man Cybern C Appl Rev 30(3):352–357
Liu B, Ling SF, Meng Q (1997) Machinery diagnosis based on wavelet packets. J Vib Control 3:5–17
Maki Y, Loparo KA (1997) A neural-network approach to fault detection and diagnosis in industrial processes. IEEE Trans Control Syst Technol 5(6):529–541
Malhi A, Gao R. (2004) PCA-based feature selection scheme for machine defect classification. IEEE Trans Instrum Meas 53(6):1517–1525
McCormick AC, Nandi AK (1997) Classification of the rotating machine condition using artificial neural networks. Proc Inst Mech Eng C 211:439–450
Mori K, Kasashima N, Yoshioka T, Ueno Y (1996) Prediction of spalling on a ball bearing by applying the discrete wavelet transform to vibration signals. Wear 195:162–168
Paya BA, Esat II, Badi MNM (1997) Artificial neural network based fault diagnosis of rotating machinery using wavelet transforms as a preprocessor. Mech Syst Signal Process 11(5):751–765
Prabhakar S, Mohanty AR, Sekhar AS (2002) Application of discrete wavelet transform for detection of ball bearing race faults. Tribol Int 35(12):793–800
Yan R, Gao R (2004) Harmonic wavelet packet transform for on-line system health diagnosis. SPIE international symposium on sensors and smart structures technologies for civil, mechanical and aerospace systems, San Diego, CA, pp 512–522
Yen G, Lin K (2000) Wavelet packet feature extraction for vibration monitoring. IEEE Trans Ind Electron 47(3):650–667

第 9 章 信号分类的局部判别基

分析制造系统中机械信号的目标是从其波形中提取相关的特征，有效地表征这些机械的工作状况（例如刀具的破损和齿轮的退化）。正如我们在第 5 章所描述的，在一定的时-频子空间，小波包变换会导致冗余的信号分解。在进行小波包变换时，时-频子空间统称为小波包库。每个子空间由一个小波包节点表示。对于一个具体的信号分析任务如数据压缩、回归或分类，这样的信号分解方式可以从小波包库中选出合适的小波包节点（Saito 1994）。然而，小波包节点的选择依赖于特定的任务。例如第 5 章介绍的最优小波包变换技术适用于信号压缩（Coifman 和 Wicherhauser 1992），其中小波包节点的选择基于最小化信息代价函数（例如香农熵）。本章介绍如何从小波包库中选出一组最优的小波包节点用于信号分类。这种方法在旋转机械的监测和诊断中显示出有效性。

9.1 相异性测度

为了对从一台机器在不同的工作状态下得到的信号进行分类，从信号中提取的特征应该能够清晰地区分该机器的不同工作状态，其中每个状态被认为是一个不同的类。例如，在一个新齿轮箱上测得的信号记为一类，而在一个断齿的齿轮箱上测得的信号被记为另一类。这种类型的特征被称为信号的"辨别"特征。通过小波包变换给信号分类的主要目标是找到最优的一组小波包节点（每个节点代表一个小波包基），它能够尽可能有效地识别不同类别。这可以通过把我们感兴趣的信号利用局部判别基（LDB）算法分解成不同的类来实现（Saito 1994；Saito 和 Coifman 1995）。局部判别基的最优选择取决于信号的性质以及用来区分类别的相异性测度。一般情况下，相异性测度的目标是评估不同类别中小波包节点间的"统计距离"。许多相异性测度已被提出（Basseville1989；Saito 1994；Saito 等 2002；Umapathy 和 Krishnan 2006；Umapathy 等 2007），其中下面 4 种测度与局部判别基算法的应用相关。

9.1.1 相对熵

相对熵是首先用于识别局部判别基的相异性测度之一（Saito 1994）。基于相对熵的定义，将这种相异性测度定义为

$$D_1(p^1,p^2) = \sum_{i=1}^{n} p_i^1 \log \frac{p_i^1}{p_i^2} \tag{9-1}$$

式中，$\sum_{i=1}^{n} p_i^1 = 1$ 和 $\sum_{i=1}^{n} p_i^2 = 1$。符号 p^1 和 p^2 分别表示非负序列。假定对于 $x>0$，$\log 0 = -\infty$，$\log\left(\frac{x}{0}\right) = +\infty$，和 $0 \times (\pm \infty) = 0$。两个系列的判别信息 $D_1(p^1,p^2)$ 测量了 p^1 和 p^2 的分布是如何不同。从定义可以看出，非负序列 p^1 和 p^2 可以视为概率密度函数。由于在每个小波包基内小波系数的归一化能量（即表示能量分布）实际上是一个与小波包节点相关联的概率密度函数的表达式，可以用式（9-1）来替换。因此，相对熵可以作为局部判别基算法的一种相异性测度。此外，式（9-1）表明相对熵测度 D_1 是非负的，且如果两序列 p^1 和 p^2 相同，则式（9-1）等于零。两个序列的区别性越大，相对熵测度 D_1 则越高。然而应该指出的是，式（9-1）所示的相对熵测度仅适用于一个两类问题。对于多类问题（例如四种不同情况下的变速箱，（a）无故障，（b）轻微磨损，（c）中等磨损和（d）断齿），可将基于相对熵的相异性测度修改为

$$D_1(\{p^m\}_{m=1}^{L}) = \sum_{a=1}^{L-1} \sum_{b=a+1}^{L} D_1(p^a,p^b) \tag{9-2}$$

式中，L 是类数。式（9-2）表示多类问题的相异性测度是对每一对两类相对熵求总和。

9.1.2 能量差

一个信号的小波包变换的分解结果中与小波包节点 (j,k) 相关的归一化能量可以表示为

$$E_{j,k} = \frac{\sum_{l=1}^{M} |x_{j,k,l}|^2}{E_{x(t)}} \tag{9-3}$$

式中，符号 j 和 k 分别表示小波包分解层数和子频带。j 和 k 共同定义了一个小波包节点 (j,k)。$x_{j,k,l}$ 表示在节点 (j,k) 中的第 l 个小波包系数，M 表示这个节点小波系数的个数。$E_{x(t)}$ 是包含在信号中的总能量。

来自两类（1类和2类）信号的小波包节点 (j,k) 的归一化能量之间的差异可以被定义为一个相异性测度，其表达式为

$$D_2(E^1,E^2) = E_{j,k}^1 - E_{j,k}^2 \tag{9-4}$$

其中符号 $E_{j,k}^1$ 和 $E_{j,k}^2$ 分别代表与小波包节点 (j,k) 相关的1类和2类信号的归一化能量。因为每一个小波包节点对应于一个时-频子空间，在一个节点计算的归一化能量表示了信号在特定子频带的能量分布。两类信号在一个特定的节点上能量分布的差异越大，该节点对于区分这两类就越重要。类似于式（9-1）所表示的定义，

式（9-4）表示用于一个两类问题的能量差测度。对于多类问题，基于能量差的相异性测度表示为

$$D_2(\{E^m\}_{m=1}^L) = \sum_{a=1}^{L-1}\sum_{b=a+1}^{L} D_2(E^a, E^b) \qquad (9\text{-}5)$$

式中，L 是类的数量。式（9-5）表示多类问题的相异性测度是每两类信号能量差的总和。

9.1.3 相关指数

相异性测度也可以从 1 类和 2 类小波包节点 (j,k) 之间的相关性来定义。这种测度可以用来识别那些 1 类和 2 类信号之间时间特性差异的节点。当用于两类问题时，基于相关指数的相异性测度可表示为

$$D_3(x^1, x^2) = \langle x_{j,k,l}^1, x_{j,k,l}^2 \rangle \qquad (9\text{-}6)$$

其中符号 j、k 和 l 分别代表分解层数、子频带和时间位置；$x_{j,k,l}^1$ 和 $x_{j,k,l}^2$ 表示 1 类和 2 类小波包节点 (j,k) 的小波系数。在特定的节点，若它的平均相关系数低，则表明这两个类之间差异性较大。类似地，对于一个多类问题，基于相关指数的相异性测度表示为

$$D_3(\{x^m\}_{m=1}^L) = \sum_{a=1}^{L-1}\sum_{b=a+1}^{L} D_3(x^a, x^b) \qquad (9\text{-}7)$$

其中，L 是类数量。式（9-7）表示多类问题的相异性测度是所有类中每一对相关指数的总和。

9.1.4 非平稳性

小波包系数的非平稳性也可以用来衡量相异性。对一个给定的节点 (j,k)，非平稳性可由沿着小波包系数各段的方差计算得到。1 类和 2 类之间方差的比值表示了两类之间非平稳性方面的偏差量。因此，对于一个两类问题，基于非平稳性的相异性测度可以定义为

$$D_4(v^1, v^2) = \frac{\text{var}[v_{j,k}^1]}{\text{var}[v_{j,k}^2]} \qquad (9\text{-}8)$$

其中符号 j 和 k 分别代表小波系数的分解层数和子频带；符号 v^1 和 v^2 是方差向量。它们中的每一个都包含了 L 个方差，在节点 (j,k)，它们基于 1 类和 2 类信号相等分割的小波包系数得到。例如，给定一个 1 类信号，它有 4096 个数据点，在节点 $(2,1)$，因为 $4096/2^2 = 1024$，将有 1024 个小波包系数。如果这些小波包系数被平均地分割成八段（即 $L=8$），那么在方差向量中将有 8 个元素。每个元素从 128 个小波包系数（$1024/8=128$）计算得出。方差向量 v^2 可以以同样的方式获得。

同样地，对于多类问题，基于非平稳性的相异性测度可以表示为

$$D_4(\{v^m\}_{m=1}^L) = \sum_{a=1}^{L-1} \sum_{b=a+1}^{L} D_4(v^a, v^b) \tag{9-9}$$

式中，L 是类的数量。式（9-9）表明，多类问题的相异性测度是每对两类非平稳性的总和。

9.2 局部判别基

利用前面介绍的一个相异性测度（例如相对熵），通过计算类间距离，局部判别基算法能够确定具有高判别能力的小波包节点。

让我们假设，$\Omega_{0,0}$ 表示母树的小波包节点 0（即信号本身）。然后，在每一层小波包节点 $\Omega_{j,k}$ 被分裂成两个相互正交的子空间（即节点 $\Omega_{j+1,2k}$ 和 $\Omega_{j+1,2k+1}$），如下：

$$\Omega_{j,k} = \Omega_{j+1,2k} \oplus \Omega_{j+1,2k+1} \tag{9-10}$$

式中，j 表示树的层数；k 代表在层数 j 的节点指数，$k=0$，…，2^j-1。重复这个过程直到层数 j，共产生 2^j 个相互正交子空间。上述工作的目标是选择一组最佳的子空间，在信号的不同层数之间提供最大的相异性信息。这可以通过修剪方法实现，其中小波包树以这样的方式被修剪：从最底部分解层数开始，如果子节点的累计相异性测度大于母节点的累计相异性测度值，则节点继续分割。换句话说，如果子节点比母节点有更好的辨别力，则子节点继续被分割。执行这样的一个过程直到它到达分解的最高层。其结果是该过程最终得到一个小波包节点的子集，该子集有助于在不同类别之间最大化统计距离。作为一个例子，图 9-1 显示了一个用于两层信号分解的小波包树。局部判别基算法首先在不同类中比较训练信号的小波系数在 $\Omega_{1,1}$ 节点的判别力，分别与 $\Omega_{2,2}$ 节点和 $\Omega_{2,3}$ 节点对比。如果 $\Omega_{1,1}$ 的相对熵大于 $\Omega_{2,2}$ 和 $\Omega_{2,3}$ 的和，保留属于节点 $\Omega_{1,1}$ 的基而忽略其他的两个节点（$\Omega_{2,2}$ 和 $\Omega_{2,3}$）。否则，保留两个节点（$\Omega_{2,2}$ 和 $\Omega_{2,3}$）而忽略节点 $\Omega_{1,1}$ 的基。这个过程以一定的顺序应用到所有的节点一直到层数 $j=0$。其结果是得到一组完备的具有最高辨别力的正交小波包基，其可以进一步按照递减顺序整理用于分类。

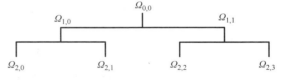

图 9-1 两级小波包分解的节点图

假设 $A_{j,k}$ 代表想要得到的最优局域判别基，其受限于由小波包节点 (j,k) 的一组小波包系数所构成的 $B_{j,k}$。$\Delta_{j,k}$ 是含有相同节点的判别性测度的一个阵列。用于选择最优小波包基的局部判别基算法总结如下（Tafreshi 等 2005）：

LDB 算法：给定一个含有 L 类信号 $\{\{x_i^{(l)}\}_{i=1}^{N_l}\}_{l=1}^{L}$ 的训练数据集，其中 N_l 是第 l 类训练信号的个数，

步骤0：选择一个时－频分析方法，如小波包变换分解训练数据集中的信号。

步骤1：基于小波包树的节点 (j, k) 选择一个相异性测度（例如相对熵 $D_1(\{p^m\}_{m=1}^L)$）应用于小波包系数。

步骤2：设置 $A_{j,k} = B_{j,k}$，其中，$B_{j,k}$ 是 $\Omega_{j,k}$ 在节点 (j, k) 的基集跨度子空间，然后评估 $k = 0, \cdots, 2^j - 1$ 的 $\Delta_{j,k}$。

步骤3：依据下列规则确定最佳的子空间 $A_{j,k}$，取 $j = j - 1, \cdots, 0, k = 0, \cdots, 2^j - 1$：

设置 $\Delta_{j,k}$ 作为相异性测度，例如，$\Delta_{j,k} = D_1(\{p^m\}_{m=1}^L)$，如果 $\Delta_{j,k} \geq \Delta_{j+1,2k} + \Delta_{j+1,2k+1}$，即如果在小波包树中母节点的判别力大于子节点，那么令

$$A_{j,k} = B_{j,k}$$

否则

$A_{j,k} = \Delta_{j+1,2k} \oplus \Delta_{j+1,2k+1}$ 且令 $\Delta_{j,k} = \Delta_{j+1,2k} + \Delta_{j+1,2k+1}$。

步骤4：依据分辨力按递减顺序整理排列选择的基函数。

步骤5：选择前 k 个（$\leq l$）最高判别基函数。

步骤3完成后，一组完备的正交基被构建出来。基的正交性确保了分类过程中用作特征的小波系数尽可能地不相关。随后可以在步骤5简单地选择前 k 个判别基，并在分类器中使用相应的系数作为特征，或采用统计方法如Fisher准则以减少特征维数，然后将它们应用到分类器中。

9.3 案例分析

为了评估局部判别基算法构造的小波包基的有效性，首先构造了三类合成信号：

$$\begin{cases} x^{(1)}(t) = \text{Sine}(t) + n_1(t) & \text{第1类} \\ x^{(2)}(t) = \text{Gauspuls}(t) + n_2(t) & \text{第2类} \\ x^{(3)}(t) = \text{Tripuls}(t) + n_3(t) & \text{第3类} \end{cases} \quad (9-11)$$

在式（9-11）中，Sine(t)、Gauspuls(t) 和 Tripuls(t) 分别代表正弦波、高斯调制正弦脉冲波和三角波信号。$n_1(t)$、$n_2(t)$ 和 $n_3(t)$ 代表白噪声。对于每类合成信号，构建了100个训练信号和1000个测试信号，且每次分别产生白噪声。图9-2显示了每类合成信号中含有64个点的采样信号。每个采样信号可以被分解成六层（即 $2^6 = 64$），包含在用于信号的小波包库中的节点总数是127（即1对应第0层，2对应第1层，$\cdots$，64对应第6层）。

先将局部判别基算法应用到训练信号中从小波包库中选择能最好地辨别三类合成信号的小波包节点子集。图9-3显示了选定的小波包节点。可以看出，所选择的小波包节点（高亮显示用黑色）分布在不同的分解层上，并形成一组完备的正交

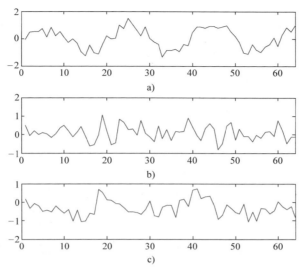

图 9-2 采样波形来自 (a) 1 类，(b) 2 类和 (c) 3 类合成信号

基。所选择的前 6 个局部判别基如图 9-4 所示，各含有 64 个系数。应该注意的是这些基是根据它们的判别力进行排序的。一个完整的所有 64 个基的分辨力按递减排序显示在图 9-5 中。除去前几个，后面的基对应的辨别力迅速下降。因此只有前面的几个基（例如前 6 个基）有大的辨别力，考虑用其作分类。

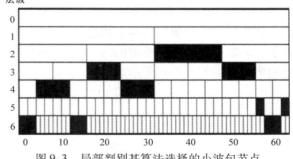

图 9-3 局部判别基算法选择的小波包节点

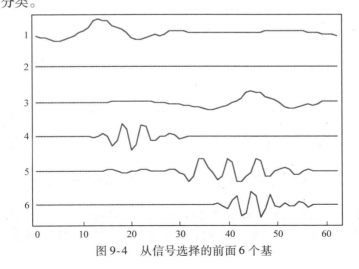

图 9-4 从信号选择的前面 6 个基

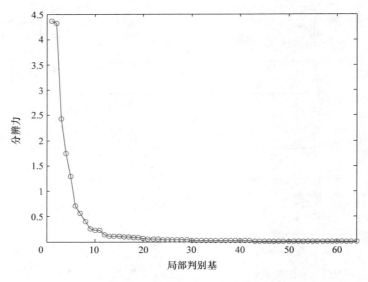

图 9-5 所有 64 个基的分辨力

将信号投影到选定的基上构造的小波系数随后被用来构成特征变量来做分类。对于训练数据集，由最前面的两个 LDB 基产生的两个特征（即两个小波系数）产生的聚类结果如图 9-6 所示。

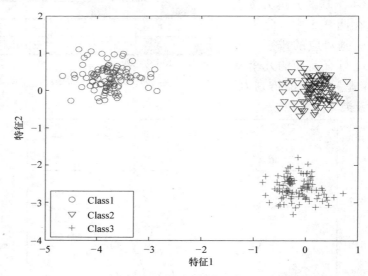

图 9-6 选择的最前面两个 LDB 特征表示的训练信号

为了对上述介绍的三种合成信号进行分类，将这些特征作为分类器的输入。可以考虑利用各种分类器做分类，如线性判别分析（LDA）、神经网络（NN）和支持向量机（SVM）。在这个例子中，选择 LDA 分类器是由于其简单性（Duda 等 2000）。把这两个特征输入到 LDA 分类器，来分类训练数据集。测试信号随后投射到最前面两个 LDB 向量以产生小波系数。图 9-7 显示了两特征的测试数据集的散点图。可以看出，使用 LDA 分类器所有的测试数据集被成功分类。

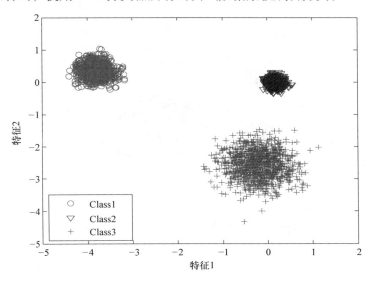

图 9-7　选择的最前面两个 LDB 特征表示的测试信号

上述案例说明，基于 LDB 小波包基选择的方法在特征提取方面是有效的，它能有效地辨别不同类的信号。

9.4　在齿轮箱故障分类中的应用

局部判别基算法对现实世界中分类问题的应用在很多领域都有报道，如地球物理声波分类（Saito 和 Coifman 1997）、雷达信号分类（Guglielmi 1997）、自动目标识别（Spooner 2001）、超声波回声分类（Christian 2002）、音频信号分类（Umapathy 等 2007）、生物医学信号分析（Englehart 等 2001；Umapathy 和 Krishnan 2006）和机械系统故障分类（Tafreshi 等 2005；Yen 和 Leong 2006）。在这一章中局部判别基算法应用于齿轮箱故障的严重程度分类。图 9-8 给出了实验装置的构成（Rafiee 等 2007），其中测量的信号来自一个四速摩托车变速箱。电动机驱动变速箱以一个恒定的额定转速 1420r/min 旋转。用转速表测量实际转速来反映由负载变化引起的波动。振动信号由安装在变速器壳的外表面并靠近变速器输入轴的三轴加速度计测量。通过测量的振动数据分析试验齿轮的四种不同工况，包括无故障、轻微磨损、中等磨损和断齿。信号按 16384Hz 采样率进行采集。4 个不同工况下的测量信号如图 9-9 所示。

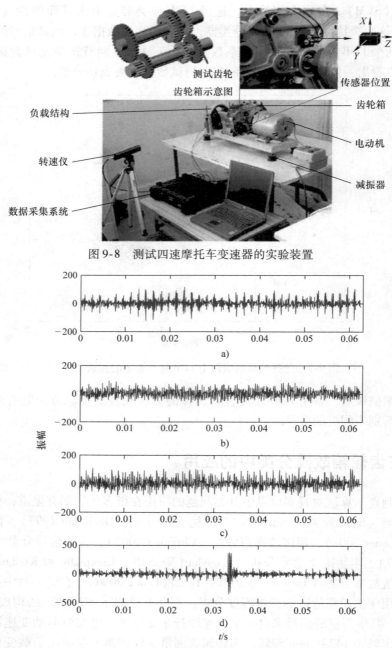

图 9-8 测试四速摩托车变速器的实验装置

图 9-9 4 个变速器工况的原始振动信号
a) 无故障 b) 轻微磨损 c) 中度磨损 d) 断齿

为了对变速箱不同工况下的故障进行分类,从每种故障条件下的原始信号中分段获取长度为 1024 个数据点的 60 个训练信号和 80 个测试信号。选取相对熵作为相异性测度，利用局部判别基算法处理训练数据。图 9-10 显示了一个经过四层信号分解的小波包节点，前面的 6 个 LDB 基如图 9-11 所示。

为了评估局部判别基算法的有效性，利用实验数据比较了局部判别基算法选定

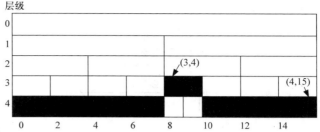

图 9-10 用 LDB 算法选择的变速箱数据的小波包节点

的节点和四层分解后所有的 16 个节点进行分类的性能。对所选节点的能量值进行计算，然后作为 LDA 分类器的输入来表征故障的严重程度。图 9-12 和图 9-13 分别表示节点（3，4）和节点（4，15）训练和测试数据的两个能量特征的分布。齿

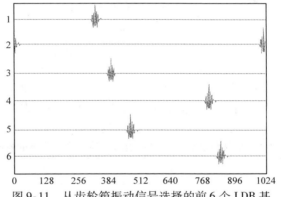

图 9-11 从齿轮箱振动信号选择的前 6 个 LDB 基

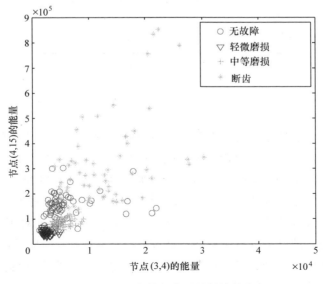

图 9-12 两个特征表示的训练样本

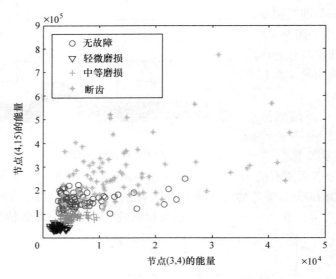

图 9-13 两个特征表示的测试样本

轮箱故障分类结果见表 9-1。可以看出，对于训练数据，虽然有和没有基选择其特征误判率是一样的，但对于测试数据，相对于没有基选择的误判率（2.19%），LDB 通过选择特征导致了较低的误判率（1.56%）。这表明了 LDB 在信号分类中的优点。

表 9-1　小波包节点选择对变速器故障严重性分类的影响

特征	误判率	
	训练信号（%）	测试信号（%）
小波包节点 w/o LDB	0.83	2.19
小波包节点 w/LDB	0.83	1.56

9.5　总结

　　局部判别基为利用小波包变换进行信号分解和分类提供了一个有效的平台。本章中我们证明使用这种方法分析测得的振动信号，可以成功地对齿轮箱的不同工况进行分类。关于局部判别基的理论研究近年来一直在持续。例如从小波包节点计算每个类的概率密度来选择判别基（Saitoet 等 .2002），利用这种方法从选择的小波基得到的特征已被证明比从原始方法选择的小波基得到的特征对于相移更加敏感。结合信号自适应滤波器组（Strauss 等 . 2003），一种形状自适应局部判别基方法已被开发用于生物信号处理。可以预期，更强大的算法和计算工具将会出现，并能够更好地服务于制造系统中的信号分类。

9.6 参考文献

Basseville M (1989) Distance measures for signal processing and pattern recognition. Signal Processing 8(4):349–369
Christian B (2002) Local discriminant bases and optimized wavelet to classify ultrasonic echoes: application to indoor mobile robotics. Proc IEEE Sens 1654–1659
Coifman RR, Wicherhauser MV (1992) Entopy-based algorithms for best basis selection. IEEE Trans Inf Theory 38(2):713–718
Duda RO, Hart PE, Stork DG (2000) Pattern classification, 2nd edn. Wiley-Interscience, New York
Englehart K, Hudgins B, Parker PA (2001) A wavelet-based continuous classification scheme for multifunction myoelectric control. IEEE Trans Biomed Eng 48(3):302–311
Guglielmi RJM (1997) Wavelet feature definition and extraction for classification and image processing. Ph.D. Dissertation, Yale University
Rafiee J, Arvani F, Harifi A, Sadeghi MH (2007) Intelligent condition monitoring of a gearbox using artificial neural network. Mech Syst Signal Process 21:1746–1754
Saito N (1994) Local feature extraction and its applications using a library of bases, Ph.D. Dissertaion, Yale University
Saito N, Coifman RR (1995) Local discriminant bases and their applications. J Math Imaging Vis 5(4) 337–358
Satio N, Coifman RR (1997) Extraction of geological information from acoustic well-logging waveforms using time-frequency wavelets. Geophysics 62(6):337–358
Saito N, Coifman RR, Geshwind FB, Warner F (2002) Discriminant feature extraction using empirical probability density estimation and a local basis library. Pattern Recognit 35:2841–2852
Spooner CM (2001) Application of local discriminant bases to HRR-based ATR. In: Proceeding of thirty-fifth asilomar conference on signals, systems and computers, pp 1067–1073
Strauss DJ, Steidl G, Delb W (2003) Feature extraction by shape-adapted local discriminant bases. Signal Processing 83:359–376
Tafreshi R, Sassani F, Ahmadi H, Dumontb G (2005) Local discriminant bases in machine fault diagnosis using vibration signals. Integr Comput Aided Eng, 12:147–158
Umapathy K, Krishnan S (2006) Modified local discriminant bases algorithm and its application in analysis of human knee joint vibration signals. IEEE Trans Biomed Eng 53(3):517–523
Umapathy K, Krishnan S, Rao RK (2007) Audio signal feature extraction and classification using local discriminant bases. IEEE Trans Audio Speech Lang Processing 15(4):1236–1246
Yen GG, Leong WF (2006) Fault classification on vibration data with wavelet based feature selection scheme. ISA Trans 45(2):141–151

第 10 章 基小波的选择

使用小波变换进行信号分析的优点之一在于过去的几十年里设计开发了许多基小波，例如 MATLAB 的函数库中共收录了 13 种小波族函数。如此丰富的基小波自然引出了这样一个问题：如何选择一个针对待分析的特定信号来说最合适的基小波。因为基小波的最初选择很可能会影响到小波变换的最终结果，所以对基小波选择的研究十分必要。举例来说，图 10-1（最上面一行左边）说明了一个冲击信号以及它怎样以时间序列的形式（最上面一行右边）出现在现实世界的应用中。下面的三行展示了 3 个有代表性的基小波①Daubechies 小波（Daubechies 1992），②Morlet 小波，③墨西哥帽小波，以及用它们来分析冲击信号的结果。正如诸多报道所述（Shao 和 Nezu，2004；Li 等 2000；Abu – Mahfouz 2005），这些基小波已被成功用于机械状态监测与健康诊断研究。通过比较使用这些基小波进行小波变换的结果（见图 10-1 右栏），很明显，只有 Morlet 小波能有效地从该信号中提取出脉冲成分。而这也被其相应的小波系数和脉冲成分的波形相似性所表明。相反，Daubechies 小波和墨西哥帽小波并未充分揭示脉冲成分的特点。诸如此类的例子激发了我们对于基小波选择的研究，从而实现信号特征提取的最优结果。在这一章里，

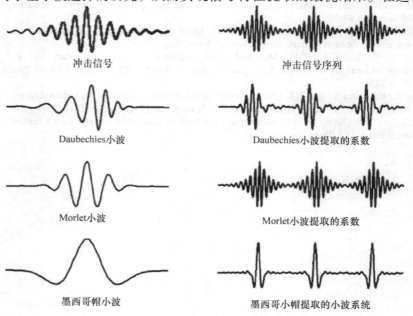

图 10-1 使用不同基小波提取冲击成分

我们首先从定性和定量两个方面提出了一些基小波选择的通用策略。随后，我们介绍了几种定量的方法，作为基小波选择的指导方针，以确保信号特征的有效提取。

10.1 基小波选择概述

研究者们从不同的角度对基小波的选择进行了研究，这些先前的研究方法可以被归类为定性的或定量的。下面两节对此做一介绍。

10.1.1 定性测量

基小波有许多的特性，如正交性、对称性和紧支性。了解这些特性将有助于从小波函数中选择一个合适的基小波用于分析特定的信号。例如，正交性表示基小波与自身的内积是1，而与其他伸缩和平移后的小波的内积是零。因此，使用正交小波能够有效地把信号分解成非重叠子频带。当把正交小波用于离散小波变换（DWT，详见第4章）和小波包变换（WPT，参阅第5章）时，可以实现很高的计算效率。对称性确保基小波可以作为一个线性相位滤波器。在滤波运算中这是一个重要的属性，因为缺少这种特性会导致相位失真。小波的紧支性是指仅在有限区间内，它的基函数为非零。这个特性使小波变换可以高效地表征有局部特征的信号。这种表征的效率对于数据压缩是十分重要的。

最近几年小波的基本性质被广泛研究，以确定在特定应用中小波的适用性。例如基于23个Brodatz纹理进行的实验（Mojsilovic'等2000）得出的结论是具有对称性的双正交小波比非对称的Daubechies小波纹理分类率要高（例如64.34% for Db3 vs. 82.17% for Bior3.3r）。同样，通过对5种小波的对称性（即Haar、Db6、Coif4、Bior5.5和Bior6.8）进行的评估（Fu等2003），表明在制造业中，把粗糙度、波纹度和工程表面的几何形状分离到不同的频带用于函数相关性和过程诊断时，最适合的小波为Bior6.8小波。在生物医学工程领域，基小波的正则性和对称性被认为是听觉诱发电位（AEP）信号分析中最基本的特征（Bradley和Wilson 2004）。当使用具有对称性的基小波时，用以表征AEP信号的峰值形态和峰值延迟得以保留；当基小波的正则性大于2时，AEP信号中平滑峰和小波可以很好地匹配。考虑到紧支撑、消失矩和正交性等特性，Coiflet 4小波可有效地分离记录在自肌张力障碍患者的复合表面肌电信号（EMG）中的爆发成分和音调成分（Wang等2004）。除了正交性，复值或实值基的属性被用作指导基小波的选择来分析心电（ECG）信号（Bhatia等2006）。Morlet小波、高斯小波、4阶Paul小波和二次B样条小波被预选为候选项用作心电信号中的事件检测和分割。在图像处理领域，正则性、紧支撑、对称性、正交性和显式表达这些特性被用来评判基小波应用于图像序列超分辨率领域的适用性（Ahuja等2005）。结论可被概括为，在4种小波基中（即Daubechies、Symlet、Coiflet和B样条小波），B样条函数是用于图像序列超辨最合适的基小波，因为它是正交的、对称的、并具有最高的正则性、最小支撑尺寸和显式表达。在电力系统暂态分析中（Safavian 等 2005），Db4、Coiflet 和 B 样条小波被证明在电力系统中都具有同样好的表现，因为它们具有相同的基本性质：有限的支撑和低的消失矩。

波形匹配也被研究用来作为小波选择的一种替代方法。例如为了从单次实验中测量 EMG 信号中多脉冲的时序（Flanders 2002），研究应用了不同形状的小波，如方形、三角形、高斯和墨西哥帽等。选择 Db2 小波正是因为其与隐藏在 EMG 信号中的运动单元电位形状相似。另外，通过不同形状的基小波与心电信号的比较从而确定它们从损坏的心电图提取一个参考基的合适程度并用于磁共振成像（MRI）序列触发（Fokapu 等 2005；Abi-Abdallah 等 2006）。为了分析振动信号中的冲击成分，研究者们着眼于小波的几何形态以确定最优的选择（Yang 和 Ren 2004）。人们发现当使用与信号中某一成分波形相似的基小波时，可以有效地提取信号中的该成分。

10.1.2 定量测量

在 10.1.1 节描述的各种方法说明了选择合适的基小波进行有效的信号处理的重要性。然而，一个小波的基本性质仅定性地确定了其对一个特定应用的适用性。就波形匹配而言，一般很难通过视觉对比来精确匹配一个信号的波形。这些不足之处，激发了对基小波选择的定量化研究。

不平衡测度（Goel 和 Vidakovic 1995）包括 Schur 凹函数如香农熵和 Fishlow 测度（Marshall 和 Olkin 1979）、emelen 修正熵测度（Emlen 1973）和 Schur 凸函数（Gini 系数和 Schutz 系数，Marshall 和 Olkin 1979）被用于数据压缩和数据去噪中的基小波选择。通过采样 Db3 小波函数并加白噪声来构建一个时间序列对每一个不平衡测度进行评估。上述测度中除 Fishlow 外，Db3 小波被认为是在所选的小波集（Db1-Db20，Db30，Coif8，Coif12 和 Coif18）中最好的基小波。

香农熵也被用来确定大气表面层（ASL）速度和温度序列的最佳基小波（Katul 和 Vidakovic 1996）。大气表面层大规模的漩涡运动和小规模波动都可以被所选择的 Daubechies 小波成功分离出来。在另一项研究中（Bedekar 等 2005），根据香农熵从 23 个预选小波中选择 3 阶 Daubechies 小波作为最优小波用于射频血管内超声（IVUS）数据分解。它准确地在所有等级中从 30 个 IVUS 数据分解出 29 个。其他的小波只分解出不到 21 个 IVUS 数据。

在生物医学工程领域，讨论了小波选择的不确定性模型（Arafat 等 2003）对马的步态分类问题的研究。该模型把模糊不确定性与概率不确定性结合在一起，同单独使用模糊或概率不确定性比较，该模型提供了一个更好的方法，用于选择适当的基小波以提高对不同马步态信号的正确分类。

在评估麻醉手术病人在清醒状态或麻醉状态的催眠状态研究（Bibian 等 2001）中使用了统计特征之间的差异如概率密度函数这样的判别力指标来选择合适的基小波。人们发现，在 Daubechies、Coiflet、Symlet、双正交和反双正交等小波中，8 阶的 Daubechies 小波提供了最高的判别力，因此能有效地估计催眠状态。在另一项关于患者心血管疾病诊断的研究中（Singh 和 Tiwari 2006），实验结果揭示了 8 阶 Daubechies 小波基用于心电信号去噪的适用性，因为在心电信号和所选择的基小波之间（Daubechies、Symlet 和 Coiflet 小波）它有最大的互相关系数。互相关测量也被用于评估在检测和定位发生在运行变压器中的局部放电（PD）时的基小波（Ma 等 2002a，b；Yang 等 2004）。人们发现，一个最优的基小波将最大化感兴趣的信号成分和基小波之间的相关系数，从而促使局部放电脉冲被成功地从电气噪声中分离。

在图像去噪中，信号信息提取和分布误差两种准则被提出用于选择一个最优小波以提高去噪性能（Zhang 等 2005）。第一个准则通过计算无噪声污染图像和有噪声污染图像的小波系数的交互信息来实现。第二个标准是高斯分布和无噪声污染的图像的小波系数的真实分布之间的差异。差异越小则去噪性能越好，因为只有信号本身的分布是高斯分布时去噪性能才是最优的。根据这两个准则，当用八种小波（Bior1.1、Bior1.3、Bior2.2、Bior2.4、Bior3.3、Db2、Db3 和 Db4）分别测试 4 个基准图像时，人们发现 Bior1.3 小波提供了最佳的性能。

在不平表面的容器中进行自动超声无损异物（FB）检测和分类时（Tsui 和 Basir 2006），相对熵被用作小波系数的相似性度量来选择最佳基小波。结果表明，用于异物形状分类的最佳基小波是 Bior3.1，而用于球形和矩形异物材料分类的最佳基小波是 Haar 小波（或 Sym1 或逆 Bior1.1）和逆 Bior3.9 小波。

对于振动信号的冲击成分分析（Schukin 等 2004），最小总误差和时频分辨率被用来评估不同的基小波并应用在单自由度系统模型的脉冲参数识别中。对十种基小波（复 B 样条、高斯、香农等）的综合比较说明，冲击小波是分析冲击成分最合适的基小波。

10.2 基小波选择准则

如上述总结的那样，基小波的重要性已经被广大研究人员所关注。本节介绍几种定量化测度来评价用于制造领域中机械状态监测和健康诊断的基小波的性能。

10.2.1 能量和香农熵

信号的能量含量是一个能独特地表征这个信号的测度，从而可用作基小波选择。包含在信号 $x(t)$ 中的能量可表示为

$$E_{\text{org}} = \int |x(t)|^2 \mathrm{d}t \tag{10-1}$$

同样，当这个信号由离散的采样值 $x(i)(i=1,2,\cdots,N)$ 表示时，能量总量如下：

$$E_{\text{org}} = \sum_{i=1}^{N} |x(i)|^2 \tag{10-2}$$

在式（10-2）中，N 是由数据点的数目表示的信号长度，并且 $x(i)$ 是信号的幅值。

信号的能量含量，也可以从它的小波系数计算出来，并表示为

$$E_{\text{energy}} = \iint |W(s,t)|^2 \mathrm{d}s\mathrm{d}t \tag{10-3}$$

相应的离散信号的能量如下：

$$E_{\text{energy}} = \sum_s \sum_i |W(s,i)|^2 \tag{10-4}$$

式（10-3）和式（10-4）表明，与每个特定尺度参数 s 相关的能量被表示为

$$E_{\text{energy}}(s) = \int |W(s,t)|^2 \mathrm{d}t \tag{10-5}$$

且相应的离散信号的能量被描述为

$$E_{\text{energy}}(s) = \sum_{i=1}^{N} |W(s,i)|^2 \tag{10-6}$$

式中，N 是小波系数的数量；$W(s,i)$ 表示小波系数。

如果对应于给定尺度 s 的一个主要频率分量存在于信号中，当该主频率分量出现时，则在该尺度的小波系数此刻具有相对较高的幅值。其结果是，当应用小波变换于该信号时，与该频率分量相关的能量将从信号中提取出来。为了实现有效的状态监测和健康诊断，从故障引起的瞬态振动中提取的能量含量越高，信号的小波变换就越有效。因此，能量含量可以作为基小波选择的标准。以下准则阐述了上述内容。

最大能量准则：从信号中提取最多能量的基小波是分析故障引起的瞬态振动最合适的小波。

子频带中有相同的能量，但信号的具体情况可能会显著不同（例如一种是只有几个频率成分有高的幅值，其他的幅值微不足道；另一种则具有广泛分布的频谱），这时需要考虑能量的频谱分布（或集中性）以确保有效的特征提取。小波系数的能量分布可用香农熵来定量地描述（Cover 和 Thomas 1991）：

$$E_{\text{entropy}}(s) = -\sum_{i=1}^{N} p_i \cdot \log_2 p_i \tag{10-7}$$

式中，p_i 是小波系数的能量概率分布，定义为

$$p_i = \frac{|wt(s,i)|^2}{E_{\text{energy}}(s)} \tag{10-8}$$

满足 $\sum_{i=1}^{N} p_i = 1$ 和如果 $p_i = 0$，$p_i \cdot \log_2 p_i = 0$。

式（10-7）和式（10-8）表明，小波系数的熵是有界的：

$$0 \leqslant E_{\text{entropy}}(s) \leqslant \log_2 N \tag{10-9}$$

其中：① 如果除了一个小波系数外所有其他的小波系数等于零，则 $E_{\text{entropy}}(s)$ 将等于零；② 如果对于所有的小波系数其能量分布的概率是相同的（即 $1/N$），$E_{\text{entropy}}(s)$ 将等于 $\log_2 N$。由此可得熵越低能量集中度越高的结论。因此，当一个

信号被分解成几个尺度时,一个合适的基小波应该只在几个小波系数有大的幅值,其他的小波系数幅值可忽略不计,这就引出了最小香农熵准则。相应的基于香农熵的小波选择准则可以阐述为:

最小香农熵准则:最小化小波系数香农熵的基小波是分析故障引起的瞬态振动最合适的小波。

结合前面所描述的两个准则的优势,我们注意到,一个合适的基小波应能从被分析信号中提取最大能量,并且能最小化相应小波系数的香农熵。这引出了能量 – 香农熵比值,它被定义为

$$R(s) = \frac{E_{\text{energy}}(s)}{E_{\text{entropy}}(s)} \quad (10\text{-}10)$$

在式(10-10)中,能量 $E_{\text{energy}}(s)$ 和熵 $E_{\text{entropy}}(s)$ 可以从式(10-6)和式(10-7)分别计算出。通过最大化能量 – 香农熵比值 $R(s)$,可以从一组候选基小波中选择出一个合适的基小波。这引出了以下用于小波选择的准则:

能量 – 香农熵比值准则:最大能量 – 香农熵比值的基小波是分析故障引起的瞬态振动最合适的小波。

10.2.2 信息论测度

与能量和香农熵相关的基小波选择准则只基于小波系数本身的内容。因为信号的小波变换系数与信号是内在相关的,描述一对数据序列之间关系的信息论测度可以用来探索最优基小波的选择。这些将在下面的章节中介绍。

1. 联合熵

两个数据序列 X 和 Y 之间的联合熵 $H(X,Y)$ 被定义来测量与它们作为一个整体相关的信息(Cover 和 Thomas 1991),这可被表述为

$$H(X,Y) = -\sum_{x \in X}\sum_{y \in Y} p(x,y)\log p(x,y) \quad (10\text{-}11)$$

式中,$p(x,y)$ 是两个数据序列的联合概率分布。

2. 条件熵

若已知数据序列 X 的概率分布,包含在其他数据序列 Y 的信息量可以通过条件熵 $H(Y|X)$ 计算(Cover 和 Thomas 1991):

$$\begin{aligned} H(Y|X) &= -\sum_{x \in X} p(x) H(Y|X=x) \\ &= -\sum_{x \in X} p(x) \sum_{y \in Y} p(y|x) \log p(y|x) \end{aligned} \quad (10\text{-}12)$$

在式(10-12)中,$p(x)$ 是数据序列 X 的概率分布,当数据序列 X 已知时,$p(y|x)$ 表示数据序列 Y 的条件概率分布。条件概率分布 $p(y|x)$ 表示为(Mendenhall 和 Sincich 1995)

$$p(y|x) = \frac{p(x,y)}{p(x)} \quad (10\text{-}13)$$

式中，$p(x,y)$ 是两个数据序列 X 和 Y 的联合概率分布。因此式（10-12）可以进一步表示为

$$\begin{aligned} H(Y|X) &= -\sum_{x \in X}\sum_{y \in Y} p(x,y)\log \frac{p(x,y)}{p(x)} \\ &= -\sum_{x \in X}\sum_{y \in Y} p(x,y)\log p(x,y) + \sum_{x \in X}\sum_{y \in Y} p(x,y)\log p(x) \\ &= H(X,Y) + \sum_{x \in X} p(x)\log p(x) = H(X,Y) - H(X) \end{aligned} \quad (10\text{-}14)$$

式（10-14）表明，给定数据序列 X，数据序列 Y 的条件熵可以通过两个数据系列之间的联合熵减去数据序列 X 的熵计算得出。

3. 互信息

互信息 $I(X;Y)$ 测量数据序列 X 包含有关数据序列 Y 的信息量，这被定义为（Cover 和 Thomas 1991）：

$$\begin{aligned} I(X;Y) &= \sum_{x \in X}\sum_{y \in Y} p(x,y)\log \frac{p(x,y)}{p(x)p(y)} \\ &= \sum_{x \in X}\sum_{y \in Y} p(x,y)\log p(x,y) - \sum_{x \in X}\sum_{y \in Y} p(x,y)\log[p(x)p(y)] \\ &= -H(X,Y) - \sum_{x \in X} p(x)\log p(x) - \sum_{y \in Y} p(y)\log p(y) \\ &= -H(X,Y) + H(X) + H(Y) \end{aligned}$$

$$(10\text{-}15)$$

式（10-15）表明，互信息是熵 $H(X)$ 和 $H(Y)$ 的和减去联合熵 $H(X,Y)$。

联合熵、条件熵和互信息之间的关系可以用如图 10-2 所示的 Venn 图表示（Cover 和 Thomas 1991）。这里需要指出的是互信息 $I(X;Y)$ 由两个数据序列的交集表示。互信息越大，两个数据序列就越相似。条件熵 $H(X|Y)$ 或 $H(Y|X)$ 表示具体到对应的数据序列本身的信息，而联合熵 $H(X,Y)$ 包括两个数据序列的所有信息。

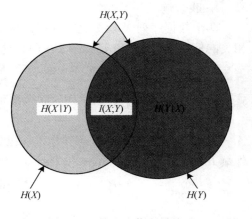

图 10-2 熵和互信息的关系

上述描述的关系，可以应用到信号分析中基小波的选择，信号本身及其对应的小波系数可以分别当作两个数据序列 X 和 Y。由于故障引起的瞬态特征可在小波系数中体现，可以预期当选择了一个合适的小波，振动信号和小波系数之间会有较高的互信息值。应该注意的是，当一个振动信号被采集后，其信息 $H(X)$ 就固定了。类似地，一旦选择了一个基小波，小波

系数的信息 $H(Y)$ 也是固定的。在前面描述的关系基础上,当选择一个适当的小波来描述故障特征引起的瞬态振动时,我们希望选择较低的联合熵和条件熵值。

下面是基于信息论测度的几个基小波选择准则:

最小联合熵准则:最小化信号与小波系数联合熵的基小波是分析故障引起的瞬态振动最合适的小波。

最小条件熵准则:最小化信号与小波系数条件熵的基小波是分析故障引起的瞬态振动最合适的小波。

最大互信息准则:最大化信号与小波系数互信息的基小波是分析故障引起的瞬态振动最合适的小波。

4. 相对熵

与测量两个数据序列之间共享信息的互信息形成对比,相对熵(又称为 Kullback – Leibler 距离或散度)测量两个数据序列 X 和 Y 之间概率分布的距离(Cover 和 Thomas 1991)。相对熵定义为

$$D(X \| Y) = \sum_{x \in X} p(x) \log \frac{p(x)}{p(y)} \tag{10-16}$$

式中,如果 $p(x)=0$,则 $p(x)\log\frac{p(x)}{p(y)}=0$;如果 $p(y)=0$,则 $p(x)\log\frac{p(x)}{p(y)}=\infty$。

式(10-16)表明,相对熵的值总是非负的,当且仅当两个概率分布是相等时(即 $p(x)=p(y)$)它是零。相对熵越小,两个数据序列的分布就越相似。对于在机械状态监测和健康诊断中的应用,可以预期,一个适当选择的基小波将能够完全地提取故障引起的瞬态振动的特征。因此我们希望信号(即数据序列 X)和它的相应的小波系数(即数据序列 Y)之间的相对熵是较小的。下面的准则反映了这种考虑:

最小相对熵准则:最小化信号和小波系数相对熵的基小波是分析故障引起的瞬态振动最合适的小波。

综合上述标准,一个合适的小波应最小化联合熵、条件熵和相对熵,而最大化互信息。以下的信息测量中包含了这些原因:

$$Info(s) = \frac{I(X;Y)}{H(X,Y) \times H(Y|X) \times D(X\|Y)} \tag{10-17}$$

式(10-17)中,联合熵 $H(X,Y)$、条件熵 $H(Y|X)$、相对熵 $D(X\|Y)$ 和互信息 $I(X;Y)$ 分别用式(10-11)、式(10-14)、式(10-16)和式(10-15)计算。最大化信息测度 $Info(s)$ 引出下面的综合准则:

最大信息测度准则:最大化信息测度的基小波是分析故障引起的瞬态振动最合适的小波。

10.3 基小波选择的数值研究

为了定量评价上述描述的基小波选择标准,用数值模拟了一个高斯调制的正弦测试信号。数学上这样的信号可以表示为

$$x(t) = e^{-\beta(t-t_0)^2} \sin[2\pi f(t-t_0)] \tag{10-18}$$

式中,符号 β 表示衰减因子;t_0 是信号的延迟时间。这种类型的信号已被广泛用于模拟包含在机械系统中的瞬态振动 (Ho 和 Randall, 2000; Schukin 等 2004; Yang 和 Ren 2004)。图 10-3 给出了一个中心频率为 48Hz、采样频率为 1024Hz 的测试信号。下面对上节提出的准则进行评估,用于从一个实值和一个复值小波中选择最适合的基小波。

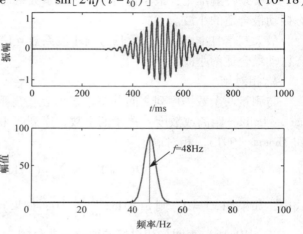

图 10-3 测试信号:高斯调制的正弦信号

10.3.1 用实值小波评估

为了用离散小波变换分解测试信号,首先应当评估实值小波在处理测试信号方面的性能。小波变换的分解层数 L 是由采样频率 f_q 和信号中识别出的频率分量确定的,如下面的方程表示:

$$\frac{f_q}{2^{L+1}} \leqslant f_{\text{char}} \leqslant \frac{f_q}{2^L} \tag{10-19}$$

在式(10-19)中,f_q 是采样频率,f_{char} 与信号的特征频率分量相关(例如,$f_{\text{char}} = 48\text{Hz}$ 用于测试信号)。表 10-1 中分别显示了在采样频率为 1024Hz 时每个分解层数覆盖的频率范围。由于测试信号的中心频率(48Hz)落在了被分解层数 4 所覆盖(对应于尺度 $s = 2^4 = 16$)的 32~64Hz 频率范围内,选择这个层数用于对每个小波进行评价。

表 10-1 在 1024Hz 采样频率下每一个分解层数对应的频率范围

分解层数(L)	频率范围/Hz	分解层数(L)	频率范围/Hz
1	256~512	4	32~64
2	128~256	5	16~32
3	64~128	6	8~16

30个候选基小波预选自七种小波函数。利用这些小波从高斯调制的正弦波信号中提取的能量列在表10-2中。结果表明，Meyer小波提取的能量含量最高，因此它被认为是分析给定参数的高斯调制正弦信号的最合适的小波基。与此同时也发现，对于每个小波函数，从信号中提取的能量总量随基小波的阶数增加而增加。这是因为在一个小波函数内的高阶基小波具有更高程度的正则性。其结果是，在相同的小波函数内，高阶基小波比低阶同类基小波更适合从高斯调制的正弦测试信号中提取能量。

表10-2 从测试信号中实值小波提取的能量

基小波	能量/J	基小波	能量/J	基小波	能量/J
Haar	33.855	Coif4	60.662	Bior2.6	53.645
Db2	45.546	Coif5	61.856	Bior4.4	52.310
Db4	54.433	Sym2	45.546	Bior5.5	54.614
Db6	58.167	Sym3	51.143	Bior6.8	58.415
Db8	60.207	Sym4	54.433	rBio1.3	45.326
Db10	61.471	Sym6	58.167	rBio2.4	55.138
Db20	63.687	Sym8	60.217	rBio2.6	55.546
Coif1	46.065	Meyer	64.146	rBio4.4	59.235
Coif2	55.038	Bior1.3	53.481	rBio5.5	61.123
Coif3	58.692	Bior2.4	49.198	rBio6.8	60.464

然后计算提取自高斯调制正弦信号的香农熵，见表10-3。在最小的香农熵的基础上，Symlet 3小波被认为是最合适的基小波。这个结论并不与根据最大能量准则选择的Meyer小波相一致。为了解决这一矛盾，计算能量-香农熵比值，并将结果列在表10-4中。根据最大能量-香农熵比值准则，Meyer小波具有最高的价值，因此认为对于高斯调制的正弦信号，Meyer小波是最合适的小波。

表10-3 实值小波提取的信号的香农熵

基小波	香农熵	基小波	香农熵	基小波	香农熵
Haar	3.667	Coif4	2.945	Bior2.6	5.959
Db2	3.137	Coif5	2.985	Bior4.4	5.673
Db4	3.475	Sym2	3.137	Bior5.5	6.042
Db6	3.171	Sym3	2.800	Bior6.8	4.069
Db8	3.491	Sym4	3.011	rBio1.3	4.579
Db10	3.121	Sym6	3.598	rBio2.4	4.665
Db20	3.653	Sym8	3.613	rBio2.6	4.949
Coif1	2.856	Meyer	2.959	rBio4.4	4.664
Coif2	3.609	Bior1.3	6.197	rBio5.5	5.034
Coif3	3.617	Bior2.4	6.214	rBio6.8	4.069

表 10-4　实值小波提取的信号的能量 – 香农熵比

基小波	能量 – 香农熵比	基小波	能量 – 香农熵比	基小波	能量 – 香农熵比
Haar	9.229	Coif4	20.594	Bior2.6	9.002
Db2	14.512	Coif5	20.719	Bior4.4	9.220
Db4	15.662	Sym2	14.512	Bior5.5	9.047
Db6	18.341	Sym3	18.265	Bior6.8	14.356
Db8	17.246	Sym4	18.079	rBio1.3	9.896
Db10	19.693	Sym6	16.162	rBio2.4	11.817
Db20	17.428	Sym8	16.662	rBio2.6	11.221
Coif1	16.124	Meyer	21.678	rBio4.4	12.699
Coif2	15.244	Bior1.3	8.629	rBio5.5	12.141
Coif3	16.224	Bior2.4	7.915	rBio6.8	14.858

为了评估每一个实值小波的性能，我们对基于信息论测度的各种准则进行了研究，结果列在表 10-5 ~ 表 10-8 中。值得注意的是，当分析高斯调制的正弦信号时，所有的 4 种测度（即联合熵、条件熵、交互信息和相对熵）都指向 Meyer 小波作为最适合的小波。这是因为它能最大化互信息，同时最小化联合熵、条件熵和相对熵。综合准则"最大信息测度"如式（10-17）所示，将这 4 种测度的效果整合在一起，也表明了 Meyer 小波是最合适的小波。以上结果在表 10-9 中进行了验证，其中，当 Meyer 小波被选作为基小波时，得到一个最大的信息测度值。

表 10-5　实值小波提取的信号的联合熵

基小波	联合熵	基小波	联合熵	基小波	联合熵
Haar	4.086	Coif4	3.261	Bior2.6	3.414
Db2	3.409	Coif5	3.246	Bior4.4	3.338
Db4	3.394	Sym2	3.398	Bior5.5	3.415
Db6	3.495	Sym3	3.291	Bior6.8	3.379
Db8	3.358	Sym4	3.250	rBio1.3	3.603
Db10	3.256	Sym6	3.441	rBio2.4	3.329
Db20	3.086	Sym8	3.336	rBio2.6	3.619
Coif1	3.082	Meyer	2.957	rBio4.4	3.341
Coif2	3.614	Bior1.3	3.682	rBio5.5	3.348
Coif3	3.366	Bior2.4	3.313	rBio6.8	3.453

第 10 章 基小波的选择

表 10-6 实值小波提取的信号的条件熵

基小波	条件熵	基小波	条件熵	基小波	条件熵
Haar	1.539	Coif4	0.715	Bior2.6	0.792
Db2	0.851	Coif5	0.699	Bior4.4	0.868
Db4	0.847	Sym2	0.851	Bior5.5	0.833
Db6	0.948	Sym3	0.745	Bior6.8	1.057
Db8	0.812	Sym4	0.704	rBio1.3	0.783
Db10	0.710	Sym6	0.895	rBio2.4	1.073
Db20	0.539	Sym8	0.790	rBio2.6	0.795
Coif1	0.536	Meyer	0.411	rBio4.4	0.802
Coif2	1.067	Bior1.3	1.136	rBio5.5	0.907
Coif3	0.819	Bior2.4	0.767	rBio6.8	0.792

表 10-7 实值小波提取的信号的交互信息

基小波	交互信息	基小波	交互信息	基小波	交互信息
Haar	1.243	Coif4	1.261	Bior2.6	1.045
Db2	0.69	Coif5	1.317	Bior4.4	1.101
Db4	1.074	Sym2	0.869	Bior5.5	1.165
Db6	1.151	Sym3	0.990	Bior6.8	1.559
Db8	1.174	Sym4	1.085	rBio1.3	0.969
Db10	1.291	Sym6	1.110	rBio2.4	0.873
Db20	1.502	Sym8	1.241	rBio2.6	1.011
Coif1	0.760	Meyer	1.721	rBio4.4	0.913
Coif2	1.078	Bior1.3	0.511	rBio5.5	0.979
Coif3	1.148	Bior2.4	0.997	rBio6.8	1.435

表 10-8 实值小波提取的信号的相对熵

基小波	相对熵	基小波	相对熵	基小波	相对熵
Haar	0.4851	Coif4	0.163	Bior2.6	1.155
Db2	1.09	Coif5	0.111	Bior4.4	0.564
Db4	0.506	Sym2	1.091	Bior5.5	0.423
Db6	0.290	Sym3	0.764	Bior6.8	0.371
Db8	0.194	Sym4	0.507	rBio1.3	0.240
Db10	0.125	Sym6	0.281	rBio2.4	0.182
Db20	0.022	Sym8	0.194	rBio2.6	1.146
Coif1	1.149	Meyer	0.002	rBio4.4	0.985
Coif2	0.435	Bior1.3	1.155	rBio5.5	0.515
Coif3	0.266	Bior2.4	0.564	rBio6.8	0.817

表 10-9　实值小波提取的信号的信息测度值

基小波	信息测度值	基小波	信息测度值	基小波	信息测度值
Haar	0.296	Coif4	3.226	Bior2.6	0.773
Db2	0.232	Coif5	5.155	Bior4.4	1.054
Db4	0.679	Sym2	0.232	Bior5.5	1.550
Db6	1.139	Sym3	0.471	Bior6.8	2.915
Db8	2.146	Sym4	0.858	rBio1.3	0.187
Db10	4.348	Sym6	1.221	rBio2.4	0.292
Db20	40	Sym8	2.347	rBio2.6	0.461
Coif1	0.339	Meyer	1000	rBio4.4	0.371
Coif2	0.594	Bior1.3	0.082	rBio5.5	0.537
Coif3	1.495	Bior2.4	0.633	rBio6.8	1.534

10.3.2　用复值小波评估

通过对测试信号进行连续小波变换，能够评估用于选择一个合适的复值小波的准则。选择相应的中心频率范围为感兴趣的频率分量（例如，在测试信号中的 48Hz）用于小波变换。一般情况下，小波的尺度 s 和其相应的中心频率 f_{s_c} 的相关性由下式给出（Abry，1997）：

$$s = \frac{f_q f_{b\_c}}{f_{s\_c}} \tag{10-20}$$

式中，f_q 是采样频率；f_{b_c} 为基小波的中心频率；f_{s_c} 是尺度伸缩后小波的中心频率。

表 10-10 列出了从测试信号中提取的能量值，而表 10-11 列出了提取信号相应的香农熵。可以看出，最大能量准则选择的复值 Morlet 小波是 5 个复值小波之中最适合的小波，而最小香农熵准则确定的是复值高斯小波。这样的冲突由集成的能量-香农熵比值准则解决。表 10-12 表明，复值 Morlet 小波产生最大的能量-香农熵比。由此可得，最合适的基小波是复值 Morlet 小波。

表 10-10　复值小波提取的信号的能量

基小波	能量/J
Morlet 小波	96.243
高斯小波	58.942
B-样条小波	57.257
香农小波	14.789
谐波小波	15.835

表 10-11　复值小波提取的信号的香农熵

基小波	香农熵
Morlet 小波	7.322
高斯小波	7.290
B-样条小波	7.365
香农小波	7.690
谐波小波	7.453

信息论测度也可以用于评价每个候选小波的性能,结果在表 10-13 ~ 表 10-16 中列出。值得注意的是,通过使用以下三个准则:最小联合熵、最小条件熵和最小相对熵,复值 Morlet 小波再次被认定为最适合的小波。然而,当应用最大互信息准则时,复值高斯小波被认定为是最适合的小波。我们再次应用综合标准的"最大信息测度",可以成功解决此冲突。见表 10-17,当复值 Morlet 小波作为基小波时,就可以获得一个最大的信息值。

表 10-12　复值小波提取的信号的能量 – 香农熵比

基小波	能量 – 香农熵比
Morlet 小波	13.143
高斯小波	8.085
B – 样条小波	7.772
香农小波	1.923
谐波小波	2.125

表 10-13　复值小波提取的信号的联合熵

基小波	联合熵
Morlet 小波	3.121
高斯小波	3.280
B – 样条小波	3.248
香农小波	4.167
谐波小波	3.639

表 10-14　复值小波提取的信号的条件熵

基小波	条件熵
Morlet 小波	0.575
高斯小波	0.734
B – 样条小波	0.702
香农小波	1.614
谐波小波	1.093

表 10-15　复值小波提取的信号的交互信息

基小波	交互信息
Morlet 小波	1.665
高斯小波	1.808
B – 样条小波	1.705
香农小波	1.296
谐波小波	1.551

表 10-16　复值小波提取的信号的相对熵

基小波	相对熵
Morlet 小波	0.009
高斯小波	0.060
B – 样条小波	0.011
香农小波	0.214
谐波小波	0.027

表 10-17　复值小波提取的信号的信息值

基小波	信息值
Morlet 小波	111.111
高斯小波	12.346
B – 样条小波	66.667
香农小波	0.864
谐波小波	13.889

分析高斯调制的正弦信号时,最适合的基小波是复值 Morlet 小波的原因,可以从物理的角度通过比较其相应的分析表达式来解释,如式(10-18)和下面的式(10-21):

$$\psi_M(t) = \frac{1}{\sqrt{\pi f_b}} e^{j2\pi f_c t} e^{\frac{-t^2}{f_b}} \tag{10-21}$$

调整带宽 f_b 和复值 Morlet 小波的中心频率 f_c,尺度伸缩后的复值 Morlet 小波变

换可以表示为

$$\psi(t) = \sqrt{\frac{120}{\pi}} e^{j2\pi 48 t} e^{-120 t^2} \tag{10-22}$$

式（10-22）说明了尺度伸缩后的复值 Morlet 小波对于式（10-18）给出的高斯调制正弦信号的一个完美匹配。其结果是它的小波系数最好地代表了测试信号，这就是为什么这个小波可以从测试信号中提取最大的能量总量。

总之，利用高斯调制的正弦测试信号，我们已经展示了如何通过使用各种定量测度从许多候选小波中系统地选择一个基小波。在机械状态监测与健康诊断领域，两个综合准则，即能量-香农熵比值和最大信息测度，在选择最适合的分解振动信号的基小波方面已被证明是有效的。

10.4　轴承振动信号的基小波选择

现在我们展示如何将两个综合性基小波选择准则，即最大能量-香农熵比值和最大信息测度，应用于轴承振动信号来选择基小波。图 10-4a 显示了振动信号的波形，该信号测自一个在外圈有局部故障的滚珠轴承。采样频率为 10000Hz。图 10-4b 的频谱表明有一个主要峰值频率分量在 1840Hz。这一分量被用作参考基，用于确定分解层数（用于 DWT）以及用于尺度选择（用于 CWT）。这两个准则被用于分别评估实值和复值小波。

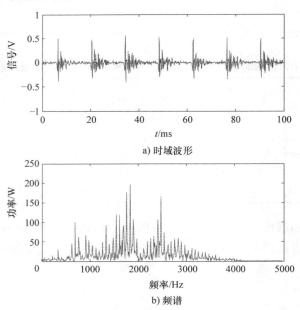

图 10-4　轴承振动信号及其相应频谱

首先对实值小波进行了评估。DWT 的分解层数被选为 2，这对应于尺度 4（$s=2^2$）。此尺度涵盖频率范围为 1250～2500Hz，这其中主要的峰值频率分量被锁定（在 1840Hz）。通过每一个候选小波对轴承振动信号的能量和熵值进行计算后，计算出每一个小波的能量-香农熵比值，结果列在表 10-18 中。基于最大能量-香农熵比准则，用于分析轴承振动信号的最合适小波为逆双正交小波 5.5（记为 rBio5.5）。

表 10-18 实值小波提取的轴承振动信号的能量-香农熵比值

基小波	能量-香农熵比	基小波	能量-香农熵比	基小波	能量-香农熵比
Haar	56.279	Coif4	75.980	Bior2.6	69.647
Db2	80.793	Coif5	76.473	Bior4.4	69.864
Db4	104.750	Sym2	80.120	Bior5.5	91.454
Db6	71.343	Sym3	73.969	Bior6.8	77.721
Db8	74.153	Sym4	59.229	rBio1.3	43.843
Db10	93.488	Sym6	77.946	rBio2.4	69.435
Db20	85.949	Sym8	68.515	rBio2.6	70.795
Coif1	66.550	Meyer	77.757	rBio4.4	76.204
Coif2	72.738	Bior1.3	39.720	rBio5.5	109.920
Coif3	75.050	Bior2.4	63.477	rBio6.8	78.777

各种相似性测度，包括联合熵、条件熵、相对熵和互信息，也被计算用来评估候选基小波。通过把这些相似性测度集成为最大信息测度准则，人们发现，逆双正交小波 5.5 是分析轴承振动信号最适合的小波。详细的结果列于表 10-19 中。

表 10-19 实值小波提取的轴承振动信号的信息值

基小波	信息值	基小波	信息值	基小波	信息值
Haar	0.106	Coif4	0.143	Bior2.6	0.180
Db2	0.223	Coif5	0.142	Bior4.4	0.181
Db4	0.143	Sym2	0.223	Bior5.5	0.219
Db6	0.127	Sym3	0.180	Bior6.8	0.167
Db8	0.116	Sym4	0.108	rBio1.3	0.105
Db10	0.136	Sym6	0.171	rBio2.4	0.162
Db20	0.129	Sym8	0.122	rBio2.6	0.169
Coif1	0.173	Meyer	0.108	rBio4.4	0.140
Coif2	0.169	Bior1.3	0.101	rBio5.5	0.242
Coif3	0.124	Bior2.4	0.179	rBio6.8	0.158

通过使用 5 种常见的复值小波，连续小波变换也被用于分析轴承的信号。首先计算每个小波提取的轴承振动信号的能量和香农熵值，并确定其相应的能量-香农熵比值。见表 10-20，复值 Morlet 小波显示了最大的能量-香农熵比，因此被认为是用于轴承信号分析的最合适的基小波。

此外，计算被每一个候选小波提取的轴承振动信号的信息测度值，结果显示在表 10-21 中。基于最大信息测度准则，复值 Morlet 小波再次认定为最适合的小波，因为相比其他 4 个候选小波，它显示了最高信息值。

表 10-20 复值小波提取的轴承振动信号的能量-香农熵比值

基小波	能量-香农熵比
Morlet 小波	60.765
高斯小波	56.044
B-样条小波	35.051
香农小波	12.476
谐波小波	14.504

表 10-21 复值小波提取的轴承振动信号的信息值

基小波	信息值
Morlet 小波	0.189
高斯小波	0.068
B-样条小波	0.105
香农小波	0.017
谐波小波	0.091

10.5 总结

通过多种定量测度，我们系统地提出了一种用于分析制造系统中常见的非平稳信号的基小波选择方法，并对这些测度从两个不同的方面进行了验证：①它们相应的小波系数（即能量和香农熵）；②被分析的信号和用于分析的基小波的小波系数之间的关系（即联合熵、条件熵、互信息和相对熵）。基于这些测度，我们确定了最大能量与香农熵的比值和最大信息测度这两个综合性基小波选择准则为选择最适合小波的定量方法。数值研究和实验数据分析都表明，这两个准则对于基小波的选择可以提供定量的指导，便于有效的信号分析。

10.6 参考文献

Abi-Abdallah D, Chauvet E, Bouchet-Fakri L, Bataillard A, Briguet A, Fokapu O (2006) Reference signal extraction from corrupted ECG using wavelet decomposition for MRI sequence triggering: application to small animals. BioMed Eng Online 5(11):1–12

Abry P (1997) Wavelet and turbulence – multi-resolutions, algorithms of decomposition, invariance of scale and signals of pressure. Diderot Editeur, Paris

Abu-Mahfouz I (2005) Drill flank wear estimation using supervised vector quantization neural networks. Neural Comput Appl 14(3):167–175

Ahuja N, Lertrattanapanich S, Bose NK (2005) Properties determining choice of mother wavelet. IEEE Proc Vis Image Signal Process 152:659–664

Arafat S, Skubic M, Keegan K (2003) Combined uncertainty model for best wavelet selection. In: The IEEE international conference on fuzzy systems, pp 1195–1199

Bedekar D, Nair A, Vince DG (2005) Choosing the optimal mother wavelet for decomposition of radio-frequency intravascular ultrasound data for characterization of atherosclerotic plaque lesions. Proc SPIE 5750:490–502

Bhatia P, Boudy J, Andreão RV (2006) Wavelet transformation and pre-selection of mother wavelet for ECG signal processing. In: Proceedings of the 24th IASTED international multi-conference: biomedical engineering, Innsbruck, Austria, 15–17 Februray, pp 390–395

Bibian S, Zikov T, Dumont GA, Ries CR, Puil E, Ahmadi H, Huzmenzan M, Macleod BA (2001) Estimation of an anesthetic depth using wavelet analysis of electroencephalogram. In: 23rd International conference of the IEEE engineering in medicine and biology society, Istanbul, Turkey, October

Bradley AP, Wilson WJ (2004) On wavelet analysis of auditory evoked potentials. Clin Neurophysiol 115:1114–1128

Cover TM, Thomas JA (1991) Elements of information theory. Wiley, New York

Daubechies I (1992) Ten lectures on wavelets. SIAM, Philadelphia, PA.

Emlen JM (1973) Ecology: an evolutionary approach. Addison-Wesley, Reading, MA

Flanders M (2002) Choosing a wavelet for single-trial EMG. J Neurosci Methods 116:165–177

Fokapu O, Abi-Abdallah D, Briguet A (2005) Extracting a reference signal for cardia MRI gating: experimental study for wavelet functions choice. Proceedings of 12th international workshop on systems, signals & image processing, Chalkida, Greece, pp 419–423

Fu S, Muralikrishnan B, Raja J (2003) Engineering surface analysis with different wavelet bases. ASME J Manuf Sci Eng 125:844–852

Goel P, Vidakovic B (1995) Wavelet transformations as diversity enhancers. Proc SPIE Int Soc Opt Eng, 2569:845–857

Ho D, Randall RB (2000) Optimization of bearing diagnostic techniques using simulated and actual bearing fault signals. Mech Syst Signal Process 14(5):763–788

Katul G, Vidakovic B (1996) The partitioning of attached and detached eddy motion in the atmospheric surface layer using Lorentz wavelet filtering. Bound Layer Meteorol 77(2):153–172

Li X, Tso SK, Wang J (2000) Real-time tool condition monitoring using wavelet transforms and fuzzy techniques. IEEE Trans Syst Man Cybern C Appl Rev 30(3):352–357

Ma X, Zhou C, Kemp IJ (2002a) Automated wavelet selection and thresholding for PD detection. IEEE Electr Insul Mag 18(2):37–45

Ma X, Zhou C, Kemp IJ (2002b) Interpretation of wavelet analysis and its application in partial discharge detection. IEEE Trans Dielectr Electr Insul 9(3):446–457

Marshall AW, Olkin I (1979) Inequalities: theory of majorization and its application. Academic, New York

Mendenhall W, Sincich TL (1995) Statistics for engineering and the sciences, 4th edn. Prentice Hall, Englewood Cliffs, NJ

Mojsilović A, Popović MV, Rackov DM (2000) On the selection of an optimal wavelet basis for texture characterization. IEEE Trans Image Process 9(12):2043–2050

Safavian LS, Kinsner W, Turanli H (2005) A quantitative comparison of different mother wavelets for characterizing transients in power systems. In: Canadian Conference on Electrical and Computer Engineering, Saskatoon, Canada, May, pp 1453–1456

Schukin EL, Zamaraev RU, Schukin LI (2004) The optimization of wavelet transform for the impulsive analysis in vibration signals. Mech Syst Signal Process 18(6):1315–1333

Shao Y, Nezu K (2004) Extracting symptoms of bearing faults in the wavelet domain. Proc Inst Mech Eng I J Syst Control Eng 218(1):39–51

Singh BN, Tiwari AK (2006) Optimal selection of wavelet basis function applied to ECG signal denoising. Digit Signal Process 16:275–287

Tsui PPC, Basir OA (2006) Wavelet basis selection and feature extraction for shift invariant ultrasound foreign body classification. Ultrasonics 45:1–14

Wang S, Liu X, Yianni J, Aziz TZ, Stein JF (2004) Extracting burst and tonic components from surface electromyograms in dystonia using adaptive wavelet shrinkage. J Neurosci Methods 139:174–184

Yang L, Judd MD, Bennoch CJ (2004) Denoising UHF signal for PD detection in transformers based on wavelet technique. IEEE conference on electrical insulation and dielectric phenomena, Boulder, CO, October 17–20, pp 166–169

Yang WX, Ren XM (2004) Detecting impulses in mechanical signals by wavelets. EURASIP J Appl Signal Process 8:1156–1162

Zhang L, Bao P, Wu X (2005) Multiscale LMMSE-based image denoising with optimal wavelet selection. IEEE Trans Circuits Syst Video Technol 15(4):469–481

第 11 章 设计自己的定制小波

为了实现有效的信号特征提取，第 10 章介绍了几个从可用的小波家族中选择合适基小波的定量测度，如 Daubechies、Myer 和 Morlet 小波。本章介绍一种与前述小波选择方法相辅相成的定制小波的设计技术，其目标是设计一个最适合于对感兴趣的信号成分进行分析的自定义的特定小波。相比于其他小波，这样一个自定义小波将与信号有更高的匹配度，因而能够提高特征提取的有效性。

11.1 小波设计概述

研究人员已经研究了各种各样的设计基小波的技术。在 20 世纪 80 年代末到 90 年代初，Daubechies 的工作导致了具有紧支撑的标准正交（Daubechies 1988）和双正交（Cohen 等 1992）基小波的产生。这些小波不依赖被分析的信号。Tewfik 等（Tewfik 等 1992）提出了利用损失函数在有限的尺度内寻找最优正交基小波用以描述指定的信号。他们的工作被延伸到在有限尺度内通过假设带限信号和寻找最优的 M 带基小波来表示所需的信号（Gopinath 等 1994）。在同一时期，Aldroubi 和 Unser（Aldroubi 和 Unser 1993）提出了一种匹配基小波和待分析信号的方法，即通过投影该信号到一个存在的基小波，或在一定的条件下变换小波基以使待分析信号和新基小波之间的误差范数最小。最近，Chapa 和 Rao 等（Chapa 和 Rao 2000）已经开发了两组方程用于从感兴趣的信号直接设计一个小波。第一组方程推导出连续匹配小波频谱振幅的表达式，而第二组提供了一个直接的离散算法，用于计算近似的最优复值小波频谱。通过转化小波设计为一个约束优化问题，然后通过一个完美的重建约束的一阶参数化，把优化问题转化为一个迭代线性搜索问题来解决，Lu 和 Antoniou（Lu 和 Antoniou 2001）构造了一个信号自适应、有限长度的双正交滤波器组。后来，Shark 和 Yu（Shark 和 Yu 2003）提出了一种基于遗传算法的设计方法来构建具有最优的平移不变性的标准正交小波滤波器组。在广义墨西哥帽函数的基础上，作者还设计了一类新的连续小波用于任意瞬态信号（Shark 和 Yu 2006），其中信号匹配是通过最小化参考信号和广义的墨西哥帽小波之间的频谱差异来实现的。Gupta 等（Gupta 等 2005）提出了从统计意义上匹配到一个给定的信号来构造小波。其主要思想是从信号的统计特性先估计一个高通小波滤波器，然后获得一个 FIR/IIR 双正交完全重构滤波器。这形成了一个具有统计意义的匹配小波的构造。作者还通过最大化信号到连续标度子空间的投影，同时在小波子空间上最小化信号的能量，设计了双正交和半正交小波（Gupta 等 2005b）。利用相同的想法，Guido

等（Guido等2006）设计了一个Spikelet小波，它提高了在果蝇的视觉系统的运动敏感神经元中对H1神经动作电位信号的模式识别方面的性能。这些先前的努力激励我们研究设计特定的基小波，以改进与制造系统相关信号的特征提取。

11.2 构建一个冲击小波

考虑到文献中现有的基小波（例如MATLAB提供的）的设计主要是从数学的角度而没有参考一个特定的物理系统，然而在实际应用中被分析的信号通常来自于物理系统。从探索知识的角度来看，研究如何从被分析物理现象构建一个定制的基小波将非常有趣。当然，这样的构建过程，必须满足设计基小波的数学要求。基于这样的想法，我们介绍一种冲击小波，用于分析从制造系统中广泛使用的滚动轴承上测得的振动信号。

一般来说，基小波必须满足如第3章和第4章描述的条件，以确保信号的小波变换不导致信息的损失，从而信号可以从相应的小波系数正确地重构。在数学上，只要可以找到一个满足以下扩展方程（Burrus等1998；Cui等1994）的尺度函数$\phi(t)$，这种重构就存在。

$$\frac{1}{\sqrt{2}}\phi\left(\frac{t}{2}\right) = \sum_n h_n \phi(t-n) \tag{11-1}$$

在式（11-1）中，h_n是一组用于计算$\phi(t-n)$的尺度系数。式（11-1）表明，$\phi(t)$的扩展函数可以写成由系数h_n表示的平移函数和。此外，它表明对于某一尺度上的尺度函数，可以从一些在前一个尺度上的尺度函数来构造。在一般情况下，一个基小波的构建从满足式（11-1）的尺度函数开始。这样的尺度函数在之后用于导出基小波。

假设一个冲击输入作用于滚动轴承，相应的输出信号可以通过连续形式的卷积定义（Inman 1996；Lutes和Sarkani 1997）：

$$x(t) = \int_0^t R(\tau)h(t-\tau)\mathrm{d}\tau \tag{11-2}$$

式中，$R(\tau)$表示冲击输入；$x(t)$表示输出信号。

在离散形式中，冲击输入$R(\tau)$的采样为$R(n)$，输出信号可以得到如下：

$$x(t) = \sum_n R(n)h(t-n) \tag{11-3}$$

在式（11-2）和式（11-3）中，符号$h(\cdot)$表示滚动轴承的冲击响应。考虑到卷积表达式的离散形式，式（11-3）和式（11-1）之间的相似性变得明显：式（11-3）中的输出$x(t)$可以看作是被输入$R(n)$尺度化的脉冲响应$h(\cdot)$平移形式的总和。如果脉冲响应满足式（11-1），那么它可以被用来形成一个尺度函数，该尺度函数包含了与被监测轴承相关的基本动力学信息。随后，尺度函数可以被用来构建一个基小波，用以分析被测轴承的振动信号。由于这样推导的性质，与文献中常见的标准小波比，我们预期这种基小波提供了一种更直接和有意义的轴承信号的分解方式。

为了构建基小波，通过锤击取得滚珠轴承的几个冲击响应，如图 11-1 所示。相应的频谱如图 11-2 所示。可以看到，低于 1500Hz 频率成分的幅值是一致的，而高于 1500Hz 的有些变化。这些高频分量的幅值小于那些较低的频率分量的幅值。

由于其相对较小的幅度和随机行为，高频分量被视为噪声，并被低通滤波器从信号中除去。滤波器的截止频率选为 1500Hz，因为低于此频率每个冲击响应的频谱分量是稳定的。如图 11-3 所示给出了原始信号和滤波后的信号，该滤波器能有效地从脉冲响应中去除噪声，并保留原始信号的频率分量。

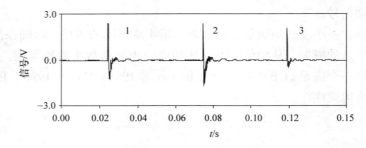

图 11-1　滚珠轴承 3 个连续脉冲响应的波形

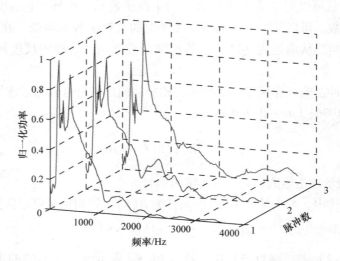

图 11-2　滚珠轴承 3 个连续脉冲响应的频谱

为了使图 11-3 中所示滤波后的脉冲响应用作一个尺度函数，它必须满足扩张方程，即此信号支撑间隔的长度必须至少为 1。少于一个支撑间隔的函数在

$h_n\phi(t-n)$ 和 $h_{n+1}\phi(t-n-1)$ 之间会有一个间隙，间隙内没有任何对式 (11-1) 右侧有贡献的成分存在。因此，这样的函数将不满足扩展方程。为了解决这个问题，先平移脉冲响应以使其支撑大于 1。平移后，系数 h_n 由一个从扩展方程导出的递归关系确定。

作为满足扩展方程过程的一个例子，给出一个标准的 Daubechies 尺度函数 $\phi(t)$（见图 11-4）如下。首先应当指出，Daubechies 尺度函数的显式表达不存在（Daubechies 1992）。

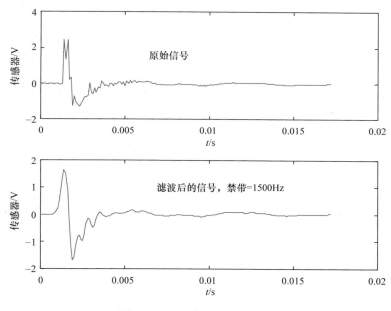

图 11-3 滚珠轴承的脉冲响应

得到系数 h_n 序列后，它们被用来形成一个 FIR 滤波器，标记为 H^*。FIR 滤波器 H^* 和 G^* 是正交镜像滤波器，如果对于一个信号 $x(t)$：

$$\|H^*x(t)\| + \|G^*x(t)\| = \|x(t)\| \qquad (11\text{-}4)$$

H^* 和 G^* 一起形成一对重构滤波器用于信号的小波分解。这个过程称为解构，经由 H^* 和 G^* 的伴随矩阵来实现，分别用 H 和 G 表示（Kaiser 1994）。对于图 11-4 上部所示的 Daubechies 尺度函数 $\phi(t)$，滤波器的系数如下：$h_n\{\ 0.2304$, $0.7148,\ 0.6309,\ -0.0280,\ -0.1870,\ 0.0308,\ 0.0329,\ -0.0106\ \}$（Misiti 等 1997）。图 11-4 中部绘出了 $\phi(t)$ 的尺度和平移函数（即 $h_n\phi(t-n), n=0,1,2,\cdots$, 7）。由于 $\phi(t)$ 是一个有效的尺度函数且 h_n 是有效的滤波器系数，所以满足扩展方程，如图 11-4 下部所示。

上述过程重复用于脉冲响应，如下面的图 11-5 所示。应该注意的是这里的脉

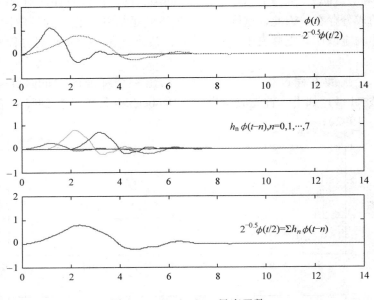

图 11-4 Daubechies 尺度函数

冲响应 $\phi(t)$ 是一个轴承动力学函数,而不是扩展方程的一个确切解。然而可以确定一组滤波器系数 h_n 使得脉冲响应近似地满足尺度方程。

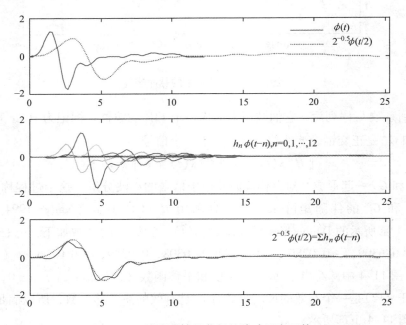

图 11-5 从滚珠轴承获得的脉冲尺度函数

计算得到的滤波器系数满足整数值 t 上的尺度方程。这样的解是递归的：对于 $n>0$ 的每一个 h_n 可以被明确地确定为一个 $\phi(t)$ 和 $h_0,h_1,h_2,\cdots,h_{n-1}$ 的函数。第一个系数 h_0 是 $\phi(t)$ 的一个简单函数。这些解通过整数值 t 的求值扩展方程得到。式（11-1）给出了 $\phi(1/2)\sqrt{2}=h_0\phi(1)$。因为对于 $t\leqslant 0$，$\phi(t)=0$，$h_1\phi(0)$、$h_2\phi(-1)$ 项等都不会出现（ϕ 是紧支撑的）。因此，h_0 是由下式确定：

$$h_0 = 2^{-1/2}\phi(1/2)/\phi(1) \tag{11-5}$$

同样地，对于 $t=2$，式（11-1）给出：

$$\frac{1}{\sqrt{2}}\phi(1) = h_0\phi(2) + h_1\phi(1) \tag{11-6}$$

对于 $t=3$：

$$\frac{1}{\sqrt{2}}\phi\left(\frac{3}{2}\right) = h_0\phi(3) + h_1\phi(2) + h_2\phi(1) \tag{11-7}$$

对于 $t=N+1$：

$$\frac{1}{\sqrt{2}}\phi\left(\frac{N+1}{2}\right) = h_0\phi(N+1) + h_1\phi(N) + h_2\phi(N-1) + \cdots + h_N\phi(1) \tag{11-8}$$

式（11-5）~式（11-8）为每个滤波器系数 h_n 确定了递归定义。第一个系数 h_0 由式（11-5）给出，其余系数由下面给出：

$$h_n = \frac{2^{-1/2}\phi\left(\frac{n+1}{2}\right) - \sum_{k=0}^{n-1} h_k\phi(n+1-k)}{\phi(1)}, \quad n\geqslant 1 \tag{11-9}$$

由于尺度函数 $\phi(t)$ 是轴承的冲击响应，滤波器系数 h_n 中的每一个都可以由式（11-5）和式（11-9）容易地确定。此外，注意到扩展方程可以写为

$$\frac{1}{\sqrt{2}}\phi\left(\frac{t}{2}\right) = h_0\phi(t) + \sum_{j=1}^{N} h_j\phi(t-j) \tag{11-10}$$

由于 h_n 是由式（11-9）给出的，扩展方程可以被改写为

$$\frac{1}{\sqrt{2}}\phi\left(\frac{t}{2}\right) = \frac{\sum_{j=1}^{N}\left[2^{-1/2}\phi\left(\frac{j+1}{2}\right) - \sum_{k=0}^{j-1} h_k\phi(j+1-k)\right]\phi(t-j)}{\phi(1)} + h_0\phi(t) \tag{11-11}$$

考虑所有项得到扩展方程的下列形式：

$$\frac{1}{\sqrt{2}}\phi\left(\frac{t}{2}\right) = \frac{\sum_{j=1}^{N}\left[2^{-1/2}\phi\left(\frac{j+1}{2}\right)\phi(t-j)\right]}{\phi(1)} - \frac{\sum_{j=1}^{N}\sum_{k=0}^{j-1} h_k\phi(j+1-k)\phi(t-j)}{\phi(1)} + h_0\phi(t) \tag{11-12}$$

注意到，只有式（11-12）右边的第二项包含滤波器系数 h_n，h_n 由式（11-5）

和式 (11-9) 确定。式 (11-12) 给出了扩展方程确定的 h_n 和 $\phi(t)$ 之间的一个有趣的关系。特别是，式 (11-12) 给出的表达式表明，尺度函数的平移版不仅与被滤波器系数 h_n 表示的 $\phi(t-n)$ 有关，而且也与被 $\phi(t)$ 表示的 $\phi(t-n)$ 有关，它在整数 t 被求值。式 (11-9) 给出的递归关系给出了 h_n，以至于扩展方程在 $x=\{0,1,2,\cdots\}$ 得到满足。在其他点，式 (11-1) 右边的总和可能与左边会有不同。在实际处理一个诸如图 11-5 上部所示的脉冲尺度函数时，式 (11-5) 和式 (11-9) 首先被用于得到一个滤波函数的初始值。这些系数然后通过最小化以下误差函数被优化：

$$E_{rms} = \sqrt{\frac{1}{T}\int_0^T \left[\frac{1}{\sqrt{2}}\phi\left(\frac{t}{2}\right) - \sum_n h_n \phi(t-n)\right]^2 dt} \qquad (11\text{-}13)$$

误差 E_{rms} 是滤波器系数 h_n 的矢量的标量值函数，且优化是通过寻找最小化 E_{rms} 的矢量来实现的。因为 E_{rms} 是扩展方程被满足程度的一个度量，最小化 E_{rms} 的矢量 h_n 是一组最好的滤波器系数，它可以从 $\phi(t)$ 得到。利用这一技术，滤波器系数被确定为 $h_n = \{-0.0529, 0.4897, 0.9601, 0.4848, 0.1467, 0.2653, 0.1723, 0.1295, 0.1208, 0.0495, -0.0182, -0.0255, 0.0131\}$，$n=0,1,\cdots,12$。对应于这些 h_n [即 $h_n\phi(t-n)$] 的平移和伸缩后的 $\phi(t)$ 被绘制在图 11-5 中部上。图 11-5 下部表明，冲击响应是扩展方程的一个近似解 ($E_{rms} = 0.0984$)。从这个尺度函数 $\phi(t)$ 导出的低通滤波器系数后面可以被用于确定相应的小波 $\psi(t)$（Young 1993；Mallat 1998）。高通重构滤波器 G^* 的系数由式 (11-4) 确定。小波求值通过上采样 G^* 与 H^* 卷积，然后迭代重复这一过程：

$$H_{n+1}^* = \Uparrow G^* * H_n^* \qquad (11\text{-}14)$$

式中，$\Uparrow$ 是一个二价上采样算子。因此，N 次迭代后，$\psi(t) \cong H_{N+1}^*$。图 11-6 显示了式 (11-14) 的 4 次迭代结果，它基于滚珠轴承结构的冲击响应，产生了一个自

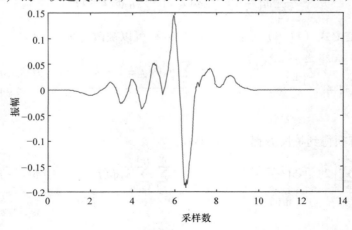

图 11-6 导自冲击响应的小波

定义的小波。在表 11-1 中给出了一组基于 $\psi(t)$ 的 FIR 滤波器和基于 $\phi(t)$ 的重构滤波器，其中，滤波器已归一化到一个 $1/\sqrt{2}$ 标准值。

表 11-1 归一化滤波器系数

解构		重构	
低通	高通	低通	高通
0	0.0274	−0.0274	0
0.0068	0.2532	0.2532	−0.0068
−0.0132	−0.4964	0.4964	−0.0132
−0.0094	0.2507	0.2507	0.0094
0.0256	−0.0759	0.0759	0.0256
0.0625	0.1372	0.1372	−0.0625
0.0670	−0.0891	0.0891	0.0670
0.0891	0.0670	0.0670	−0.0891
0.1372	−0.0625	0.0625	0.1372
0.0759	0.0256	0.0256	−0.0759
0.2507	0.0094	−0.0094	0.2507
0.4964	−0.0132	−0.0132	−0.4964
0.2532	−0.0068	0.0068	0.2532
−0.0274	0	0	0.0274

11.3 冲击小波的应用

作为一个应用实例，冲击小波被用于诊断轴承故障。图 11-7a 显示一个型号为 SKF 6220 球轴承的振动信号，在其内滚道有一个 0.25mm 的孔。此信号按 10kHz 采样，轴承的旋转速度是 600r/min（即对应于 10Hz 旋转频率）。根据轴承的几何尺寸和转速（Harris 1991），该轴承的内滚道故障特征频率 f_{BPFI1} 为 58.6 Hz。如图 11-7b 所示，这样一个故障相关的频率成分在傅里叶变换得出的功率频谱密度（PSD）中却看不到。

利用第 7 章所描述的统一傅里叶变换和小波变换的技术，相同的振动信号先被小波变换分析。从球轴承的脉冲响应得到的冲击小波被用作基小波。然后对从小波变换得到的小波系数进行傅里叶变换，以明确揭示相关的频率分量。图 11-8 给出了由此产生的小波系数及其对应的 PSD。可以看出，故障相关的频率成分 f_{BPFI1} 58.6Hz 明显地显示在频谱上，从而验证了内圈局部故障的存在。

为了展示为轴承故障诊断设计的冲击小波的特征提取能力，与来自文献的 5 个标准的基小波：Daubechies 2 和 Daubechies 4 小波、Coiflets 1、Symlets 3 和双正交 2.2（Daubechies 1992；Lou 和 Loparo 2004；Zhang 等 2005）通过分析该振动信号进行了对比研究。图 11-9 ~ 图 11-13 的上部是统一小波 - 傅里叶变换分析的中间结

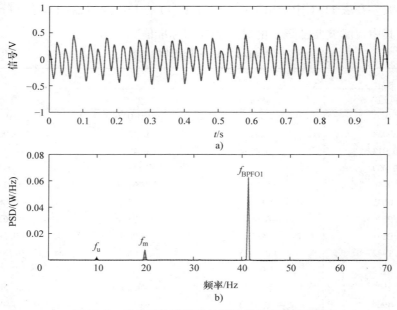

图 11-7　来自于故障轴承的振动信号和它的 PSD

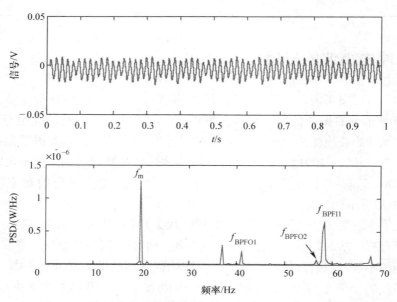

图 11-8　使用自定义冲击小波的统一小波 - 傅里叶变换频谱

果（即小波系数），这些图的下部是它们对应的 PSD。结果表明所有的 5 个标准的基小波都可以识别故障相关的频率分量，如图 11-9 ~ 图 11-13 的下部所示。

在图 11-9 ~ 图 11-13 的频谱中，存在一个具有清晰幅值的 $f_{BPFO2} = 56.5Hz$ 的频率分量。这样的一个频率分量被确定来自支撑结构中另一个轴承滚珠的旋转

(Yan 等 2009)。为了对所提出的冲击小波及其他 5 个标准基小波进行一个量化的性能比较,这里介绍一种信噪比测度,它是故障频率 f_{BPFI1} 和邻频 f_{BPFO2} 之间的幅值比。见表 11-2,冲击小波在检测故障特征频率 $f_{BPFI1} = 58.6Hz$ 方面显示了最高的信噪比。这一结果可以归因于此自定义小波来自轴承结构的实际冲击响应的特性。它直接与轴承动力学特性相关联,从而从本质上比标准的小波能更好地匹配轴承特征,使得它能更有效地揭示信号的内在特征,用于故障识别。

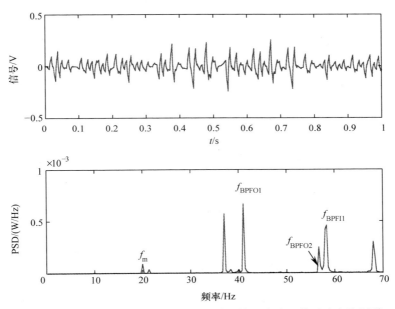

图 11-9　使用 Daubechies 2（Db2）小波的统一小波 – 傅里叶变换频谱

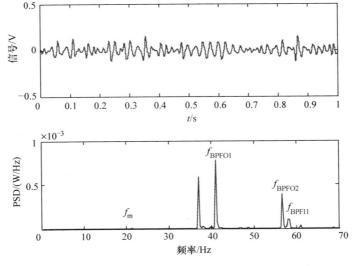

图 11-10　使用 Daubechies 4（Db4）小波的统一小波 – 傅里叶变换频谱

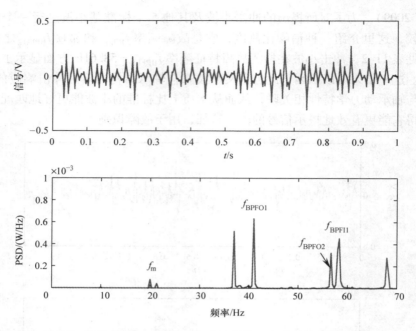

图 11-11 使用 Coiflets 1（Coif1）小波的统一小波 – 傅里叶变换频谱

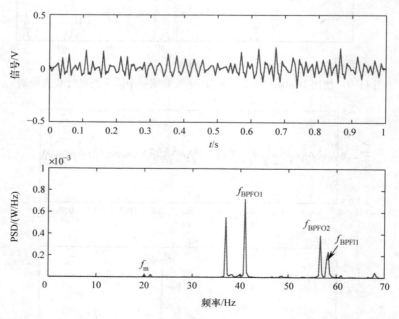

图 11-12 使用 Symlets 3（Sym3）小波的统一小波 – 傅里叶变换频谱

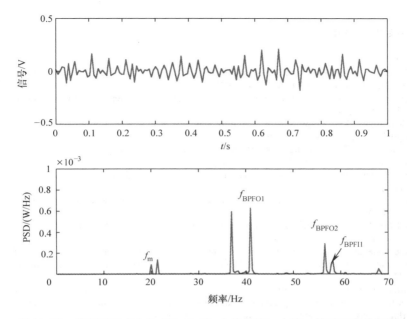

图 11-13 使用双正交 2.2（Bior2.2）小波的统一小波 – 傅里叶变换频谱

表 11-2 不同基小波的信噪比比较

基小波	f_{BPFI1}/f_{BPFO2}
冲击	9.55
Db2	1.88
Db4	0.27
Coif1	1.41
Sym3	0.62
Bior2.2	0.43

11.4 总结

本章介绍了一个基于被分析物理系统的动力学特性来设计一种我们称之为定制小波的方法。利用球轴承系统的冲击响应，我们构造了一种用于故障引起的特征提取的冲击小波。实验数据分析验证了冲击小波在识别轴承的内滚道局部故障上的有效性。我们还同时给出了冲击小波与文献中介绍的 5 个标准小波对此信号进行分析的性能比较。虽然本章中冲击小波设计的出发点基于一个特定类型的轴承，但所描述的分析过程适用于其他类型的机械系统的分析。

11.5 参考文献

Aldroubi A, Unser M (1993) Families of multiresolution and wavelet spaces with optimal properties. Numer Funct Anal Optim 14:417–446

Burrus CS, Gopinath R, Guo H (1998) Introduction to wavelets and wavelet transforms: a primer. Prentice Hall, Englewood Cliffs, NJ

Chapa JO, Rao RM (2000) Algorithm for designing wavelets to match a specified signal. IEEE Trans Signal Process 48(12):3395–3406

Cohen A, Daubechies I, Feauveau JC (1992) Biorthogonal bases of compactly supported wavelets. Commun Pure Appl Math 45:485–560

Cui CK, Montefusco L, Puccio L (1994) Wavelet: theory, algorithms, and applications. Academic, New York

Daubechies I (1988) Orthonormal bases of compactly supported wavelets. Commun Pure Appl Math 41:909–996

Daubechies I (1992) Ten lectures on wavelets. Society of Industrial and Applied Mathematics, Pennsylvania, PA

Gopinath RA, Odegard JE, Burrus CS (1994) Optimal wavelet representation of signals and wavelet sampling theorem. IEEE Trans Circuits Syst II Analog Digital Signal Process 41:262–277

Guido RC, Slaets JFW, Koberle R, Almeida LOB, Pereira JC (2006) A new technique to construct a wavelet transform matching a specified signal with applications to digital, real time, spike, and overlap pattern recognition. Digit Signal Process 16:22–44

Gupta A, Joshi SD, Prasad S (2005a) A new approach for estimation of statistically matched wavelet. IEEE Trans Signal Process 53(5):1778–1793

Gupta A, Joshi SD, Prasad S (2005b) A new method of estimating wavelet with desired features from a given signal. Signal Processing 85:147–161

Harris T (1991) Rolling bearing analysis. Wiley, New York

Inman D (1996) Engineering vibration. Prentice Hall, Englewood Cliffs, NJ

Kaiser G (1994) A Friendly Guide to Wavelets. Birkhauser, Boston, MA

Lou X, Loparo KA (2004) Bearing fault diagnosis based on wavelet transform and fuzzy inference. Mech Syst Signal Process 18:1077–1095

Lu WS, Antoniou A (2001) Design of signal-adapted biorthogonal filter banks. IEEE Trans Circuits Syst I Fundam Theory Appl 48:90–102

Lutes L, Sarkani S (1997) Stochastic analysis of structural and mechanical vibrations. Prentice Hall, Englewood Cliffs, NJ

Mallat S (1998) A wavelet tour of signal processing. Academic, Boston, MA

Misiti M, Misiti Y, Oppenheim G, Poggi J (1997) Wavelet toolbox for use with Matlab. The Math Works, Inc., Natick, MA

Shark L, Yu C (2003) Design of optimal shift-invariant orthonormal wavelet filter banks via genetic algorithm. Signal Processing 83:2579–2591

Shark L, Yu C (2006) Design of matched wavelets based on generalized Mexican-hat function. Signal Processing 86:1451–1469

Tewfik AH, Sinha D, Jorgensen P (1992) On the optimal choice of a wavelet for signal representation. IEEE Trans Inf Theory 38:747–765

Yan R, Gao R, Wang C (2009) Experimental evaluation of a unified time-scale-frequency technique for bearing defect feature extraction. ASME J Vib Acoust 131:041012-1-12

Young R (1993) Wavelet theory and its applications. Kluwer Academic Publishers, Boston, MA

Zhang S, Mathew J, Ma L, Sun Y (2005) Best basis-based intelligent machine fault diagnosis. Mech Syst Signal Process 19:357–370

第12章 超 小 波

在前面的章节中,我们介绍了与小波变换相关的理论基础和实际应用。小波变换所具有自适应时间-尺度表达和分解信号到不同的子频带的能力,在不增加计算负担的同时提供了一个高效的信号分析方法(Sweldens 1998)。因此,它已成为一种用于非平稳信号处理的流行工具(例如瞬态模式识别和定位)。然而,考虑到在现实应用中出现的大量各种各样的信号,在经典的小波变换理论方面仍然有广阔的研究空间。例如,小波变换的局限性之一是需要改变基小波函数来更好地分析有限长度或持续时间的信号,而不是无限的或周期性的信号(Sweldens 1997)。此外,它在精确捕获和定义图像边缘的几何形状方面有局限性。在这一章中,我们介绍在信号和图像处理方面的一些超出经典小波原有的框架下的新发展,这些新的发展解决了上面所述的局限性(Jiang 等 2006, 2008;Li 等 2008;Zhou 等 2010)。

12.1 二代小波变换

二代小波变换(SGWT),作为一种用于信号时间-尺度表达的先进数学工具,已经在克服传统小波的不足方面得到了广泛的发展。具体来说,从固定函数的平移和伸缩构造基小波的机制已被所谓的提升方案所取代(Sweldens 1996, 1998)。由此产生的小波变换具有以下属性(Uytterhoeven 等 1997):

1) 这是一个通用的方法,与经典的小波变换相比计算更快且更容易实现。
2) 它可以转换有限长度的信号,而无需扩展到无限长时间。
3) 它可以应用于不规则信号采样,以及用于加权函数的确定。
4) 它的逆变换与正向变换具有相同的复杂性。

12.1.1 二代小波变换的理论基础

提升方案的框架如图12-1所示。提升方案的前向过程,与经典离散小波变换中原始信号的近似和细节信息的获取相似。它主要包括3个关键操作步骤:①分裂;②预测;③更新。当开始提升方案过程时,通过样本序列的采样,信号 $x(i)$ 首先分裂成两个子集,奇数样本 x_{odd} 和偶数样本 x_{even}。例如,给定一个信号 $x(i)$,其中,$i=1,2,3,\cdots,n$(n 为自然数),它将分为

$$\begin{cases} x_{\text{odd}} = \{x(2i-1)\} \\ x_{\text{even}} = \{x(2i)\} \end{cases} \quad i=1,2,3,\cdots,n \tag{12-1}$$

当信号 $x(i)$ 的分裂过程完成后,得到奇数和偶数的子样本,信号以因子2被采样。

分裂运算之后是预测运算,它用偶数数据样本预测奇数数据样本,如下:

$$\overline{x_{odd}} = P(x_{even}) \tag{12-2}$$

在式（12-2）中，P 是预测算子，它独立于信号。预测结果和奇数样本之间的差异被认为是原始信号的细节部分，并被描述为

$$d = x_{odd} - \overline{x_{odd}} = x_{odd} - P(x_{even}) \tag{12-3}$$

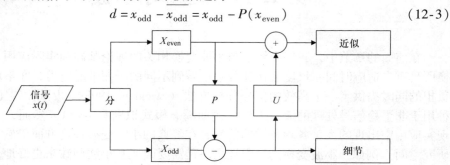

图 12-1　提升方案的正向变换过程

给定 x_{even} 和细节部分，近似部分可用更新算子 U 计算得出：

$$a = x_{even} + U(d) \tag{12-4}$$

类似于预测运算，更新运算也独立于被分析的信号。预测和更新算子的功能类似于经典小波变换中的 $h(n)$ 和 $g(n)$ 滤波器，并且可以通过迭代算法从尺度函数 $\phi(t)$ 与小波函数 $\psi(t)$ 导出（Claypoole 1999；Claypoole 等 2003）。应该指出的是，预测和更新算子可以使用不同的算法优化，如 Claypoole 的优化算法（Claypoole 1999；Claypoole 等 2003）。

基于上述正向过程，信号被分解成两个部分：近似部分和细节部分。这个过程可以通过把近似部分作为输入信号来进行迭代，以继续分解。此外，通过同时迭代分解细节部分和近似部分，小波包变换也可以用提升方案来实现。

分解是可逆的，信号重构过程如图 12-2 所示。

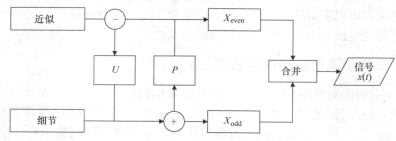

图 12-2　提升方案的逆变换程序

正如正向过程实现了原信号的分解，逆向过程可以实现信号的重构。类似于正向过程，逆向过程涉及预测算子和更新算子两部分。这意味着，存在以下关系：

$$\begin{cases} x_{odd} = d + P(x_{even}) \\ x_{even} = a - U(d) \end{cases} \tag{12-5}$$

然后，通过合并 x_{even} 和 x_{odd} 信号可以重建。

12.1.2 二代小波变换的应用

这里通过几个例子说明二代小波变换的应用。第一个例子涉及一个包括两个频率分量的信号，按 100Hz 采样：

$$x(t) = \sin(2\pi \times 11t) + \sin(2\pi \times 41t) \tag{12-6}$$

这个信号可以通过二代小波变换进行一层分离。在这个信号上执行二代小波变换，其中用 Db8 小波函数作为出发点导出预测和更新算子，然后得到近似部分 a_1 和细节部分 d_1。结果如图 12-3 所示。通过计算误差对分解结果的精度进行评价。具体来说，把每一个采样点处减去近似系数 a_1 和细节系数 d_1 的绝对值求和处理如下：

$$error = \sum_{i=1}^{N} \{x(i) - [a_1(i) + d_1(i)]\} \tag{12-7}$$

通过上述计算，结果误差仅为 1.26×10^{-12}，它验证了分解的准确性。

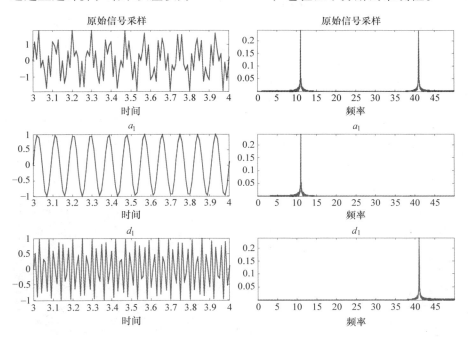

图 12-3 两个正弦波的分离与重构

第二个例子涉及一个间歇性线性调频信号如式（12-8）所示：

$$x(t) = \begin{cases} \sin\left[2\pi\left(\dfrac{t+20}{3}\right)t\right] & t \in [1,4] \cup [6,9] \\ 0 & \text{其他} \end{cases} \tag{12-8}$$

信号用二代小波变换进行分解，结果如图 12-4 所示。

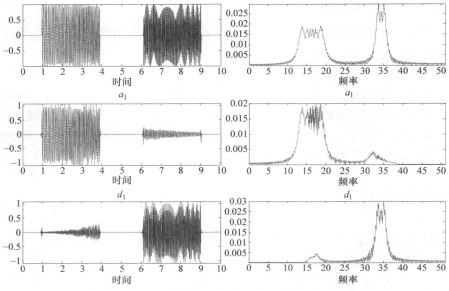

图 12-4 间歇性线性调频信号的分离和重建

采用与第一个例子相同的思想，这个变换的误差被计算为 4.09×10^{-13}，这再次验证了使用二代小波变换分解结果的准确性。

在制造领域，表面形貌被认为是影响零件功能特性的因素之一。一个表面的特征如粗糙度和波纹度对部件的磨损率有直接的影响。为了确定这些表面特征，二代小波变换被用于表面特征分析（Jiang 等 2001a，b，2008）。例如一个磨损的金属股骨头的承载面如图 12-5a 所示，其中存在两种不同类型的划痕（有规则的划痕与制

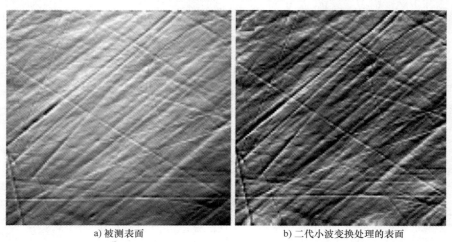

a) 被测表面　　　　　　　　　b) 二代小波变换处理的表面

图 12-5 新金属股骨头的承载面（Jiang 等 2001b）

造过程相关,随机划痕与设备服役时间相关)(Jiang 等 2001b)。应用二代小波变换处理承载面,波纹特征可以在图 12-5b 中清楚地看到。

12.2 脊波变换

在图像处理中,经典小波变换在处理一些问题时已发现不足。局限性主要表现在小波的性质在本质上是各向同性的(即其特征在各方向是均匀的),因此并不能充分地分析图像中的各向异性特征(Starck 等 2006)。小波在图像处理应用上的这个限制促使了各种改进的图像表达和分析方法的研究。脊波分析就是这样的一种方法,这是斯坦福大学的研究人员 1998 年设计开发的(Candes 1998;Candes 和 Donoho 1999)。该分析方法基于 20 世纪 70 年代末发现的脊函数(Logan 和 Shepp 1975)。

12.2.1 脊波变换的理论基础

脊波和相关的脊波分析提出了一种通过脊函数叠加的数学函数多尺度表达。脊函数被表示为 $r(a_1x_1 + a_2x_2 + \cdots + a_nx_n)$(Candes 和 Donoho 1999)。它们是一组有 n 个变量的函数,并沿超平面 $a_1x_1 + a_2x_2 + \cdots + a_nx_n = c$ 是恒定的。脊波函数的图形表达在图 12-6 中给出。

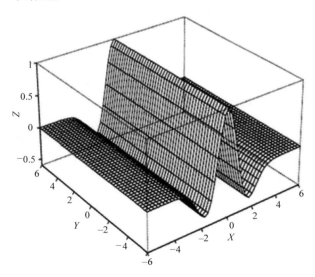

图 12-6 标记线平行于 y 轴的脊函数的脊波(Starck 等 2003)

此外,脊函数也可以表示为一组实数集合的一个多元函数($f: \mathbb{R} \to \mathbb{R}$)

$$f(x_1, x_2, \cdots, x_n) = g(a_1x_1 + \cdots + a_nx_n) = g(ax) \tag{12-9}$$

式中,$g: \mathbb{R} \to \mathbb{R}$ 是一个实数集的函数,$a = (a_1, a_2, \cdots, a_n) \in \mathbb{R}$ 是一个代表方向的

矢量。带有 n 个变量的多元函数 f 可以进一步近似用一个 m ($m < n$) 个脊函数叠加来表示（Candes 1998；Candes 和 Donoho 1999；Starck 等 2006）

$$f(x_1, x_2, \cdots, x_n) \approx \sum_{i=1}^{m} c_i \sigma(a_{i1}x_1 + a_{i2}x_2 + \cdots + a_{in}x_n) \qquad (12\text{-}10)$$

式中，c_i 表示系数；m 表示脊函数的数目。

脊波变换与脊函数相关，脊波变换的概念与傅里叶变换相似，因为它们都与周期性的正弦和余弦函数相关，其数学上表达如下。

考虑一个平滑的单变量函数 ψ，例如 $\psi: \mathbb{R} \to \mathbb{R}$，有消失均值 $\int \psi(t) \, dt = 0$。给定这个函数，我们可以进一步定义一个二元函数 $\psi_{a,b,\theta}: \mathbb{R}^2 \to \mathbb{R}^2$ 如下（Candes 和 Donoho 1999）：

$$\psi_{a,b,\theta}(x) = a^{-\frac{1}{2}} \psi\left(\frac{x_1 \cos\theta + x_2 \sin\theta - b}{a}\right) \qquad (12\text{-}11)$$

在式（12-11）中，$x = (x_1, x_2) \in \mathbb{R}^2$，$a > 0$ 是扩展参数，$b \in \mathbb{R}$ 代表平移参数，$\theta \in [0, 2\pi)$ 代表方向参数。

式（12-11）表示一个脊波，而上面给出的扩展和平移参数实现脊波函数的尺度和平移变换，类似于小波中的扩展（通过尺度因子 s）和平移（通过时间常数 τ）运算。函数 $\psi_{a,b,\theta}(x)$ 沿着线（即脊，$x_1 \cos\theta + x_2 \sin\theta =$ 常数，是常数）脊的横向就是一个小波函数。因此，任何可积二元函数的连续脊波变换，可表示为（Candes 1998；Candes 和 Donoho 1999；Starck 等 2006）。

$$R_f(a, b, \theta) = \int \psi_{a,b,\theta}(x) f(x) \, dx \qquad (12\text{-}12)$$

有趣的是，$\psi_{a,b,\theta}$ 被定义在 $\mathbb{R}^2$ 空间上，因此相关的变换是二维的。用于重构的式（12-12）如下所示（Candes 和 Donoho 1999）：

$$f(x) = \int_0^{2\pi} \int_{-\infty}^{\infty} \int_0^{\infty} \frac{4\pi}{a^3} R_f(a, b, \theta) \psi_{a,b,\theta}(x) \, da \, db \, d\theta \qquad (12\text{-}13)$$

12.2.2 脊波变换的应用

脊波变换的二维特性使得它非常适合于分析和处理图像。脊波变换突出的应用包括去噪、边缘检测和人体内部器官组织的图像分类。举例来说，图 12-7 展示了对一个超新星图像去噪前与去噪后的对比（Starck 等 2003）。

可以看出原来的 x 射线图像（见图 12-7 左边）被噪声污染的模糊不清，而使用脊波变换过滤掉噪声后图像变得清晰（见图 12-7 右边）。

脊波变换应用的另一个例子是表征表面形貌（Ma 等 2005）。这是一个重要的问题，因为它影响了系统的机械和物理性质。图 12-8 显示了从一个汽车发动机缸体珩磨表面提取深划痕的结果（Ma 等 2005）。这样的划痕在表面上的分布以及和它们的幅值直接影响到发动机的汽油或空气的流量和压力平衡。在图 12-8b 中，深的划痕是由脊波变换重构得到的。

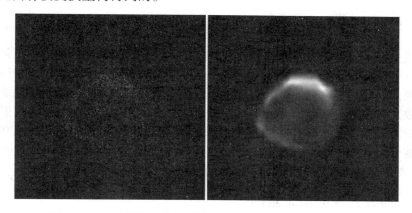

图 12-7　基于脊波变换的图像去噪（转载自 Starck 等 2003）

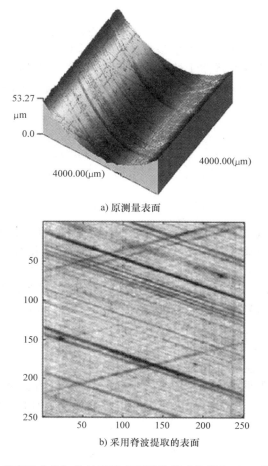

a) 原测量表面

b) 采用脊波提取的表面

图 12-8　汽车发动机缸体的珩磨表面线性划痕的提取（Ma 等 2005）

12.3 曲波变换

脊波变换是一种相对较新的表达和分析系统,在解决边缘问题上它已被证明是有效的(Candes 和 Donoho 1999;Do 和 Vetterli 2003;Dettori 和 Semler 2007)。然而脊波变换的局限在于它只能解决直线边缘问题;弯曲的边缘不能像直线边缘一样只需要少数几个系数来表达(Do 和 Vetterli 2003;Starck 等 2003)。在寻找更好的表达和分析时,小波和脊波在解决弯曲边缘的不足一直是主要的驱动力。2000 年引入的曲波分析在解决小波和脊波的缺点方面拥有巨大潜力(Candest 和 Donoho 2000)。本节对曲波变换的基本原理做一个简单介绍。

12.3.1 曲波变换的理论基础

曲波变换被定义为被分析的函数 f 和小波家族 $\gamma_{ab\theta}$ 的内积(Candes 和 Donoho 2000,2005a,b)

$$\Gamma_f(a,b,\theta) = \langle f, \gamma_{ab\theta} \rangle \tag{12-14}$$

式中,$a > 0$ 是尺度参数;b 是平移参数,$\theta \in [0, 2\pi)$ 是定向参数。符号 Γ_f 代表曲波变换。对曲波家族的解释始于被称为径向窗 $W(r)$ 和角度窗 $V(t)$ 的两个光滑非负实窗函数(Candes 和 Donoho 2005a,b)。两个窗函数受以下两个准则所支配:

$$\int_0^\infty \frac{1}{a} W(ar)^2 \mathrm{d}a = 1, \ \forall r > 0 \tag{12-15}$$

$$\int_{-1}^1 V(t)^2 \mathrm{d}t = 1 \tag{12-16}$$

在式(12-15)中,$r \in \left(\frac{1}{2}, 2\right)$ 是径向坐标,在式(12-16)中,$t \in [-1, 1]$ 表示时间变量。根据式(12-14)的定义,在一个给定的尺度 a,曲波家族可以通过式(12-17)中的基本元素 γ_{a00} 的平移和旋转产生(Candes 和 Donoho 2005a,b):

$$\gamma_{ab\theta} = \gamma_{a00}[R_\theta(x-b)] \tag{12-17}$$

式中,R_θ 是 2×2 旋转矩阵,它通过角度 θ 与平面旋转联系起来。

基本元素本身以数学形式表示为

$$\gamma_{a00}(r,\omega) = W(a.r)\, V\!\left(\frac{\omega}{\sqrt{a}}\right) a^{\frac{3}{4}} \tag{12-18}$$

式中,r 和 ω 是定义在频域上的极坐标。

一般来说,离散曲波变换常用来处理函数 f,它也始于两个窗口函数:径向窗 $W(r)$ 和角度窗 $V(t)$ (Candes et al. 2006)。该变换受式(12-19)~式(12-21)所表达的准则所支配:

$$\sum_{j=-\infty}^\infty W(2^j r)^2 = 1 \tag{12-19}$$

$$\sum_{l=-\infty}^{\infty} V(t-l)^2 = 1 \tag{12-20}$$

$$U_j(r,\theta) = 2^{\frac{-3j}{4}} W(2^{-j}r) V\left(\frac{2^{\lfloor \frac{j}{2} \rfloor}\theta}{2\pi}\right) \tag{12-21}$$

在式 (12-21) 中，窗函数 U_j 由径向窗 $W(r)$ 和角度窗 $V(t)$ 导出，并且在傅里叶变换域表达。符号 $r \in \left(\frac{3}{4}, \frac{3}{2}\right)$ 和 θ 表示极坐标，$t \in \left(-\frac{1}{2}, \frac{1}{2}\right)$ 是时间变量。

基于这些符号，在固定尺度 2^j 一个曲波家族定义为

$$\varphi_{j,l,k}(x) = \varphi_j\{R_\theta[x - x_k^{(j,l)}]\} \tag{12-22}$$

式中，$x_k^{(j,l)} = R_\theta^{-1}(k_1 2^{-j}, k_2 2^{\frac{-j}{2}})$ 代表位置信息，$R_\theta = \begin{pmatrix} \cos\theta & \sin\theta \\ -\sin\theta & \cos\theta \end{pmatrix}$ 代表依据弧度的旋转信息。

因此，曲波 $\varphi_{j,l,k}$ 和函数 f 之间的内积导致曲波系数如下：

$$c(j,l,k) = \langle f, \varphi_{j,l,k}\rangle = \int_{\mathbb{R}^2} f(x)\, \varphi_{j,l,k}(x)\, \mathrm{d}x \tag{12-23}$$

式中，$c(j,l,k)$ 是曲波系数。

在傅里叶变换域对式 (12-23) 在尺度 2^j 的物理解释可以用图 12-9 说明。同心圆代表曲波家族 $\varphi_{j,l,k}(x)$，阴影部分代表一个来自这一家族的曲波。

上述的曲波都是表示在极坐标下，笛卡儿坐标是适合于实现曲波变换的坐标系（Donoho 和 Duncan 2000；Candes 等 2006）。因此，在式 (12-19)~式 (12-21) 中表示的窗口函数可以在笛卡儿坐标系中表示为

$$W_j(\omega) = \sqrt{\Phi_{j+1}^2(\omega) - \Phi_j^2(\omega)},\ j>0 \tag{12-24}$$

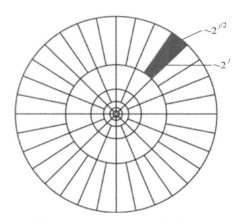

图 12-9　在极坐标下的一个曲波家庭，阴影区代表一个单一曲波（Candes 等 2006）

$$V_j(\omega) = V\left(\frac{2^{\lfloor \frac{j}{2} \rfloor}\omega_2}{\omega_1}\right) \tag{12-25}$$

$$U_j(\omega) = W_j(\omega)\, V_j(\omega) \tag{12-26}$$

其中，$\Phi(\omega_1,\omega_2) = \phi(2^{-j}\omega_1)\phi(2^{-j}\omega_2)$，$2^j \leq \omega_1 \leq 2^{j+1}$，$-2^{\frac{-j}{2}} \leq \frac{\omega_2}{\omega_1} \leq 2^{\frac{-j}{2}}$ 且 $0 \leq \phi \leq 1$，$\phi = \begin{cases} 1, & \left[-\frac{1}{2}, \frac{1}{2}\right] \\ 0, & [-2, 2] \end{cases}$。

目前，有两种流行的方法计算曲波系数。第一种方法称为不等距快速傅里叶变

换的数字曲波变换(Candes 等 2006)，包括以下 4 个步骤：

1) 计算感兴趣的函数($f[t_1,t_2]$) 的二维傅里叶变换，以获得其傅里叶样本，$\hat{f}[n_1,n_2]$。

2) 对应每个尺度/角度对(j,l)重新采样$\hat{f}[n_1,n_2]$以获得采样值$\hat{f}[n_1,n_2-n_1\tan\theta_l]$。

3) 用窗函数 U_j 乘以重新采样的$\hat{f}$以获得 $\tilde{f}_{j,l}[n_1,n_2]=\hat{f}[n_1,n_2-n_1\tan\theta_l]U_j[n_1,n_2]$，其中，$\tan\theta_l=l\,2^{-\lfloor\frac{j}{2}\rfloor}$。

4) 计算每一个 $\tilde{f}_{j,l}$ 的二维傅里叶变换的逆变换以获得离散曲波系数 $c(j,l,k)$。

第二种方法经由包裹实现数字曲波变换（Candes 等 2006），包括以下计算步骤：

1) 计算感兴趣的函数（$f[t_1,t_2]$）的二维傅里叶变换，以获得其傅里叶系数，$\hat{f}[n_1,n_2]$。

2) 计算 $U_{j,l}[n_1,n_2]\hat{f}[n_1,n_2]$的积。

3) 围绕原点包裹 $U_{j,l}[n_1,n_2]\hat{f}[n_1,n_2]$以获得 $\tilde{f}_{j,l}[n_1,n_2]=W(U_{j,l}\hat{f})[n_1,n_2]$。

4) 计算每一个 $\hat{f}_{j,l}$的逆二维傅里叶以获得离散曲波系数 $c(j,l,k)$。

12.3.2 曲波变换的应用

由于其多尺度特性，大多数的曲波变换应用与图像处理相关。具体来说，曲波变换已经应用于图像压缩、对比度增强、从噪声图像提取特征、模式识别、噪声滤波、边缘检测等。作为一个例子，如图 12-10 所示对测试图像 "Lena" 进行去噪运算。这个图像大小为 512 × 512（见图 12-10a），被随机噪声污染（峰值信噪比 PSNR = 22.1dB）后如图 12-10b 所示。通过曲波变换对图像进行阈值降噪。滤波后的图像结果如图 12-10c 所示，它的峰值信噪比提升至 31.1dB。

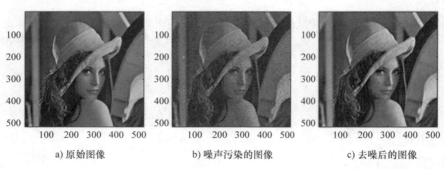

a) 原始图像　　　b) 噪声污染的图像　　　c) 去噪后的图像

图 12-10　测试图像

在制造业中，曲波已用于表面特征表示。图 12-11a 显示了一个磨损的金属股骨头的表面。当加入附加的白噪声时，其表面具有信噪比（SNR）56.43dB。当小波变换用于去除该噪声时,表面的信噪比提高到 58.72dB。最后,当用曲波变换进行降噪处理时,去噪的性能被进一步提高,其中信噪比提高到了 61.62 dB。

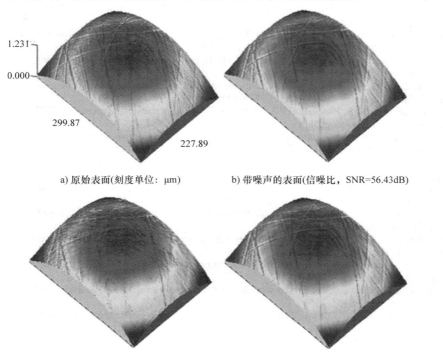

图 12-11　一个微尺度表面的去噪（Ma 2007）

12.4　总结

本章简要介绍了经典小波变换之后的信号处理技术方面的发展。我们首先介绍了基于提升方案的二代小波变换,其基小波函数的设计可以更好地适应被分析信号。然后,从克服经典小波变换对边缘(直的和弯曲的)检测的局限性的角度介绍了脊波变换和曲波变换。这些技术,连同文献报道中的其他先进技术［如多小波变换（Cotronei 等 1998）、双树小波变换（Selesnick 等 2005）和轮廓小波变换（Do 和 Vetterli 2005）］,有望不断挑战信号和图像处理的极限,更好地服务于广泛的工程问题。

12.5　参考文献

Candes EJ (1998) Ridgelets: theory and applications. Ph.D. Dissertation, Stanford University
Candes EJ, Donoho DL (1999) Ridgelets: a key to higher-dimensional intermittency. Philos Trans R Soc Math, Phys Eng Sci 357:2495–2509
Candes EJ, Donoho DL (2000) Curvelets – a surprisingly effective nonadaptive representation for objects with edges. In: Rabut C, Cohen A, Schumaker LL (eds) Curves and surfaces.

Vanderbilt University Press, Nashville, TN
Candes EJ, Donoho DL (2005a) Continuous curvelet transform: 1. resolution of the wavefront set. Appl Comput Harmon Anal 19:162–197
Candes EJ, Donoho DL (2005b) Continuous curvelet transform: 2. discretization and frames. Appl Comput Harmon Anal 19:198–222
Candes EJ, Demanet L, Donoho DL, Ying L (2006) Fast discrete curvelet transforms. SIAM Multiscale Model Simul 5:861–899
Claypoole R (1999) Adaptive wavelet transforms via lifting. Thesis: computer engineering, Rice University
Claypoole R, Davis G, Sweldens W (2003) Nonlinear wavelet transform for image coding via lifting. IEEE Trans Image Process 12(12):1449–1459
Cotronei M, Montefusco LB, Puccio L (1998) Multiwavelet analysis and signal processing. IEEE Trans Circuits Syst II Analog Digital Signal Process 45(8): 970–987
Dettori L, Semler L (2007) A comparison of wavelet, ridgelet and curvelet based texture classification algorithms in computed tomography. Comput Biol Med 37:486–498
Do MN, Vetterli M (2003) The finite ridgelet transform for image representation. IEEE Trans Image Process 12:16–28
Do MN, Vetterli M (2005) The contourlet transform: an efficient directional multiresolution image representation. IEEE Trans Image Process 14(12):2091–2106
Donoho DL, Duncan MR (2000) Digital curvelet transform: strategy, implementation and experiments. Proc SPIE 4056:12–29
Jiang HK, Wang ZS, He ZJ (2006) Wavelet design for extracting weak fault feature based on lifting scheme. Front Mech Eng China 1(2):199–203
Jiang X, Blunt L, Stout KJ (2001a) Application of the lifting wavelet to rough surfaces. J Int Soc Precision Eng Nanotechnol 25:83–89
Jiang X, Blunt L, Stout KJ (2001b) Lifting wavelet for three-dimensional surface analysis. Int J Mach Tools Manuf 41:2163–2169
Jiang X, Scott P, Whitehouse D (2008) Wavelets and their application in surface metrology. CIRP Ann Manuf Technol 57:555–558
Li Z, He ZJ, Zi YY, Jiang HK (2008) Rotating machinery fault diagnosis using signal-adapted lifting scheme. Mech Syst Signal Process 22(3):542–556
Logan BF, Shepp LA (1975) Optimal reconstruction of a function from its projections. Duke Math J 42:645–659
Ma J, Jiang X, Scott P (2005) Complex ridgelets for shift invariant characterization of surface topography with line singularities. Phys Lett A 344:423–431
Ma J (2007) Curvelets for surface characterization. Appl Phys Lett 90: 054109-1-3
Selesnick IW, Baraniuk RG, Kingsbury NG (2005) The dual-tree complex wavelet transform. IEEE Signal Process Mag 22(6): 123–151
Starck JL, Donoho DL, Candes EJ (2003) Astronomical image representation by the curvelet transform. Astron Astrophys 398:785–800
Starck JL, Moudden Y, Abrial P, Nguyen M (2006) Wavelets, ridgelets and curvelets on the sphere. Astron Astrophys 446:1191–1204
Sweldens W (1996) The lifting scheme: a custom-design construction of biorthogonal wavelets. Appl Comput Harmon Anal 3:186–200
Sweldens W (1997) Second generation wavelets: theory and application. http://www.ima.umn.edu/industrial/97_98/sweldens/fourth.html. Accessed 30 June 2009
Sweldens W (1998) The lifting scheme: a construction of second generation wavelets. SIAM J Math Anal 29(2):511–546
Uytterhoeven G, Dirk R, Adhemar B (1997) Wavelet transforms using the lifting scheme. Department of Computer Science, Katholieke Universiteit Leuven, Belgium
Zhou R, Bao W, Li N, Huang X, Yu DR (2010) Mechanical equipment fault diagnosis based on redundant second generation wavelet packet transform. Digit Signal Process 20(1):276–288

中英文对照表

英文	中文
Admissibility condition	容许性条件
Aliasing	混叠
Angular window	角窗口
Approximate coefficient	近似系数
Axial load	轴向载荷
Band-pass filter	带通滤波器
Base template function	基本模板函数
Base wavelet	基小波
Basis function	基函数
Bearing	轴承
Bearing defect diagnosis	轴承故障诊断
Bearing vibration signal	轴承振动信号
Biorthogonal wavelet	双正交小波
Center frequency	中心频率
Children node	子节点
Chirp function	调频函数
Class	类
Classification	分类
Coiflet wavelet	Coiflet
Compact support	紧支撑
Completeness	完备性
Complex conjugate	复共轭
Complex-valued signal	复值信号
Complex-valued wavelet	复值小波
Computation procedure	计算过程
Conditional entropy	条件熵
Continuous frame	连续框架
Continuous wavelet transform	连续小波变换
Convolution theorem	卷积定理
Correlation index	相关指数
Covariant	协变量
Curvelet analysis	曲波分析
Curvelet transform	曲波变换
Customized wavelet	定制小波
Daubechies function	Daubechies 函数
Daubechies, I.	人名
Daubechies scaling function	Daubechies 尺度函数
Daubechies wavelet	Daubechies 小波
Decomposition level	分解层数
Deconstruction	解构

(续)

英文	中文
Defect feature extraction	故障特征提取
Defect severity	故障严重程度
Denoising	去噪
Derived template function	导出的模板函数
Detailed coefficient	细节系数
Deterministic signal	确定性信号
Diagnosis	诊断
Dilation	扩展
Dilation equation	扩展方程
Dilation regularity	扩展正则性
Discrete Fourier transform	离散傅里叶变换
Discrete frame	离散框架
Discrete wavelet transform	离散小波变换
Discriminant power	判别力
Discrimination	判别
Dissimilarity measure	相异性测度
Dual–scale equation	双尺度方程
Eigen value	特征值
Energy	能量
Energy difference	能量差异
Energy–to–Shannon entropy ratio	能量香农熵比
Enveloping	包络
Error function	误差函数
Expectation operation	期望运算
Feature	特征
Feature selection	特征选择
Fisher linear discriminant	Fisher 线性判别
Fourier function	傅里叶函数
Fourier transform	傅里叶变换
Frequency B–Spline wavelet	频率 B 样条小波
Frequency shifted keying (FSK) signal	频移键控信号
Gabor transform	Gabor 变换
Gaussian–modulated sinusoidal signal	高斯调制正弦信号
Gaussian pulse function	高斯脉冲函数
Gaussian wavelet	高斯小波
Gearbox	齿轮箱
Gearbox defect classification	齿轮箱故障分类
Generalized frame	广义框架
Haar function	Haar 函数
Haar wavelet	Haar 小波
Hard thresholding	硬阈值
Harmonic wavelet	谐波小波
Harmonic packet transform	谐波小波包变换
Harmonic transform	谐波小波变换
Hilbert transform	希尔伯特变换

（续）

英文	中文
Impulse response	冲击响应或脉冲响应
Impulse wavelet	冲击小波
Inclusion relationship	包含关系
Inequality	不平衡
Injection molding	注塑成型
Inner product	内积
Inverse continuous wavelet transform	逆连续小波变换
Inverse discretized wavelet transform	逆离散小波变换
Isotropic	各向同性
Joint entropy	联合熵
Kurtosis	峭度
Leakage	泄漏
Lifting scheme	提升方案
Linear discriminant analysis（LDA）	线性判别分析
Local discriminant base	局部判别基
Low-pass filter	低通滤波器
Mallat algorithm	Mallat 算法
Manufacturing	制造业
Maximum information	最大信息
Measure function	测量函数
Message	消息
Mexican hat wavelet	墨西哥帽小波
Meyer wavelet	Meyer 小波
Milling	铣削
Modulus	模数
Monotonicity	单调性
Morlet wavelet	Morlet 小波
Moyal principle	Moyal 定理
Multiresolution analysis（MRA）	多分辨率分析
Multi-scale	多尺度
Multi-scale enveloping	多尺度包络
Multiscale enveloping spectrogram（MuSEnS）	多尺度包络谱
Mutual information	互信息
Neural network classifier	神经网络分类器
Non-deterministic signal	非确定性信号
Non-stationarity	非平稳
Non-stationary signal	非平稳信号
Orthogonal basis	正交基
Orthogonality	正交性
Orthogonal wavelet	正交小波
Orthonormal eigenvectors	标准正交特征矢量
Orthonormal system	标准正交系统
Parent node	母节点
Parseval's theorem	Parseval 定理

(续)

英文	中文
Periodic signal	周期信号
Prediction	预测
Pressure measurement	压力测量
Principal component analysis (PCA)	主成分分析
Probability density function	概率密度函数
Pruning approach	修剪方法
Pulse differentiation	脉冲差异
Quadrature mirror filters	正交镜像滤波器
Radial load	径向负载
Radial window	径向窗
Real-valued signal	实值信号
Real-valued wavelet	实值小波
Reconstruction	重构
Rectifying	整流
Recursive algorithm	递归算法
Reflection	反射
Regularity	正则性
Relative entropy	相对熵
Ridge analysis	脊分析
Ridge function	脊函数
Ridgelet transform	脊波变换
Rotary machine	旋转机械
Rotational speed	旋转速度
Sampling theorem	采样定理
Scale function	尺度函数
Scaling coefficient	尺度系数
Scatter matrix	散布矩阵
Second generation wavelet transform (SGWT)	二代小波变换
Shannon entropy	香农熵
Shannon wavelet	香农小波
Shift orthogonality	平移正交性
Short-time Fourier transform (STFT)	短时傅里叶变换
Signal transformation	信号变换
Sinusoidal function	正弦函数
Soft thresholding	软阈值
Spalling	剥落
Spectral post-processing	频谱后处理
Spindle	主轴
Splitting	分拆
Stamping	冲压
Stationary signal	平稳信号
Sub-band	子带
Superposition property	叠加性质
Surface	表面
Symlet wavelet	Symlet小波

(续)

英文	中文
Symmetry	对称性
Synthetic signal	合成信号或综合信号
Template function	模板函数
Time frequency analysis	时频分析
Time – frequency resolution	时频分辨率
Time – scale – frequency analysis	时间-尺度-频率分析
Transient signal	瞬态信号
Translation	平移
Translation invariance	平移不变性
Transmitter	发射器
Ultrasonic pulse	超声波脉冲
Ultrasound pulse train	超声脉冲串
Uncertainty principle	测不准原理
Unified technique	统一技术
Updating	更新
Upsampling	上采样
Wave	波
Waveform	波形
Wavelet design	小波设计
Wavelet frame	小波框架
Wavelet function	小波函数
Wavelet packet coefficient	小波包系数
Wavelet packet transform	小波包变换
Wavelet transform	小波变换
Window function	窗函数
Window size	窗大小